杉山祐之

張作霖

爆殺への軌跡 一八七五－一九二八

白水社

はじめに

一九四五（昭和二十）年の日本敗戦に至る亡国の軌跡をたどると、その十七年前、一九二八年の六月に起きた張作霖《ちょうさくりん》爆殺事件が、決定的な分岐点だったのがわかる。明治維新から六十年間、全力で走りつづけてきた日本は、ここで制御を失った。以後も立て直しはきかず、内外幾百万人もの命を火焔の車輪に巻き込みながら、満洲事変、日中戦争、太平洋戦争へと突き進んでいく。

東京裁判以来、日本で、この歴史的事件に関する膨大かつ詳細な調査、研究が積み重ねられてきたのは周知のとおりだ。ただ、満洲（現中国東北部）に生まれ、清《しん》朝末期から中華民国初期の軍閥の時代を生きた人間としての張作霖の全体像は、ほとんど知られていない。日本側資料に残る「馬賊」「軍閥」「満鉄並行線」といった史実の断片から、おぼろげな輪郭だけを読み取れるにすぎない。

理由は、はっきりしている。情報の上流に位置する中国で、長い間、張作霖に関する客観的叙述など存在し得なかったのだ。歴史さえ支配する独裁政党・中国共産党は、革命の正当性を強調するプロパガンダの都合から、作霖を含む軍閥という実体を絶対悪として単純化した。思考はそこで止まっていた。

ところが、改革開放後、とりわけ、出版、メディア界にも市場経済の波が押し寄せた二〇〇〇年代以降、ドラマに満ちた軍閥の時代に関する史書、報道、論文、小説などが、復刻版も含め、続々と世に出てくるようになった。独裁政治に疑いを差し挟まない範囲で、言論空間がやや拡大したのだ。存命の利害関係者が少なくなり、民国初期の歴史を書くことの政治的危険性が減じたという事情もある。いずれにせよ、張作霖を含む軍閥期の群雄たちが、ほぼ一世紀という長いときを経て、ようやく姿を現しはじめた。

本書は、基本的に、こうした資料に依拠し、張作霖の生涯を再構築したものである。中国における時代状況の変化、そして何より、中国人専門家や記者たちのすばらしい業績なくして本書はなかったということを、最初に断っておかなくてはならない。

当然ながら、革命を正義と見なし、美化する史観に基づく記述は、今も非常に多い。資料を参照するに当たり、十年以上にわたる新聞社北京特派員の経験を生かして、その種の評価は慎重にフィルターにかけた。また、近年、中国共産党が「愛国主義」を実質的な統治イデオロギーとする中で、「反日は正義」というゆがんだ価値観が広がっている。その影響だろう。重大な局面で日本と対立し、最後に日本人に殺された張作霖を、「愛国の英雄」として再評価する傾向が強まっている。本書は、愛国プロパガンダ的な分析や評価にもくみしていない。

エピソードや会話文を含め、事実関係のほとんどすべては、資料に基づいている（人物の表情、心情などについては、前後の文脈から解釈し、想像も交えた）。ただ、資料ごとに内容が大きく異なる軍閥間戦争の戦闘経過をはじめ、数え切れないほど多くの事象において、諸説が入り乱れている。どれが史実かを特定する能力は、残念ながら自分にはない。そうした場合、基本的に、主流とみられる説や、より信頼性があると思える資料を優先しながら、総合的に判断して記述した。必要に応じて別説も紹介した。同時代人が残した証言はもちろん、市井の記憶と言える伝承、口碑《こうひ》などについても、それとわかるかたちで、積極的に取り上げた。史実とは断定できないまでも、往々にして、ある種の真実が宿っているためだ。張作霖は、この種の逸話が非常に多い。小説をはじめ、文芸作品の引用、参照は避けた。

日本側の基礎的資料も、随所で活用した。中国側資料にある全体像と付き合わせることで、それらは単なる「断片」ではなくなった。張作霖が生きた舞台である遼寧省や河北省、北京など、中国各地の取材で感じた現場の空気も盛り込んでいる。

参考、引用文献一覧は、巻末に掲げた。本文記述に関する出典の詳細は、分量の関係から、インターネット上で明示することにした。

本書は結局、張作霖に関する記録と記憶を集めた物語と言えるかもしれない。草莽《そうもう》から身を起こした作霖は、桁違いの器量によって、乱世を駆け上がっていく。匪賊を斃《たお》し、モンゴル兵と死闘を演じ、常勝を誇る大軍閥と激突した。北上する巨大台風のごとき革命軍にも白旗を掲げることはなかった。満洲を勢力圏とする日本に対しては、その力を利用しながら、傀儡《かいらい》にはならず、最後は日本の軍人に殺された。

張作霖の生涯からは、近代中国の激動が見える。遠くない未来に奈落が待ち受けている日本の運命もまた、はっきりと見える。

張作霖　爆殺への軌跡一八七五―一九二八　目次

第三章

辛亥革命

第四章

奉天を手中に

第五章

大軍、華北に出現す

終　章　黒煙の彼方

第一章

満洲の大地で

草莽の子

清《しん》朝第十代の皇帝・同治帝《どうちてい》が十九歳(1)で突然病没し、国母として政《まつりごと》を動かしていた西太后《せいたいこう》は、妹の子を慌ただしく後継に指名した。光緒帝《こうしょてい》である。新帝は四歳にすぎず、西太后は後見役となって権力を握りつづけた。

満洲族という北方少数民族が帝位にある大王朝は、この時期、アヘン戦争、アロー戦争、太平天国《たいへいてんごく》の乱という大難を経て、衰亡に向けた緩斜面を下りつつあった。西太后は、直隷《ちょくれい》総督兼北洋《ほくよう》大臣(2)・李鴻章《りこうしょう》らの進言を入れ、海防強化のための西洋技術導入を進めてはいる。だが、二百年以上続く専制体制を転換するなど思いもよらない。中華と夷《えびす》による秩序を自明と見なす世界観も変わらない。紫禁城《しきんじょう》の動きは、緩慢だった。

対照的なのは、同時期の日本だ。光緒元年は、西暦では一八七五年、日本の明治八年に当たる。維新を通じて西洋の力を目の当たりにし、その文明を模倣するかたちでの国家改造を志した日本は、黎明の上り坂を全力で疾走していた。九月、朝鮮半島西岸にある江華島《こうかとう》で、日本の軍艦と朝鮮の砲台が交戦すると、明治政府は、朝鮮に艦隊を差し向けて、修好を迫った。この新興国家は、アメリカのペリーが幕末に見せつけた「力の外交」を学習しており、清を宗主国とする朝鮮で、その実践を試みたのだった。

日本は、江華島での事件の前年、琉球島民殺害を理由に、台湾にも出兵している。台頭する日本が、清国の神経を刺激しはじめていた。

張作霖《ちょうさくりん》は、光緒元年、一八七五年の三月十九日、満洲南部、奉天《ほうてん》（現遼寧《りょうねい》省）海城《かいじょう》県の農村で、雑貨店主の父・有財《ゆうざい》、母・王氏の三男として生まれた。草莽の子である。

長兄・作泰《さくたい》は、早世した前妻の子だったとも言われる。作霖と同腹の次兄は、作孚《さくふ》である。当初、三兄弟の名は、「泰」「孚」「霖」だったが、父の有財が、皆に「作」の字を加えたという。三人にはのちに、妹も一人できた。

張作霖の生家跡はいま、遼寧省盤錦《ばんきん》市大洼《だいわ》のトウモロコシ畑の中にある。地元の農民に案内してもらい、緑の葉をかき分け、腰をかがめながらしばらく歩くと、人の背丈よりはるかに高いイネ科植物の強靭な茎に囲まれて、横長の石碑が立っていた。

「張学良《ちょうがくりょう》将軍祖居地　大洼県人民政府　二〇〇〇年六月」

碑面は、かつて中国共産党を窮地から救った張学良の祖先が居住した地であることを告げている。学良の記録であり、その父、作霖の名はない。

水が豊かな土地だ。周囲には水田が広がり、養殖池も点在する。水鳥が多い。一帯に恵みをもたらしているのは、遼河《りょうが》である。

「霖」の字には、長雨、慈雨という意味がある。張作霖の字《あざな》は「雨亭《うてい》」、大軍人になってからは「雨《う》

張作霖の生家跡はトウモロコシ畑（正面）になっている。

帥《すい》」とも呼ばれた。

中国、とくに降水量が少ない華北における雨は、命の水と言っていい。

旱魃《かんばつ》は、中国北部を徘徊する死神だ。取り付かれれば、飢饉が来る。雨を呼ぶ龍王廟《りゅうおうびょう》は、圧倒的な高気圧の前に、なすすべもない。人が極限状態に陥れば、枯死した草木の根を掘る。何かしらの滋養がありそうに見える土を食らう。飢えで腹がふくれ出したわが子を売る。最後には、人肉を煮る。

英国のジャーナリスト、ジャスパー・ベッカーは、著書『餓鬼《ハングリー・ゴースト》』で、張作霖が生まれた二年後に発生した飢饉に際し、陝西省《せんせい》のカトリック教会司教が記した報告の凄惨な一文を紹介している。

いまや人びとは、人を殺して食べている。夫が妻を、親が息子や娘を、そして子供が親を。

故郷が地獄と化したとき、人びとが取り得るもっとも能動的な行動は、逃げることだった。十九世紀前半の清朝の公文書には、こんな記述が残っているという。

飢饉のため、ほかの地に逃れる乞食が運河に溢れ、行き倒れが道に溢れた。

中国語で言う「飢民《ジーミン》」の大移動である。北京周辺の直隷（現在の河北《かほく》省、天津《てんしん》市と重なる地域が多い）や、山東《さんとう》の飢えた人びとは、おびただしい落伍者を出しながら、地理的に近く、水が豊かな満洲をめざした。

清朝は当初、神聖な故地を守るため、漢族らが満洲に流入するのを禁じていた。だが、北上する飢民の流れを完全に遮断することなどできない。貪欲な膨張運動を続けている帝政ロシアに備えて北辺の守りを固める必要もあり、十九世紀には、移民容認に転じていた。人が増えれば、経済がかたちになり、社会は活気を帯びはじめる。大量流入する漢族は、いつしか満洲でも圧倒的な多数派となっていった。

彼らは、コーリャンや粟、トウモロコシを食って、どんな重労働にも耐えた。

雨の名を授けられた張作霖も、漢族の飢民を祖としている。

張作霖が生まれる半世紀以上前、直隷が大旱魃に襲われ、餓死者が野に満ちた。河間《かかん》府大城《だいじょう》の住人、張永貴《ちょうえいき》は家族を連れて北に逃げ、数カ月かけて満洲にたどり着く。原野を開墾し、跡継ぎの張発《ちょうはつ》の代には、そこそこの財産もできた。発の死後、四人の子が遺産を分け、海城にある三間の小さな家を譲り受けたのが、有財——作霖の父だった。(3)

張有財は、雑貨店の主《あるじ》とは言っても、商売そっちのけで賭博に熱中していた。自分で賭場を開いていたとも言われる。勝ち負けの循環を繰り返し、家人の食まで削りながら確実に転落していく、お決まりの博徒ぶりだった。気前はよく、困った者を助ける性格で、友人は多かったという。

張作霖の幼年時代のエピソードは、ほとんど見当たらない。ただ、史書『張作霖　一代梟雄《きょうゆう》』に、実に興味深い一文がある。


張作霖は小さいころ、父と一緒によく賭場に出入りしていた。

幼い張作霖は、父の懐で、人間の生態というものを観察していたのではないか。作霖はやがて、凡人には持ち得ない野望と並外れた決断力、人心をわしづかみにする度量をもって、乱世という鉄火場に登場する。その根源をたどれば、辮髪《べんぱつ》男たちのすえた体臭と大言壮語、むき出しの本性が充満する薄暗い小空間に行き着くのかもしれない。


十三歳のころ、三カ月間だけ、教育を受けた。ある日、張作霖は、村の私塾の窓から授業をのぞいていた。

「誰か」

教師、楊景鎮《ようけいちん》の問いに、悪びれずに答えた。

「張作霖と言います。家が貧しく、学問ができません。それで、いつもここでこっそり聞いておりました」

明るい返事だ。これを聞いて、楊景鎮は、思わず手を差し伸べた。

「ここで勉強しなさい。お金はいらない、紙と筆はあげよう」

張作霖が文字を読めない生涯を送らずに済んだのは、この一言があったからだと言っていい。少年時代に読み書きを学んだことが、のちの飛躍に決定的な意味を持った。

張作霖は聡明だった。あるとき、「禍《フオ》」という字を教えた楊景鎮が「反対の意味の言葉は何だろうね」と尋ねると、作霖は「フー！」と即答した。これから「福《フー》」の字を教えるつもりだった楊は、感嘆したという。

長続きしなかった理由は、張作霖が癇癪を起こし、楊景鎮の手に負えなくなったことのようだ。しかし、作霖は楊への感謝の念は持ちつづけていた。

張作霖はのちに、同時代の軍閥の中では特別といっていいほど、学校教育、高等教育を重視している。子女教育では、奉天の官邸に私塾を作り、長子・張学良が八歳になったときに、家庭教師を招いた。奉天の高名な学者を呼ぶのが定石だろう。だが、張学良の前に現れたのは、田舎教師だった。楊景鎮だ。海城で張作霖に紙と筆を与えたときより、ずっと年齢を重ねている。

果てしない乱と暴政のもとで農耕社会を営んできた漢民族は、法を超えた個人間の相互扶助関係の中で生き、侠や義といった倫理観を共有している。近代的な制度や合理性といったものからは遠い。だが、恩や利益を介して一度結ばれた絆は、日本人からみれば驚くほど強靱だ。楊景鎮の恩に報いることは、張作霖にとって自然な行為だったであろう。

楊景鎮の招聘からは、もう一つ、信じた者には任せるという、生涯にわたって貫かれる張作霖の流儀も読み取れる。人材を呼び込み、万人の上に立ち得る人の度量と言っていい。作霖が、大事な後継者を楊に預けたのは、貧しい子にも無償で教育を与えようとした楊の人格と、教師としての適性を信じていたからに違いない。

張作霖が十四歳のころ、父親の有財が殺された。晩春から初夏にかけて、有財は家に帰らなかった。妻の王氏らは、つてを頼りに方々を尋ね歩いたが、行方を知る者はない。

ある日、家で飼っていた犬が外から戻ってきて、王氏に狂ったようにほえかかり、どこかへ連れて行こうとする。王氏がついて行くと、立ち木の脇の地面にカラスが群がっていた。さらに近寄ると、カラスが飛び去り、骸《むくろ》が見えた。張有財だった。

下手人は、同じ村の王という博徒だった。負けた金を返せなかった王は、「なら女房で払え」という張有財を、帰り道に林に誘い込んで殺した。

海城の役人が腐乱した遺体に塩を振り、検死を行った。後頭部の傷が致命傷だった。

細部については、異説が多い。たとえば凶器だと、石、刃物、鎌、鍬、蹴りなど、資料ごとに記述がばらついている。動機について、張有財がいかさまを見抜いたのを王が逆恨みした、と記す史書もある。張学良は、犯人の姓を「李」と記憶していた。真相は、永遠に藪の中だろう。

殺害後は、各資料の描写が一致してくる。張有財は、村人が金を出し合って作った薄い板の棺に納められた。土地の風習では、横死した人は、穴を掘って埋葬することはできないため、貧相な木棺は地面に置かれ、その上に土が盛られた。

秋、遼河が氾濫し、張有財の土饅頭は崩れ、棺が流れ出した。棺は川べりの木に引っかかって止まったものの、泥に埋まってしまった。張家の兄弟らが動かそうとしても、びくともしない。持ち主がいない荒れ地だったこともあり、土をかぶせて、その場に葬った。

二十数年後、次兄・作孚が匪賊討伐で戦死した際、張作霖は、一族を弔う墓園を故郷に造ろうと思い立った。ところが、改葬のために張有財の墓を調べに行った風水師が、驚嘆して報告してきた。

「お父上が葬られた場所は、宝の地です。お墓を移してはなりません」

龍穴《りゅうけつ》。大地の気が集まり、子孫の繁栄が約束された地だという。この時代に生きる人間の感覚からすれば、風水とは、運気を支配する科学的な法則と言っていい。張作霖は風水師の言葉に従い、有財が眠る場に、張家の墓所を造った。

龍のごとく、時代を駆け上がった張作霖の出発点は、父親の死である。逆にいえば、作霖を激動の時代に投げ込んだのは、父親として最低の結末を迎えた有財だった。

張作霖は長じた後も、有財のために泣いていた、と息子の学良が回想している。

「わが家の先祖で、まともに布団の上で死んだのは一人もいない。父は、このことにふれると、涙を流していた」

墓所は、張作霖の生地近くにいまも残り、静かなときが流れている。屋根付きの立派な正門に掛かる「張家墓園」の書は、張学良の手によるものだ。墓群の中央に、草むした土饅頭がある。白い石板の墓標には、「張有財之墓」と書かれている。

張有財が死んだ後、王氏は子供たちを連れ、北に五十キロほど離れた村、趙家廟《ちょうかびょう》（現北鎮市《ほくちん》）に移り、親類に身を寄せた。

まもなく、三人息子の長男、張作泰が死亡した。享年十九歳、肺の病という。

彼の死には、悲劇的な別説もある。海城にいたころ、張作泰が近所の人妻と深い関係になり、怒った有財が、飯を食っていた作泰を鍬の柄で突いたところ、悶絶してそのまま絶命したというものだ。

王氏は、残る二人の息子たちに、自立の道を開かせたいと思った。だが、張作霖は地道な努力を嫌った。

金をかき集め、包子《パオズ》（肉まん）の行商をさせたところ、成長期の少年は、空腹に耐えかねて、背中の売り物を食ってしまった。

賭け事となると、もう我慢できない。

ある小雨の日、張作霖は、何人かの中年女がカードをしているのを見かけた。うずうずしていたが、やせたちび犬が金を持っていないことくらい誰が見てもわかる。作霖は「金はないけど、包子ならあるよ」と言って、入れてもらった。

一人負けだった。商売用の釣り銭も包子も消えると、女たちはもう相手にしない。突然、張作霖の両手が、テーブルの上に置いてあった賭け金をわしづかみにした。作霖は、「金が風に飛ばされたあ」と笑いながら、風のように走って逃げた。

貧しかったことの証しだろう。金がらみの話がほかにもある。

母の王氏が隣家から借りた金を返せなくなってしまったときのことだ。張作霖は周囲に誰もいないのを確認すると、隣家の母豚を追い込み、近くの池に落とした。豚が悲鳴を上げる。作霖も叫んだ。

「豚が落ちた！」

大声を聞いて村人が表に注意を向けたとき、張作霖は池に飛び込み、豚を岸に上げた。

母豚が溺れでもしたら大損だ。隣家は大いに感謝し、借金を帳消しにした。

王氏は、生活のために、獣医と再婚した。継父は優しい人物で、「うまくいけば、これで食っていける」と考え、張作霖に医術を細かく伝授した。

持って生まれた頭脳という点で言えば、並外れて聡明だった張作霖は、すぐに、馬の相を見ることができるようになった。全体の姿形、脈、口の色、便、眠り、寝起き、食欲、汗、既往症……こうした諸相を診断し、継父の教えに沿って処方すれば、軽い病なら治った。ちょっと見には助かりそうもない馬が、元気を取り戻すことさえあった。当時の馬は、いまで言えば、輸送手段であり、農業機械であり、兵器である。獣医の腕があれば食える時代だった。

張作霖は家を出て、街道沿いの村の荷車屋で働きはじめた。荷車を売り、修理し、馬と人を休ませる店は、現代なら自動車のサービスエリアといったところだろう。いろいろな人間が道を通り過ぎ、店に立ち寄る。商人も、農民も、匪賊もいる。

馮《ひょう（ふう）》麟閣《りんかく》(4)という緑林《りょくりん》の大物がときおり顔を見せた。緑林とは元来、山野に潜む盗賊などの無法者の集団を指す。銃や刀で武装し、略奪や人さらいを繰り返す一方、自らの縄張り内では、任侠集団として、独自の治安維持機能を担ってもいる。

犯罪性を強調する際は、「匪賊」と言う場合が多い。騎馬集団なら「馬賊」、土着性に着眼するなら「土匪《どひ》」とも呼ぶ。

『中国近代土匪史』は、満洲の緑林の特徴として、次のように記している。

彼らは、風土人情、地理地形に通じ、山で生き、土地の水で生きた。郷里の土地との結びつきが非常に強かった。清政府が兵を集めて討伐しようとすると、山深くに隠れた。

公権力が弱い地域では、緑林の頭目が民の支配者とも言える状況にあった。張作霖より十歳近く年上の馮麟閣は、当時、二十代の半ばだった。作霖を見ていると、お茶を入れる、馬から車を外す、あるいは、馬に車を取り付けるといった一つひとつの動作から、利発さが見て取れた。

馮麟閣は張作霖をかわいがり、ときに、緑林の物語をしてやった。「風の吹くまま、雨の降るまま、さ」と馮がほほ笑めば、張作霖には、自由な天地が無限に広がっているように思えた。

馮麟閣は、あこがれの目を向ける少年に、こうも言った。
「もし思うところがあったら、おれを訪ねてこい」

野良犬の青春

満洲、すなわち中国東北部の地形を単純化すれば、右上がりに大きく傾いた「コ」の字で表せる。西側にある上辺は、大興安嶺《だいこうあんれい》だ。全長一千キロを優に超える大山脈の外には、モンゴル高原が広がる。東側の下辺を形成する長白山脈《ちょうはく》は、朝鮮半島と中国を隔てる壁となり、先端は遼東《りょうとう》半島となって海に突き出している。二つの山脈を北方でつなぐ小興安嶺《しょうこうあんれい》を越えれば、東流する大河・黒龍江《こくりゅうこう》に出る。その先は、シベリア――毛皮を追ってユーラシア大陸を東進した帝政ロシアの大版図が横たわる。

「コ」の中央に位置する空間には、地平線が見渡せる大平原が広がる。中心付近を低い分水嶺が東西に横切り、北の主流・松花江《しょうかこう》は、ハルビンを経て、黒龍江に合流する。南を支配する遼河は、沃野を灌漑し、遼東半島の西に注ぎ込んでいる。

少年時代の張作霖の舞台は、大平原の南部、海に近い遼河下流域だ。

一八九〇年ごろ、十五歳ほどになる張作霖は、高坎《こうかん》にやってきた。遼河河口にある営口《えいこう》の北郊、街道沿いに開けた鎮（町）だ。営口は、アロー戦争後、天津、登州《とうしゅう》（山東省）とともに、中国北部における開港場の一つとなっていた。

高坎中心部の十字路には、米屋、肉屋、果物屋、食堂、茶店、薬屋、裁縫店、雑貨屋、油屋などの商舗、作業所の黒瓦が並んでいた。商人のほか、芸人、乞食、占い師、やくざ者、知識人ら、生産や流通が生み出す富に群がる人びともいる。夜になると、賭場、アヘン館、飲み屋に灯がともり、街娼が立った。当時の中心部の戸数は四百から五百程度とされており、定住人口でみれば数千人規模だろう。

中国の鎮は、中心市街地と、周縁の広大な農村部からなる。高坎の周囲にも、小石をばらまいたように、多くの村があった。

張作霖はまず、街の北にある村に居ついた。飯にありつけない者たちにかゆを振る舞う家があったのだ。二、三十人ほどの小作人を抱える孫家の未亡人が、功徳を積むため、使用人の食堂を貧者に開放していた。

食堂の管理人は初め、張作霖が満腹になるまで気前よく飯を食わせた。しかし、このやせ犬は毎日のように来た。管理人は、次第にうるさく思うようになり、少ししか食わせなかったり、土ぼこりを払うかのように、門前で邪険に追い返したりした。

孫夫人はこれを聞くと、管理人をたしなめた。

「その子に、毎日食べさせなさい。お腹いっぱい」

信心深い夫人が差し出す手のひらほどの網に掛かった張作霖は、幸運だった。多くの流れ者は、物体のように、まっすぐ落下していくしかない。とりあえず飯が食え、そのお礼に孫家の庭を掃除し、豚の世話を手伝う作霖には、未来の可能性が残された。

後年、孫夫人が死んだとき、張作霖は、その徳を後世に伝えるため、顕彰碑を建てさせた。だが、一九六六年に中華人民共和国の指導者・毛沢東が、暴力的な極左運動「文化大革命」を発動した際、碑は倒されて石材にされ、井戸工事に使われてしまったという。

満洲の冬は、長く、厳しい。

東三省（中華民国初期）

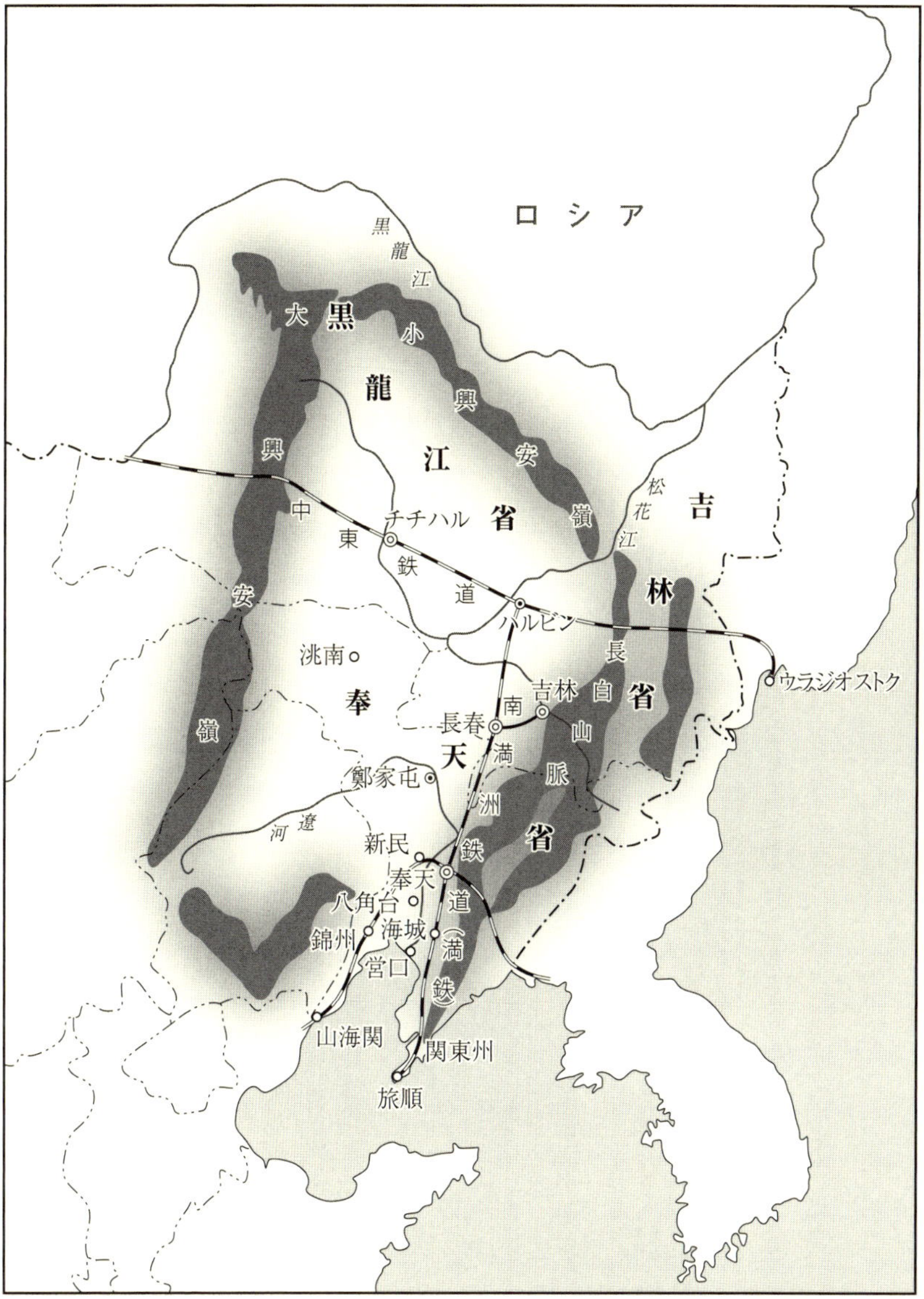

出典：『図説中国歴史・中華民国（上）』など

夏、とくに七月の気温は、東京を上回るが、九月に秋が来たかと思うと、十月に温度計が急降下し、すぐに烈寒がやってくる。大正期から昭和初期にかけての二十年間の観測データで言えば、奉天の十月の平均気温は九度で、東京より七度低い。十一月は零下一度、十二月は同十度だ。一月はもっとも寒く、同十三度まで下がる。二月は同九度、三月が同一度で、四月になって、ようやく氷点下を脱して九度まで上がる。この半年間ほどが、おおむね冬であり、最低気温は零下三十度を下回る。雪はそれほど多くない。

張作霖が黄家店《こうかてん》という村に移ったのは、寒さが厳しくなってからのことだ。住み込みで雑用、馬の世話をやった。主人は「孫鬼子《スングイズ》」というあだ名があるほど、むごい人使いをする男として知られていた。

張作霖は毎朝、庭の掃除をした後、七時くらいに三十頭ほどの馬を野に連れて行く。ところが、働きはじめて二十日あまりたったころ、青毛の馬を一頭逃がしてしまった。

現在の黄家店を訪れてみると、見渡す限りの水田に浮かぶ島のような集落だ。張作霖の時代、遼河流域にはコーリャン畑、アシ原が広がっていた。大平原に消えた馬は、もう追えない。

夜、孫鬼子は、若い衆に命じて張作霖が気を失うまで殴らせ、村の外の溝に捨てた。この日は、雪が降っていたという。運に見放されれば、そのまま凍死し、春まで雪の下だ。

しかし、張作霖は、目を覚ました。暖かいオンドルの寝台で。樊《はん》という老人に助けられたのだ。行き倒れと見た樊が近寄ると、まだ息があり、家に連れ帰った。ひと月あまり養生した張作霖は、体力を回復すると、樊の前にひざまずき、この恩人を義父と仰いだ。

張作霖が生涯、義父、義母と見なした人物は四十人を超えるという。日本で言う配偶者の父母ではない。義理の親子関係を結ぶことは、被った深い恩に対して、義と孝をもって報いると誓う覚悟の行為だ。

張作霖は、高坎の街に出て、獣医を始めた。腕は確かなうえ、愛嬌があり、どんな依頼も断らなかった。何家《か》という油屋の大きな馬の病を治すと、評判が一気に高まった。

鑽天燕《さんてんえん》という名の通った匪賊の頭目が、張作霖を訪ねた。「杜立三《とりつさん》が作霖のところに行った」との評判まで立った。杜は、馮麟閣とともに、遼西《りょうせい》（遼河西岸）地方を代表する緑林の大頭目だ。作霖の羽振りがよくなった。新しい服を着て、銭を腰に下げ、賭場に出入りした。

のちに張作霖が奉天の権力を握るころ、作霖の顧問となる日本陸軍中将・菊池武夫は、作霖の性格について、次のように記している。

一言にしていえば、お天気やであった。よいときはとびついて握手をする事もあるが、悪いときには非常に悪い。しかし可愛いところがある。すなわち喜怒哀楽をはっきりとあらわす。うれしいときは子供のように飛びまわる。怒ると子供がつむじを曲げたようになかなかなおらなかった。

人に好かれる人間の中には、生来、絶妙のバランスで幼児性を備えた者がいる。「万人喜《ワンレンシー》」、誰にでも好かれる男。張作霖は若いころ、そんなあだ名さえつけられていた。もちろん、好かれるばかりではない。作霖は、幼児性の別の一面である激しい衝動、人を凍りつかせる冷酷さも多分に持ち合わせていた。

ある夜、黄家店の孫鬼子の家が略奪に遭った。金品は奪い尽くされ、家には火がかけられた。孫鬼子は命があったことを喜ばねばならぬほど、執拗で、徹底的な襲撃だった。

匪賊の鑽天燕と張作霖が結託した犯行だったという。

張作霖は、孫家をとことん恨んでいた。

史書にはそんな証言が残っている。

北方の中国人男性は、骨格がたくましく、背が高い者が多い。「偉丈夫」という言葉が似合う快男児も、しばしば見かける。その中にあって、張作霖は小柄だった。いまの瀋陽にある作霖の旧官邸、「張氏帥府博物館」の副館長が中国メディアに発表したところによれば、写真を基に計測した結果、作霖の身長は百六十二センチとの推定値が出たという。同時代人が残した印象記では、もっと低い。

若いころは、北方の人間なのに南方人のように優しく、才気に溢れる顔をした「北人南相《ペイレンナンシャン》」と評された。

女性に好意をもたれたこともある。高坎で、張作霖の獣医業を援助していた于六《うろく》という金持ちの女房が若い作霖に惚れ、一緒に逃げてくれと言い出した。さすがにそうもできず、作霖は断った。

その後、張作霖が于六を訪ねた際、作霖を部屋に通した女房が突然、自分で上着を引き裂き、大声を上げた。拒絶され、恥をかかされた女の復讐だ。于六らが飛んできて、作霖をしたたかに殴り、大きな木に縛りつけて放置した。

黄家店の孫鬼子も、痛めつけてから捨てた。生身の人間を物理的に凍らせる、激しいリンチである。

張作霖は今度も助けられた。手を差し伸べたのは、車屋を営む常則春《じょうそくしゅん》という年配の男だった。作霖は、常も義父とした。

自分から女に近づいたこともある。十七、八のころの夏、高坎の雑貨店で買い物をしていた張作霖は、表を通りかかった二人の美女に見とれ、思わず店主に尋ねた。

「あの二人、どこの娘？　いい感じだ」

店主は、二人が祝《しゅく》家の有名な姉妹であると教えた。姉の名は大菊《だいきく》、妹は二菊《じきく》だ、と言って、「だがな」と付け加えた。

「あいつらは、もう于二爺《うじや》のものになっている」

于二爺は、高坎の分限者である。大菊、二菊を囲い、「この娘たちにちょっかいを出す命知らずがいれば、おれが相手になる」と、すごんでいるという。張作霖は小さく笑って、店を出た。

ある夜、張作霖は妹の二菊に会いたいと思い、祝家にこっそり出向き、裏門から入った。そのとき、作霖と二菊が何を話したかはわからない。伝えられているのは、二菊が作霖の冒険を于二爺に報告したということだけだ。美しき妾にすれば、言い寄ってくる流れ者など、ほこりとあかにまみれた臭い野良犬にすぎなかっただろう。

次の日、張作霖のねぐらに、于二爺が血相を変えてやってきた。手には、豚肉処理用の包丁を握りしめている。作霖は窓から逃げ出して走り、常則春の家に転がりこんだ。常は布団の中に作霖を隠してやった。騒ぎが落ち着くと、常は、高坎の有力者を回り、若者の軽はずみが起こした問題の解決を願い出て、なんとか丸く収めてやった。

張作霖の体に染みついているのは、やはり賭博である。どこの賭場でも、よそ者は、分が悪い。地元の連中は、ぐるになり、いかさまで作霖をかもにした。獣医で稼いでも、金はすぐに消える。

こんな逸話が残っている。

あるとき、すってんてんに負かされた張作霖は、金を取ってくると言ってねぐらに戻った。ところが、持ち帰ったのは、肉切り包丁だ。作霖は、自分の太腿の肉を削ぎ、「おまえらが勝ったら持って行け。負ければおまえらの分をいただく」とすごんだ。博徒たちは、物騒な刃物を持った作霖の暴発を恐れ、その日は巻き上げた金を返した。

ここで終わらないのが博徒だ。張作霖はまた同じ連中とやり、また負けた。今度は殴りかかって、逆に押さえつけられた。

「おまえ、この前、自分の肉を削いだよな。今日は犬の首でも落としてやろうか」

身動きもできないまま歯を食いしばる張作霖は、「犬」と呼ばれた。誰かが刃物を持ち出して、作霖の尻肉を切ろうとしたとき、賭場のおかみが止めた。

冬、春節（旧正月）の年越し前のことだ。張作霖は、黄木匠《こうぼくしょう》という男に平手打ちを二発食わされた。博打の借金の返済を迫られたのだ。ほかにも何人かに金を借りていた。返すあてなどない。もう高坎にはいられない。逃げよう。張作霖はそう決めると、何度も助けてもらった恩人、常則春に打ち明けた。

常則春は路銀を与えた。そればかりか、張作霖の脚に腫れ物ができていたのを心配し、自分の家のロバも貸してやった。冬、路上で歩けなくなることは凍死を意味する。ロバは命綱に等しい。作霖は常家のロバに乗って高坎を離れた。

狭い鎮だ。この姿は何者かに見られ、しばらくすると、黄木匠ら博徒仲間が興奮して常則春の家に押しかけてきた。

「野郎に騙されたんだよ！」

黄木匠らは常則春に罵声を浴びせて、まだ近くにいるはずの張作霖を追った。常も、皮の上着を着て続いた。若者らに目を覚ませと言われ、ロバを返してもらう気になっていた。

張作霖は東の道で捕まった。

「金を返せ！」

迫る黄木匠らに、張作霖は何も言えない。借金を踏み倒して逃げようとした博徒に、弁明などあろうはずもない。寒さと恐怖に震えるしかない。

そのとき、常則春が追いついてきた。常の姿を見て、張作霖が思わず声を出した。

「父さん？　どうした」

父と呼ばれた常則春は、張作霖の哀れな姿を見て、ロバを返せ、とはとても言えなかった。皮の上着を脱ぐと、それを作霖の肩に掛けてやった。

上着に体温がある。張り詰めていた心の糸が切れ、張作霖の眼に涙が溢れた。がばと地にひざまずき、どこまでも自分に優しい恩人に対して、凍った地面に何度も何度も頭をこすりつけた。

黄木匠も、何も言えなくなった。また請求し直す、と言って、張作霖が高坎を去るのを許した。

満洲では、一度降った雪はなかなか解けない。氷雪は、鉄のショベルさえはね返すほど固くしまっている。川も水路も凍りつき、防寒の備えさえあれば、移動には適した季節とも言えた。

くたびれ果てた青年を乗せたロバは、真っ白な息を吐きながらとぼとぼと高坎を離れていった。

張作霖が高坎にいたのは、十代後半の二、三年間にすぎない。だが、作霖はここで、一人で懸命に生きた。のちのちまで、この鎮を「第二の故郷」と呼んだという。

張作霖は趙家廟に戻り、行商をやった。雑貨の荷物箱を背中に担いで、でんでん太鼓を鳴らしながら品物を売り歩くのだ。

張氏帥府博物館が発行する張作霖伝『走進大帥府《ゾウジンダーシュアイフー》　走近張作霖《ゾウジンジャンズオリン》（大帥府に入り、張作霖に近づく）』

によると、一八九三年の夏から秋にかけた時期に、この姿の作霖がよく見かけられたという。

趙家廟には、でんでん太鼓の音を待ちわびる娘がいた。村の地主、趙占元《ちょうせんげん》の次女で、張作霖と同い年の趙春桂《ちょうしゅんけい》だ。娘は、紅やおしろいを少しだけ買った。品物を広げさせて、いろいろと質問し、優しい顔をした作霖と話したがった。春桂の気持ちは、周囲も気づいた。だが、地主の娘が作霖に嫁ぐなどあり得ない。

「手を出したりすると、脚をぶった切られるかもな」

趙春桂の叔父が張作霖に警告した。

日清戦争

清朝の平穏な治世が続いていたら、張作霖は、市井の商人か獣医、あるいは博徒として一生を終えていたかもしれない。だが、趙家廟に帰って間もない一八九四年夏、作霖の運命を転回させる大事件が勃発した。

日清戦争である。

張作霖が生まれた年、維新後間もない日本は、西洋列強に倣って朝鮮に開国を迫った。それから二十年近くたち、国力をつけた日本は、朝鮮を、宗主国・清から力ずくで引きはがそうとしていた。半島南部で起きた大規模な農民蜂起・東学党《とうがくとう》の乱を機に、日清両軍が出兵し、海陸で衝突した。西洋列強は、「眠れる獅子」・清が、新興小国を相手に、どのような戦いをするかを見物した。

ところが、戦闘では、日本軍が清軍を圧倒した。日本の連合艦隊は、黄海《こうかい》で北洋艦隊を撃滅し、陸軍は朝鮮半島から鴨緑江《おうりょっこう》を越え、満洲へと進撃していった。戦意のない清軍内では逃亡の連鎖反応が起き、大軍が土壁のように崩れていく。寒風が厳しくなった十一月、長州出身の陸軍少将・乃木希典が指揮する歩兵第一旅団が、遼東半島先端部に位置し、難攻不落とうたわれた旅順《りょじゅん》要塞を、わずか一日で陥落させた。

冬、満洲での主戦場は、営口から海城方面であった。張作霖の故郷だ。

満洲貴族の正規軍など、近代戦では、ものの役にも立たない。清軍の主力は、太平天国軍鎮圧に功があった宋慶《そうけい》率いる「毅軍《きぐん》」だった。朝廷が功臣・宋に賜った号の頭文字が「毅」であったことから、この名で呼ばれた。

毅軍は、張作霖の生地や高坎にも近い遼河の水運拠点、田荘台《でんしょうだい》に布陣した。幾たびかの戦闘を経て、一八九五年三月、三個師団を投入した日本軍は、営口、田荘台を攻略した。

翌月、山口県下関(馬関)で、日本国総理大臣・伊藤博文と清国北洋大臣・李鴻章らが講和条約に調印し、日清戦争は終わった。

張作霖は、毅軍に加わっていた。中朝国境などで敗れた毅軍が田荘台まで後退してきたとき、騎兵営長の同郷人、趙得勝《ちょうとくしょう》と再会し、趙に従って入隊したとされる。「営」は大隊に相当する。作霖の軍人生活は、この知己の助力を得たことで、有利に始まっただろう。

部隊では、獣医としての腕が評判となり、すぐに重宝されるようになった。騎兵は、軍馬の具合が悪くなると、張作霖に頼った。指揮官の馬の病も治し、大いに信頼を得た。馬の機動を生命線とする騎兵部隊では、出色の働きと言っていい。

獣医の腕に関して、従軍中、次兄の張作孚を獄から救い出したという話も伝わっている。作孚が高坎で博徒を殴り殺し、処刑されそうになったが、作霖が将軍の愛馬の病気を治し、その褒美として兄を釈放してもらったというものだ。

張作霖が、偵察、諜報活動に携わり、何度も手柄を立てたとする資料も多い。頭の回転も、判断も速い。人に好かれる。しかも、家郷が戦場となっていた。情報が集まりやすく、進退も自在だ。諜報員として活躍できる条件はあったと言えよう。

史書には、騎射にすぐれていたとの記述も散見されるが、具体的な戦闘への言及はない。

いずれにせよ、張作霖が異能の軍人だったのは間違いないだろう。金もなく、同郷の将校に拾われた一兵卒が、一年もたたず、哨長にまで昇進したのだ。小隊長、部隊規模によっては中隊長にも相当する地位である。


下関条約では、清が、朝鮮の独立した地位を認め、自らの宗主権を否定したほか、遼東半島、台湾、澎湖《ほうこ》諸島を日本に割譲し、歳入の二年半分に相当するという賠償金二億両《テール》を支払うことになった。

ところが、高揚した日本は冷や水を浴びせられた。条約調印から一週間もたたぬうち、ロシア、フランス、ドイツの三国が共同で遼東半島返還を求めてきたのだ。

「三国干渉」である。

日本政府が受領した三国公使による勧告は、日本による遼東半島領有は清都（北京）を危うくし、朝鮮独立を有名無実化し、極東平和の障害になる、と決めつけていた。

三国の要求内容は同じだが、皇帝ウィルヘルム二世の治下にあるドイツの公使が出した勧告文は、多弁である分、非礼さが突出している。しかも、「ですます調」で翻訳された文面が、日本軽侮の姿勢を際立たせてもいる。

日清講和の条件はまったく度に過ぎて……ドイツ国の利益上にも害があると認めます。……三国に対する戦は、しょせん日本国に望みのないことであるがゆえに、貴国（が）この事件につきましては譲ることができないことはなかろうと存じております……。

日本は、勧告を受け入れるしかなかった。明治維新後初の本格的な対外戦争に勝った日本人は、力があれば何でもでき、力がなければ何もできないという世界の冷徹な現実をあらためて思い知らされた。「臥薪嘗胆」

日本では、敗戦国であるかのような、屈折した言葉が広がった。同時に、弱さを露呈した清国を侮る気分が広がり、民族的蔑視という病的情緒も蔓延するようになる。

終戦後、毅軍が、山海関《さんかいかん》(5)を通って満洲を去ったとき、張作霖は部隊を離れ、趙家廟に戻った。村に帰ったとき、張作霖は、大きな馬に乗り、小銃を肩に掛けていたという。ついこの間まで辻々で見かけられた、でんでん太鼓の作霖ではない。日本軍と戦って手柄を立て、哨長に出世した男だ。小さな村から、そんな立派な軍人がそうそう出るものではない。

英雄は、土産を携えて、堂々と地主の趙占元の屋敷を訪れた。行商をやっていたころ、密かに心を通わせていた娘、春桂の父だ。

戦争に敗れ、部隊を離れたときから、張作霖は無職の文無しに戻っている。だが、哨長に昇進したという事実は、社会における作霖の地位を一変させた。国は敗れたが、作霖個人にとっての日清戦争は、劇的な転換点となった。

結婚申し込みを焦ったりはしない。張作霖は、悪鬼のごとく強いあの日本軍と、自分がいかに勇ましく渡り合い、なぜ哨長になれたかを話せばよかった。

「この男は、将来ものになる」

婿としてふさわしいかどうかを見る立場にある趙占元は、張作霖と何度か話すうちに、そう思うようになった。確かに常人とは違う。軽薄な自慢話では終わらない。幼いようでいて、聡明だ。しかも、人間の底に、捨てられつづけてきた者の強さと、救われつづけてきた者の優しさがある。行商人のころの偏見から、妻は反対していたが、娘の春桂を、妙に魅力あるこの男に嫁がせるのも手かもしれない、と考えた。春桂も、もう二十歳だ。当時の農村としては、すでに晩婚という年齢に差しかかっている。この先、良縁があるかどうかもわからない。占元は、作霖に乗ってみようと決めた。

後は手続きだ。張作霖は、かつて弟子入りしたことがある木工匠を仲介に立てて、趙家に春桂との結婚を申し込んだ。話は、とんとん拍子に進んだ。

張作霖は、趙占元に金を出してもらい、近くの鎮で獣医を開いた。

殺された博徒の三男で、無一文に等しい男が、地主の娘を妻に迎えて白い乳房をもてあそぶ。岳父という後援者、つまり資金源も同時に手にする。これは生涯第一の大飛躍と言える。並の人間であれば、そこで己の幸運に感謝して、神仏にぬかずくだろう。

しかし、結婚後の張作霖は、鬱々として楽しまず、日に日に不機嫌になっていった。また退屈な獣医に逆戻りだ、と思った。物憂げな顔をしていると、客の匪賊にもからかわれた。

「よお、小兄弟。男ってのはな、郷里を飛び出して何かをやらなくちゃいけない。こんな馬屋に縛りつけられて、馬の口を開かせたり、ケツの穴をほじったりしていて、何かが変わるのか」

清朝にとって、日清戦争での敗北は、かつてない衝撃となった。

「空前の覚醒」という史書の表現は、大げさではない。西太后から村の老人まで、なぜ「小日本《シャオリーベン》」に敗れたのかと考えた。アヘン戦争以来、西洋列強には何度も煮え湯を飲まされたが、朝廷にとっては、遠い欧州世界が派遣した小部隊との局地戦による軽傷とも言えた。しかし、今回は違う。西洋文明を学んだ隣国が、一気に大兵力を繰り出して満洲と山東に侵攻し、首都・北京までが危機にさらされたのだ。

政の実権を握る西太后は、焦眉の急となった軍近代化に着手した。白羽の矢を立てたのは、戦争前まで朝鮮に駐在し、兵をもって日本と渡り合ってきた軍人、袁世凱《えんせいがい》だった。袁は、一八九五年の暮れ、天津南郊の小站《しょうたん》で、洋式の装備、制度を全面的に導入した新たな軍隊、「新建陸軍」の建設を始める。

模範としたのは、ドイツ陸軍だ。兵種を歩兵、騎兵、砲兵、工兵、輜重《しちょう》兵に分けた。部隊編制を変え、「先鋒にいる勇者の突進」頼みの戦闘方法を、各部隊が有機的に連携する近代戦闘のスタイルに改めた。士気を高揚させる餌として許されてきた略奪と強姦を徹底否定して、厳しい規律を導入した。命令への絶対服従を求め、清兵の習い性となってきた逃亡には、斬首をもって報いた。やくざ者、アヘン中毒者、病人、老人、文盲を排除して、兵の募集条件、選別を厳しくし、教育を受けた青年を優先的に入隊させ、統一作戦行動がとれるようにした。

組織、兵、装備、訓練、運用などいっさいが変わり、化学式のように正確に、旧来の清軍とは異なる軍が誕生した。巨大な烏合《うごう》の衆であった清軍にあって、新建陸軍は圧倒的な戦闘力を持った。必然的に、袁世凱は、軍の重心に立った。袁は、各地の優秀な人材も小站に集めた。徐世昌《じょせいしょう》、王士珍《おうしちん》、段祺瑞《だんきずい》、馮国璋《ひょう(ふう)こくしょう》、曹錕《そうこん》ら小站出身者は、中華民国初期、政治、軍事の中枢にあって国を動かしていく。

総帥たる袁世凱が、のちに北洋大臣に就任したことから、新建陸軍系の部隊は「北洋軍」、袁の勢力は「北洋派」などと呼ばれた。

清朝は、露仏独三国の干渉を招き入れることにより、日本に割譲した遼東半島を即座に取り戻した。だが、夷をもって夷を制す策略は高くついた。

一八九六年六月、モスクワで行われたロシア皇帝ニコライ二世の戴冠式に出席した李鴻章は、日本軍の脅威をにらみ、ロシア側と密約に調印、ロシアが、満洲を東西に横断する東清鉄道（中東鉄道）を建設することを認めた。シベリア鉄道と不凍港・ウラジオストクを最短距離で結ぶ幹線だ。ロシアは翌年から、「戦時的テンポ」と言われる突貫工事に入った。

清朝は一八九八年、ハルビンから旅順に至る南北支線の建設も承認した。「T」字型の東清鉄道は、南下を本能とするロシアの、極東における戦略鉄道となった。ロシアは、鉄道の南端である旅順と、近接する大連《だいれん》を、租借によって手に入れた。沿線の治外法権、資源開発権、電信敷設権などさまざまな特権も獲得した。

三国干渉に加わったドイツは、青島《チンタオ》がある山東半島南岸の膠州《こうしゅう》湾、フランスは広東《カントン》・広州《こうしゅう》湾（現湛《たん》江《こう》）を手にした。

アヘン戦争で香港を植民地としていたイギリスも、負けてはいない。黄海越しに旅順、大連をにらむ山東半島先端部の威海衛《いかいえい》を新たに租借した。

清は全身から血を流していた。いつしか、肉をかみ取られても起き上がれない瀕死の獅子の姿になっている。

張作霖が県の役人に捕らえられたのは、そんなころだ。「匪賊に通じている」との嫌疑がかけられた。馬を診る作霖には、確かに匪賊の知り合いが多い。だが、作霖にすれば、獣医と客の関係にすぎない。

密告したのは誰か。二つの説がある。

一つは博徒だ。張作霖の賭博癖は改まっておらず、チンピラとのけんかは絶えなかった。相手を威嚇するために、何かの拍子に匪賊の名を出したとしても不思議ではない。

もう一つは、地元の有力者たちだ。これもあり得る。彼らは、張作霖の手引きで匪賊が略奪に来るのを恐れていた。高坎近くの黄家店で「孫鬼子」の家が焼き打ちされたとの噂を聞いた者がいれば、作霖への不安はいっそう深刻だっただろう。

尋問は、厳しかった。張作霖は竹でたたかれても歯を食いしばり、容疑を認めなかった。痛みに耐えかねて「自白」しようものなら、首を落とされていたかもしれない。妻の趙春桂は、実父の占元にすがった。この岳父が要路に金を配って、作霖はようやく釈放された。

出獄後は、商売もうまくいかなくなった。投獄されたこと自体、面目なかった。

当時、こんな内容の歌があった。

胡子《フーズ》になれば憂いなし
租界に住んで、女を抱いて
河のごとくに金を使う……

「胡子」は、もともとひげの意味で、そこから匪賊を指す言葉となっていた。

いっそ、緑林になろう――水たまりのような生活に飽き飽きしていた張作霖は、昔、「思うところがあれば、おれを訪ねてこい」と言ってくれた馮麟閣を思い出した。

張作霖が匪賊に加わったのは、一八九七年春ごろのこととされる。馮麟閣は、自ら作霖を抱えることはせず、董大虎《とうだいこ》という格下の土匪を紹介した。董が、新顔の作霖に与えた仕事は、人質の見張り役だった。

誘拐は、匪賊の重要な収入源である。各メンバーは、身代金の獲得という目的を達成するために、誘拐、戦闘、監禁、交渉などの作業を、適性に応じて分担していた。

だが、張作霖は、この仕事が気に食わなかった。とくに、董大虎の組織が、女をさらうことに我慢がならなかった。女の多くは犯された。貞操に対する漢族の要求は厳しく、一晩たてば、女の人質の身代金は暴落した。作霖は、賊どもが女に接触するのを許さなかった。

本物の悪党になれない張作霖にとって、緑林は、自由な世界ではなかった。わずか二カ月で董大虎の組織を脱けた。その間、人をさらってもいないし、傷つけてもいない。一発の銃も撃っていないという。

以後、張作霖が、匪賊の組織に入ることはなかった。しかし、この二カ月間の経歴によって、作霖は、その一生を通じて、「匪賊」のレッテルをはがせなくなる。

ここに蛟龍がいた

一八九八年、光緒帝は、政治改革による維新を試みて失敗し、西太后によって、紫禁城の西に接する中南海に幽閉された。清が下る衰亡の坂道は、急速に傾斜を増している。

一九〇〇年、山東から広まった義和拳《ぎわけん》が、中国北部で爆発的に流行した。

中国では古来、医術や薬の恩恵を受けられぬ貧民群が、社会底辺で分厚い層をなしている。病や傷が死につながるという切実な不安を持つ老若男女は、都市、農村を問わず、拳法や気功などの護身、健身術を習い、救いを求めて新興宗教に群がる。弱者層は、宿命的に、現状破壊者の性格を帯びている。世が乱れると、こうした一群は、一種の秘密結社的組織として、恐るべき感染力をもって拡大し、洪水のような大乱を引き起こした。

義和拳は、修練すれば、孫悟空や伝説の女傑のようになれるという触れ込みによって、人心をつかんだ。修練者たちの集団——義和団は、日清戦争での敗北、列強による中国蚕食という時代状況のもと、激しい排他行動に走ってふくれ上がった。

「扶清滅洋《ふしんめつよう》」

清を扶《たす》け、洋を滅ぼす。彼らのスローガンは明快だった。「洋」とは外国を意味する。紅毛碧眼《こうもうへきがん》や東洋鬼子《グイズ》（日本人）は打倒対象であるし、そんなやつらに仕える漢奸《かんかん》（民族の裏切り者）どもも、退治されなくてはならなかった。洋人の銃は強力だが、修行を積めば「鉄砲の弾も、刀も通さない」体になると信じられた。

五月以降、北京の街路を数十万の義和団が埋め尽くし、キリスト教会や外国の品物を扱う商店を破壊した。日本とドイツの外交官が殺害された。各国外交団は少数の守備隊とともに、東交民巷《とうこうみんこう》地区の外交街に孤立し、天津から救援に向かった八カ国連合軍は、群衆の抵抗によって前進を阻止された。西太后が義和団を支持し、列強に宣戦したことで、混乱に拍車がかかった。

騒乱は満洲にも波及していた。

クリスティーの『奉天三十年』によると、「外国人が井戸に毒を入れた」「幼子を殺した」などといった紙が、奉天城の街路に張り出された。興奮した民衆は、東清鉄道の線路をはがし、鉄道会社の事務施設を破壊した。英国教会、外国の慈善病院、講堂などが、立てつづけに灰塵に帰した。銃で抵抗したフランスのカトリック教会も炎に包まれた。営口、新民《しんみん》、錦州《きんしゅう》など奉天各地も乱れた。

天津から北京に向けて八か国連合軍が進発したのに合わせ、ロシアの大軍が、東清鉄道守備を名目に、満洲里《まんしゅうり》、ハバロフスク、ウラジオストクなど多方向から満洲になだれ込んだ。その数、実に十万人以上とされる。ロシア軍は、枯れ葉を吹き散らすように、義和団の抵抗を排除し、秋までに満洲全土を制圧した。

背の高いアシやコーリャンが生い茂る遼河の西岸一帯は、もともと匪賊の巣窟だ。日清戦争後、賊は猛烈に繁殖していた。朝廷には、従わせる金も、討伐する力もなかった。そこに、ロシア軍が侵攻した。治安は乱れに乱れ、ロシア兵の姿が見えない広大な空白地帯は、匪賊の天下であった。

奉天の行政・軍事責任者たる盛京《せいけい》将軍(6)の増祺《ぞうき》は、奉天から遼西・義県《ぎけん》に逃亡した。

北京も混乱の極みに陥った。連合軍が到着して外交街を解放、西太后は光緒帝とともに、西安《せいあん》に逃れた。

満洲各地の鎮や村は、息を潜めて身を固くしている。秩序が崩壊した以上、生命と財産は自ら守るしかない。地域ごとに、各戸が金を出し合い、緑林であれ、兵隊崩れであれ、銃を扱える者を雇った。「民団」「大団」「保険隊」などと呼ばれる傭兵自衛グループが続々と誕生した。

趙家廟も例外ではない。ただ、この村はほかとは違い、自衛部隊の頭目にうってつけの人物がいた。元清軍騎兵哨長、二十五歳の張作霖である。

岳父の趙占元は、周辺の村の有力者たちと寄り合い、張作霖が指揮する「保険隊」を作ることで話をまとめた。戸別負担を薄く広く延ばすために、趙家廟を含む七、八カ村が金を出し合い、二十数人の隊ができた。

戦闘組織の長としての張作霖。それは、村人が知る作霖とはまるで別人だった。でんでん太鼓の物売りでも、賭場でけんかを繰り返し、牢屋に入ったチンピラでもなかった。元清軍哨長は、たちまち家郷の守護神になり、威信を取り戻したのである。

乱立する自衛組織も、しょせんは銃が使える無頼漢の寄せ集めにすぎない。すぐに地を出す。隊員たちの多くは、「保険区」、つまり自分の縄張りの外を荒らすのはもちろん、守るべき民まで恫喝し、金品を奪い、女をあさることさえあった。そうなると、単なる居直り強盗である。張作霖の部隊は、少なくとも縄張り内では規律を保ち、規定の保険料を徴収するだけで、農民や商家を脅すこともなかったという。

外敵は確実に撃退した。説得できる場合は、無駄な戦闘はせずに立ち去らせ、戦うべきときには、勇敢に戦った。張作霖の名声は、うなぎ上りになった。

「この若者はいい。邪を避ける」

「一人で十人を相手にできるそうだ」

「張作霖の体は、刀も、弾も通さない」

張作霖らしい伝承もある。

趙家廟に何人かの兵隊崩れが押し入り、銃や刀を振り回したことがあった。張作霖は一人で近寄り、何ごとか話していたが、それが終わると、兵隊たちはもう作霖を「兄貴」と呼んで慕っていたという。

近郷の村々も次々に保護を求め、張作霖の保険区は、同じ年のうちに、二十七カ村にまで広がった。部下も四十人以上に増えた。

秋、早くも地元の大物となっていた張作霖は、六歳年下の盧寿萱《ろじゅけん》という私塾教師の娘を見初めた。求婚の仲介を頼まれた娘の叔父は、「あなたにはもう妻がいるではありませんか。めいを妾にするわけにはいかない」と難色を示したが、作霖は、「妾としてつらい思いをさせることは絶対にない」と言って聞かない。正妻と同等の夫人の地位を約束し、なお結婚を迫った。

盧家は娘を北鎮県城に避難させようかとも考えた。だが、県城まで四十里以上あり、若い娘が無事にたどり着けるとも思えない。道中、匪賊にさらわれでもしたら、破滅だ。それよりは、多少でも道理がわかる張作霖のもとに行かせたほうがいいかもしれないと考えた。盧寿萓は、どちらの不幸がより小さいかという選択によって、作霖の第二夫人となった。

乱が張作霖を押し上げていた。新しい女も得た。上機嫌の作霖に、一人、正妻の趙春桂が警告した。

「人は有名になるのを恐れ、豚は太るのを恐れます。いま、あなたは民心を得ています。ロシア兵や強盗たちは、きっと恨み骨髄でしょう。禍を防がなくてはなりません」

妻の不安は的中する。

このころ、張作霖は、中安堡《ちょうあんほう》という大きな村を保険区に組み入れた。

新建陸軍の元小隊長で、ロシア軍とも通じている金寿山《きんじゅさん》という男の保険区に入っていたが、金の隊の略奪に耐えかねた中安堡の村民が張作霖に保護を求めたのである。

縄張りを奪われた金寿山は、恨みをのみ込み、まずは話し合いで解決しようとした。しかし、張作霖は拒絶した。金は、手下を作霖の保険隊に潜り込ませ、作霖をたたきつぶす隙をうかがった。

チャンスは、すぐにやってきた。

一九〇一年二月十八日夜。旧暦の除夜である。張作霖の保険隊員は、豚や羊をつぶし、先祖や神を祭り、春節気分で大いに盛り上がっていた。手下から知らせを受けた金寿山は、隊員を集め、年越しに浮かれる中安堡を包囲した。ロシア兵を借り受けていたとも言われる。

夜半、銃声が四方から起こり、人馬が吶喊《とっかん》とともに村に突入してきた。酔いの中にあった張作霖とその部下たちは、完全に不意を突かれた。

誰の攻撃か？　何人か？　わからない。戦う用意もない。張作霖と家族、部下たちは、暗がりの中に身一つで脱出するしかなかった。

このとき、張作霖には、三歳になる娘、首芳《しゅほう》（冠英《かんえい》）がおり、第二夫人となった盧氏もいた。正妻の趙春桂は、第二子を妊娠していた。女子供は、皆、部下がおんぶした。

一人を背中に負い、ぐんぐん逃げる大男がいた。湯玉麟《とうぎょくりん》だ。

張作霖より四つ年長で、外祖母はモンゴル族という。五人兄弟の二人目で、並外れた勇猛さを誇り、大勢でのけんかもうまかった。「湯二虎《タンアーフー》」のあだ名があった。

馬車を走らせているときに匪賊に積み荷を奪われ、そのまま緑林の世界に足を踏み入れたと伝えられる。自家の農作物を食った馬の持ち主であるモンゴル族の分限者にけがをさせて逃げたという別説もある。湯は、遼西の有名な匪賊兄弟、苑四《えんし》、苑五《えんご》の集団に入ったが、義侠心から外れた苑兄弟に失望して集団を脱け、小さな保険隊として独立、張作霖と知り合ったのだった。

張作霖は自らしんがりとなって村を脱出した。敵主力は北西方向から来たことがわかり、何はともあれ、南東に逃れた。

歩き詰めの夜が明け、新年の朝が来た。追っ手は見えない。

張作霖の一行は、家族や、湯玉麟の配下も入れて四十数人いた。作霖の部下は、七、八人にすぎなかったとも伝えられる。

姜家屯《きょうかとん》という村を通りかかると、村人は略奪を恐れ、落ち武者のような一群に、新年の餃子を振る舞った。弾ける赤い爆竹や、踊りを誘うような陽気な銅鑼の音がにぎやかに春を祝っている。

これからどうするか。あてもない。「山に入りましょう」と提案したのは、運命共同体になった湯玉麟である。緑林になろうというのだ。賛同する声は多い。

だが、張作霖は拒んだ。匪賊の世界は二カ月で懲りた。もう戻りたくない。妻や第二夫人、子供たちを、土匪の家族にしたくなかった。これからも保険隊としてやっていきたいと話した。奪われた地盤をすぐに取り戻すことはできないが、ひとまず、馮麟閣に頼ろうと皆に提案した。馮もこのころ、保険隊をやっていた。

湯玉麟は、張作霖の言葉に素直に従った。

首領と幕僚を分ける差は、「判断力」という一点にある。生死を分ける岐路に差しかかったとき、生を選べる力を持つのが、首領だ。この点で、湯玉麟は張作霖の力を認めていた。


中安堡のころ、あるいはもう少し後かもしれない。夜、張作霖と湯玉麟が酒を酌み交わし、英雄について話し合ったとき、作霖は湯に大事な思いを語っている。

「いま、満洲に主はいない。われわれはのんびりしてなどいられないのです。群小の緑林を一つにまとめ、大勢力として、満洲に覇を唱えるべきではありませんか」

途方もない野望である。当時の並の頭目の頭にあるのは、自分の命と、わずかな勢力をなんとか守りながら、金や女や酒といった欲望を充足させることだっただろう。しかも、衰えたりといえども、大清帝国はいまだ存在し、ロシアという圧倒的な武力を持つ新たな支配者が満洲に居座っている。各地には、大匪賊らが王のごとく盤踞《ばんきょ》してもいた。

ところが、一族を入れてわずか数十人しか持たない張作霖が、大乱の時代を壮大な賭場と見ているかのように、満洲の覇王になると語ったのだ。単なる大言壮語か。そうとも言えない。張作霖が近郷の民の圧倒的な支持を得て、驚くべき勢いで保険区を拡大させたのも事実だった。

湯玉麟は「私も同じ思いです」と応じた。そう言わせる底知れぬ魅力が、目の前の小柄な優男《やさおとこ》にはあった。

中安堡で敗れた後の岐路で、もし緑林を選んでいたら、張作霖は、深い森に隠れるように、歴史の闇に消えていったに違いない。

馮麟閣の根拠地に向かう途中、八角台《はっかくだい》（現在の台安《たいあん》）という大鎮に着いた。大きな商家が五十以上もある。保険隊も強力で、「砲手」と呼ばれる銃持ちの戦闘員だけで三十人もいた。張作霖は、八角台の保険隊と戦闘になるのを恐れ、鎮に入る前、配下に名刺を持たせて、有力者に通過許可を願い出た。

張景恵

八角台商会の会長・張程久《ちょうていきゅう》（張紫雲《ちょうしうん》）は、早くから張作霖の評判を耳にしており、一行を街に導いた。程久と作霖は、顔を合わせるやすぐに打ち解け、夜まで話しつづけた。作霖一行は、八角台に泊まることになった。

次の日、張作霖は、張程久の紹介で、八角台の保険隊長、張景恵《ちょうけいけい》と会った。作霖は、「官府や有力者と広く交わり、自分の勢力を広げていってこそ、地位は守れる」といったことを話した。

緑林と呼ばれる者たちにとって、官とは、天子の名によって自らを誅伐しようとする天敵であった。

また、官は必ずしも正義に立つものではなく、貧しき民はむしろ、役人や金持ちを襲う「義盗」や「侠盗」を英雄と見なしていた。何より、その官が衰えたからこそ、匪族が大繁殖しているのではないか。

だが張作霖は、いまこそ、その官を味方につけなければならない、と言う。

いくらもしゃべらないうちに、張景恵は張作霖の器を見抜いた。

ああ、ここに蛟龍《こうりょう》(7)がいた。この男は、雲雨を得れば、天に昇って龍になるだろう。

その日なのか、後日なのか、史書の記述は割れる。ともあれ、張景恵は張作霖に合併話を切り出した。

「いま、満洲には、老毛子《ラオマオズ》（ロシア人）、東洋鬼子、官軍が行き交っており、民は安心して暮らせません。こんなときに役立つのは鉄砲です。人と鉄砲の数が多ければなんとかなる。われわれは一つになるのがいい。いかがでしょうか」

張作霖は、吸収されるのはまずいと思い、「部下の前途にかかわることでもありますので、時間をかけてゆっくり話し合うべきかと思います」とかわした。

張景恵には、張作霖の動揺が手に取るようにわかり、笑顔を見せた。

「私たちが合併して」という言葉に続けて言った。

「あなたが首領になるのです」

張作霖は仰天した。無論、固辞する。こうして温かく迎えられただけでも感激の極みだと言い、そんな無茶をしたら、張景恵の部下も黙ってはいまいと話した。

張景恵は道理を説いた。

「私は、あなたより何歳か年長だ。しかし、あなたの才は、私の十倍ではきかない。あなたは毅軍に加わり、東洋鬼子とよく戦った。私どもは頭数こそ多いが、正規の軍事訓練を受けたこともないし、戦ったこともない。本当に火急の事態になったら、何もできないのです。兄弟たちの前途を思えばこそ、あなたにお譲りしたい」

張景恵は「お断りくださいますな」と念を押した。

そのとおりである。凡庸な頭目に率いられる保険隊や緑林の集団は、しょせんは烏合の衆にすぎず、いずれは雲散霧消するしかない。張景恵の保険隊が消えれば、丸裸の八角台も略奪の炎の中に消える運命にある。

張作霖はそれでも、首を縦に振るわけにはいかない。作霖は作霖で、人間としての器量が試されているように思った。客が主の座を奪うことの道徳的な居心地の悪さがある。

張景恵は、張程久ら鎮の有力者を招き、ともに請うた。八角台という鎮そのものが、張作霖に賭けた。景恵は、不満を言う部下は容赦しない、とも約束した。

張景恵は後年、満洲国の総理になる。その男が張作霖を凝視している。

張作霖はついに受けた。

年越しの夜に油断して大敗した。その逃避行の途上で、思いもしないかたちで根拠地を得る。幸運という以上の風が、張作霖に吹いていた。

第二章

馬上の戦い

八角台のファミリー

現在の遼寧省《りょうねい》・台安《たいあん》の市街地中心部には、張学良《ちょうがくりょう》の大きな銅像が立っている。「八角台《はっかくだい》」は繁華街の名として今も残る。

張作霖が八角台に逃れてから数カ月後の一九〇一年六月、長男・学良が生まれた。二十世紀初年に生まれ、二十一世紀初年に没する学良百年の人生は、ここに始まる。

張学良はのちに、逃避行のさなかの大八車の上で生まれたと語っているが、その当時、母の趙春桂《ちょうしゅんけい》は長女の首芳《しゅほう》とともに、八角台郊外の親類・趙明徳《ちょうめいとく》の家に住んでいた。

「学良」の名は、漢の高祖・劉邦《りゅうほう》を支えた重臣、張良《ちょうりょう》にちなんでいる。字《あざな》も漢卿《かんけい》だ。張作霖は、同じ草莽の出で、大帝国を樹立した劉邦にあこがれていた。三国志の関羽《かんう》も信仰している。異民族王朝の天下にあって、被支配民族である多数派の漢族は、歴史物語や古典に登場する英雄、俠客を好んだ。

張学良の幼名は初め「双喜《そうき》」だった。八角台で、思いがけず隊伍を得て、世継ぎまで授かった張作霖の二重の喜びを素直に表している。

張作霖は、占い師に息子の運勢を見てもらった。

「おめでとうございます。この子はいずれ、大きな馬に乗り、大刀をはく大官になりましょう」

占い師はそう見立てたうえで、「ですが」、と付け加えた。

「運気が強すぎます。父母兄弟につらい思いをさせるかもしれません。この子が早世してしまうこともあり得ましょう」

張作霖の表情が曇った。「どうすればいい」の問いかけに、占い師は、喜びにはち切れんばかりの幼名を改めるよう勧め、その手順も授けた。作霖は、そのとおりにやった。

まず、張学良を連れて寺に行き、得度させた。それによって、双喜の名を捨てた。

学良が走れるようになったころ、新しい幼名を決めるため、父子はふたたび寺に来た。名は、天に任せる。還俗させた学良を寺から走り出させ、最初に聞いた名前を新しい名にする。

張作霖は学良とともに釈迦牟尼仏に三度ぬかずき、立ち上がると、息子に叫んだ。

「さあ、行け! 振り返るな!」

幼い学良が、短い手足を振って、まっすぐに駆け出した。寺の門を出る。作霖が後ろから追う。すぐに、どこかのおかみさんの叫び声が聞こえた。

「小六子《シャオリュウズ》、薪《まき》だ!」

張学良の幼名は、小六子に決まった。

趙春桂母子が無事に暮らせたのも、八角台保険隊の首領だった張景恵《ちょうけいけい》が、手厚く保護したからだ。景恵は、乳の出が足りない母親のため、乳母の世話もしてやった。

地元出身の張景恵は、湯玉麟《とうぎょくりん》と同じ一八七一年の生まれで、張作霖より四歳年長だった。家業は豆腐屋で、街で豆腐を売り歩いていたこともある。二年ほど私塾に行き、簡単な読み書きはできた。長じて博打に染まり、誘われると、豆腐を放り出して賭場に走った。勇猛とは言いがたいが、保険隊の組織を急ぐ張程久《ちょうていきゅう》らの目に留まった。作霖に首領の座を譲ったことが証明するように、的確な判断力と度量があったからだろう。自らの凡なるを堂々と認めることによって、歴史に名を残した武人であると言っていい。

張作霖、張景恵がいる八角台に、また一人「張」が来た。張作相《ちょうさくそう》だ。作霖よりも六つほど若く、この当時、二十歳前後であろう。約二十人の手下を連れていた。

賢母に忠孝仁義を聞かされて育ったという。この落ち着いた人格者が緑林《りょくりん》に入ったのは、義を全うしたためだったとされる。十六歳のころ、張作相はいとこと馬車に乗っていて匪賊に襲われ、いとこは殺された。作相は、家を出て下手人を探し出し、約一年後に、仲間の手を借りて仇を討った。死罪を逃れるため、そのまま姿をくらませた。

当時、緑林は、野ネズミのように繁殖し、組織の大小、性格、将来性、首領の人間性など、さまざまな要因によって離合集散を繰り返している。誰と組むかは生死を分ける大問題であり、選択を誤れば、食っていけない。討伐されるかもしれない。張作相が、張作霖に投じたのは、世評を聞いてのことだろう。八角台という大鎮を拠点にすれば、貧しい農村に張りついて脅迫や略奪で日々をしのぐ保険隊と違い、皆が食っていけるとの計算もあったに違いない。

張作相を迎えた張作霖は、満面の笑みである。なんと言っても、名前がいい。同じ「作」の字を持ち、まるで同族同世代の兄弟ではないか。作霖はすぐに義兄弟の盟を交わした。作相も、作霖が大事をなし得る人物とみた。

湯玉麟、張景恵、張作相……当時はまだ無名の雄たちが、磁石に吸い寄せられる鉄釘のように、張作霖の周囲に集まりはじめている。

とはいえ、生身の張作霖は、まだ二十七歳の若者である。気分屋で、気性は激しい。臭い汗がほとばしるような若い集団では、口げんかも珍しくなかった。

そんなとき、部下たちをなだめたのは、張作霖の正妻、趙春桂だった。「兄さん」と、湯玉麟や張景恵を呼ぶ。彼らは、作霖と義兄弟だ。

「兄さん、あの人の気性がまだわかりませんか。普通じゃないんです。二日くらい放っておけば、元に戻りますよ」

いさかいがあると、趙春桂は常に部下の側に立った。まだ未熟で脆い八角台の面々をまとめていたのは、でんでん太鼓の物売りに自分から近寄れる度胸と明るさを持った女性だった。張作霖と夜をともにする第二夫人の盧《ろ》氏が正妻の春桂を敬い、礼を守っていたこともあり、作霖と同い年の妻は、夫を支えた。

「本当に賢くて、慈悲深い」

中安堡《ちゅうあんほう》から張作霖とともにあった湯玉麟は、趙春桂に感じ入っていた。だからこそ、金寿山《きんじゅさん》の襲撃の際にも、命を懸けて女たちを守った。

張作相は後世、この時分を振り返って、こう話していたという。

「大帥（張作霖）が大業をなし得たのは、多くが姉さんの力によるものだ」

張作霖も妻の働きを認めていた。

「何かあったら女房に訊いてくれ。あいつがいいというなら、それでいい」

彼らは、一種の家族的共同体だったとも言えるだろう。血と義で結ばれている側面から見れば、義侠的な意味を含む「一家」、あるいは「ファミリー」という言葉のほうが、ふさわしいかもしれない。

八角台の保険隊は、すでに百人を突破している。「張作霖」の名は、新興勢力として、遼西一帯に知れ渡っていた。


張作霖という草莽の人が、大軍閥に成長していけたのは、なぜか。

人を招き寄せる生来の魅力があったのは間違いない。やせぎすの少年時代には中年女性にかゆをもらい、野良犬のような青年期には、死の淵に立つと、天から糸が垂れてくるかのように、誰かが手を差し伸べた。匪賊さえも、張作霖には優しかった。

そればかりか、張作霖に集う者たちの行動は、ときに、未来を作霖に賭けた、と言えるほど激しい。地主の趙占元は大事な娘を嫁にやり、湯玉麟は命を懸けて作霖の妻子を守った。張景恵に至っては、懐に飛び込んできた窮鳥のごとき作霖に、保険隊の首領の座を譲った。いつしか、皆がさまざまな役割を果たしながら、張作霖というみこしを担いでいる。

これに対し、張作霖は、人を見極め、信じ、用い、報いた。徹頭徹尾、人を生かした。各種事業にも力を入れ、稼いだ金は部下にばらまいた。

人間は、自らを認める者のために働くという習性を持つ。張作霖の周囲には、ますます多くの者が集まり、作霖はそれを、底なしの器のごとくのみ込んだ。

天性の将器と言うべきであろう。

知識人や経済人らとの交流が、張作霖を新たな高みに押し上げようとしている。

同時代人の証言を集めた史書『我所知道的張作霖《ウォースオジーダオドォジャンズオリン》（私が知る張作霖）』が、こう記している。

張作霖は地方の有力者と結びつくのに長じていた。彼は、富豪を殺し、貧民を助ける「緑林好漢」ではない。権力者や金持ちと結びついて、彼らに称賛される緑林だった。

張作霖は、張程久ら八角台の商人のほか、海城《かいじょう》の挙人・劉春琅《りゅうしゅんろう》、台安の挙人・李雨農《りうのう》、綏中《すいちゅう》の秀才・杜泮林《とはんりん》ら、近郷の文人、名士を厚く敬い、礼をもって接した。張程久や杜泮林は、「義父」と呼んだ。

商人は、安心が何よりも欲しい。知識人は、張作霖のような武人が腰を低くして真剣に教えを請うてくるのを、殊の外、好む。史記のころから変わらぬ中国の情景である。

「保険隊には、どのような将来があるでしょうか」

張作霖にそう尋ねられた知識人たちは、喜んで智謀を授ける。

「保険隊もずいぶん発展しました。とはいえ、長久の計は、やはり官府に投じることでしょう。それが正しい道というものです。もし、朝廷に召し抱えられる機会がありましたら、官人におなりなさい。そうすれば、歩けば歩くほど、道は広くなります」

張作霖は張景恵に対して、官を味方につける必要性を説いていた。官府と交流があり、科挙試験を突破した頭脳も持つ知識人たちは、「官になれ」と言う。官を味方につけることと、官になることの間には、また、一大飛躍がある。

官。この重みは、官民平等の民主的市民社会に生きる者には、おそらく想像もつかない。専制体制下にあっては、官とは、官である限り、法であり、正義であり、力である。

商人や知識人らは、張作霖を「官軍」にするための具体的なルートまで描きはじめた。

このころ、張作霖は、義兄弟たちにこう繰り返していたという。
「緑林の黒い飯を食っていても、行き場はないぞ」
張景恵、湯玉麟、張作相らは、「われわれはついて行くだけです」と答えるしかなかった。

一九〇一年九月七日、八カ国連合軍との戦いに敗れた清《しん》朝は、アメリカ、イギリス、フランス、オランダ、ベルギー、イタリア、ドイツ、オーストリア、スペイン、ロシア、そして日本の十一カ国と義和団事件の最終議定書（辛丑《しんちゅう》条約）に調印した。

清朝が支払いを課された賠償金は、総額四億五千万両《テール》。三十九年間の分割払いで、財源に充てられた関税、塩税などは列強の管理下に置かれた。

北京や、海浜地帯にかけての要所への部隊駐留も認められ、外国軍が首都とその周辺に常駐することになった[1]。日本軍も、条約上の権利として、軍事的な足場を築いた。ここから日本軍は、中国大陸に存在しつづけることになる。

もっとも旺盛な食欲を見せたのは、満洲に大軍を派遣したロシアだ。満洲の要地を押さえたまま居座り、なお朝鮮半島への南下をめざしている。ロシアの行動を警戒するイギリスは、「光栄ある孤立」政策を転換し、一九〇二年一月、日本と同盟を結んで北方の危険な熊に備える態勢をとった。

同じ月、西安に逃れていた西太后は、専用列車で北京に戻った。

ロシアが居座ったままとはいえ、満洲でも、戦時から平時に戻る動きが始まった。

二月七日、八角台を管轄する新民庁の撫民《ぶみん》副長官（同知《どうち》）・廖彭《りょうほう》が、奉天《ほうてん》にいる盛京《せいけい》将軍・増祺に対し、各地の武装組織を官に召し抱えるよう願い出た。

治安を維持するためには、匪賊を討伐するしかない。だが、官軍は、ロシア軍に押さえ込まれ、廖彭の場合、手元にはわずか百六十人の兵しかいなかった。金もない。官だけで匪賊を討伐するなど不可能であり、現実に照らせば、緑林を退治するには、緑林をもってする以外に方法はなかった。

増祺は、廖彭の意見を受け入れ、招撫局の設立を決めた。必然的に、緑林は二つに色分けされることになる。帰順し、討伐に加わる官軍と、討伐される匪賊だ。


重要な情報が入った。

義和団の騒乱で地方に避難していた盛京将軍・増祺の第三夫人が、奉天に戻る際、張作霖の縄張り内にある新立屯《しんりつとん》を通るという。作霖は直ちに部下を集めて指示した。

「数日後、増祺夫人が通る。一行を捕らえる。だが、けがはさせるな」

張作霖の部隊が待ち伏せる中、果たして、奉天に通じる街道を夫人の馬車列が通りがかり、あえなく拉致された。犯されるのか、殺されるのか。匪賊に捕らえられたと思った夫人は、生きた心地もしない。だが、近くの新立屯の街に着くと、どういうわけか、個室を与えられ、美食と最上級のアヘンでもてなされた。

夫人はアヘンで心を落ち着け、徐々にくつろいでいく。その間、張作霖は別室にいて、オンドルに掛けさせた夫人の従者に、自身の境遇について愚痴をこぼしていた。「増祺将軍のもとで働きたいが、かなわず、仕方なく、しがない保険隊を稼業にしている」と言う。もちろん、拉致した貴婦人が増祺夫人であることなど知らないふりをしている。

従者らもまた、優しい顔立ちの小さな男が何者か知らない。ただ、この男には、官職名が威力を持つと知って安心したのだろう。名前を尋ねてみた。

驚くべき答えが返ってきた。

「張作霖と申します」

従者は、これが張作霖か、と思った。八角台を拠点に、遼西に大勢力を張りはじめたという保険隊長だ。官を敬い、意外に礼儀も知っている。その男が、将軍のもとで働きたいと言っている。これは大きな拾いものになるかもしれない。

誰かが夫人に告げ、許しを得たのだろう。一人が、張作霖に耳打ちした。

「実はな、あのご婦人は増祺将軍最愛の夫人だ。話してみるがよい」

張作霖は恐懼《きょうく》の表情を作った。従者に従って夫人の部屋に入るや、ひざまずいて額を床にこすりつけた。

「夫人を驚かせ奉る罪を犯しました。ご処分をお受けしとう存じます」

アヘンに浸っていた夫人は、張作霖に優しく、頼もしく語りかけた。

「あなたは見所がある青年です。朝廷に投じるのであれば、前途は無限です。私を奉天まで無事送ってくだされば、あなたのことを、将軍のお耳に入れて差し上げましょう」

車列が新立屯を出発すると、張作霖は、整然とした隊を率いて、奉天まで護送した。

夫人は、将軍・増祺に、新民での冒険譚を話した。怖かったこと、ほっとしたこと、張作霖という男が帰順を望んでいること、礼をわきまえていることを、寝物語に語った。


張作霖は、部隊の戦闘力も見せつけた。

春、八角台周辺で二百人以上のあぶれ者を抱えていた緑林の頭目・項昭子《こうしょうし》が、中安堡の金寿山らと組んで、八角台を攻撃してきた。湯玉麟、張作相の部隊が展開し、張作霖の本隊とともに反撃、最後は項昭子を包囲網に落として射殺した。

帰順と日露戦争

一九〇二年、奉天の地方政庁である新民庁は、新民府と改められ、九月、長官（知府）に増韞《ぞうおん》が着任した。

張程久や杜泮林ら、張作霖のブレーンが、さっそく増韞に面会、作霖を大いに称賛し、官に召し抱えるよう願い出た。土地の有力者の推薦は、信用保証に等しい。

保険隊召し抱えの提案者、副長官の廖彭は、帰順の下準備として、張作霖の保険隊視察に将校を派遣した。廖は、奉天将軍・増祺に、作霖の帰順を認めるよう請う上申書も出していた。

その増祺は、夫人の口から、張作霖の名前を聞いている。

自力や他力、運といった、さまざまな要因が、波のごとく張作霖の運命を押し上げる。

帰順話はとんとん拍子に進み、新任長官の増韞と張作霖の面会は、あっさり実現した。これは、作霖が官にふさわしい人物であるかを確かめる面接試験であった。

その日、張作霖には、張程久らが保護者のように付き添った。

「老師」

張作霖は事前に教えられていたとおりに、増韞をそう呼び、叩頭した。

増韞は満足する。礼儀知らずの野卑な匪賊ではない。儀礼を身につけていることは、官の領域に足を踏み入れる資格があるかどうかを測る基礎的な基準である。

問答が始まる。

「何歳か」

「二十八にございます」

「兵はどれくらい持っている」

「一個営であります」

営は大隊に相当し、正規編制では、五百人程度の規模の部隊だ。このとき、張作霖には、百十人程度の隊員しかいない。虚言を弄《ろう》した、というより、自らの価値を高める中国流の交渉術と見るほうが、おそらく正しい。帰順という目標の実現こそが大事なのであって、人数などの小事は後でどうにでもなるのだ。実際、作霖は後に、口にした人数をきちんとそろえている。

「なぜ帰順を願うか」

その質問に対する張作霖の答えが、光彩を放っている。

「官に昇って、財をなしたく」

誰がこの開けっぴろげな言葉を疑うだろう。無礼なようでいて、けっしてそうではない。当時、官が財と結びついていることは、自然現象のように自明のことである。しかも、官を上位に置いて敬う秩序も、しっかり踏まえている。

増韞は好感を持ち、張作霖の帰順が決まった。

張作霖の騎馬部隊は、官軍見習いのようなかたちで匪賊討伐に乗り出す。

十月初めごろ、張作霖は、四百人以上の手下を持つと言われた海沙子《かいさし》と広寧《こうねい》で戦って、これを斃した。(2)作霖は、戦闘で右脚を負傷した。

十月十五日、新民長官の増韞は、盛京将軍・増祺より、張作霖を召し抱えることを正式に認める書簡を受け取った。

張作霖はその後も、忠誠心と力を見せつけるかのように、遼陽《りょうよう》、海城、彰武《しょうぶ》などで十以上の匪賊を立てつづけに討伐した。無抵抗に近い民からの収奪、略奪で生きてきた雑魚のような匪賊は、士気の高い討伐軍が本気で攻めると、たちまち崩れた。

「有能な猟犬」。手柄を欲して走り回る、この時期の張作霖の姿を、史書はそう表現している。

遼西の侯老疙瘩《ホウラオグォーダ》という土匪《どひ》から張作霖に連絡があり、帰順したいから、増韞に引見させてほしいと頼んできた。増は応じ、警備に万全を期すよう作霖に命じた。

その日、会見場に現れた侯老疙瘩は、厳重な警備に動転した。まずいと思ったのだろう。増韞の入場が宣言されると、銃を手にしようとして銃弾を撃ち込まれ、次の瞬間には、死体になっていた。増韞は帰順の失敗など気にもとめない。張作霖の警備の周到さを称賛するのみである。

若き日の張作霖

十一月九日、短期間で抜群の働きを見せた張作霖の部隊が、正規軍に編入された。「新民府巡警前営馬隊」が正式名称だ。隊長（管帯《グァンダイ》）は空席で、作霖は月給二十五両の副隊長（幇帯《バァンダイ》）に就任した。張景恵、湯玉麟、張作相はそれぞれ、将校（哨官《シャオグァン》）として、作霖のもとで一隊を率いた。財政上の理由によって、馬隊の兵員数は、作霖がかき集めた兵約四百人のうち、強壮な者二百五十人に絞られた。

翌一九〇三年夏、張作霖の部隊は、新民府巡警中営遊撃馬隊として改編され、作霖が隊長、張景恵が副隊長に昇進した。兵員数は、騎馬隊が二百八十五人に増えたほか、歩兵二百人も加わり、計四百八十五人に増強された。

張作霖は、脱皮するかのように、八角台から新民府に移った。

朝鮮をめぐる日露の緊張が高まっていた。冬になると、満洲駐留ロシア軍の動きが活発化し、ロシア軍と中国馬賊などとの接触事件もしばしば発生した。とくに、馮麟閣《ひょうりんかく》の集団は、彰武、鎮安《ちんあん》、黒山《こくざん》などでロシア兵と戦っていた。

雪原や荒野で、さまざまな武装集団が遊弋《ゆうよく》している。張作霖もあるとき、ロシア軍部隊と遭遇、衝突してしまった。兵の数は、作霖側七、八人に対し、敵は一個小隊ほどおり、勝負にならない。作霖はすぐに退き、東高台山《こうだいさん》の酒蔵に逃げ込んだ。

主に事情を説明すると、庭にあった大きな水がめを運び込ませて、張作霖らをその中に隠した。庭の雪に付いた痕跡も消した。

そのうち、ロシア兵がやってきて、銃を持った一団は見なかったかと言う。

主は知らぬと答え、すぐに大男たちを酒のある部屋に案内した。厳寒下の危険な匪賊追跡など、ロシア兵にとっても最悪の任務だ。しかも、ロシア人は酒に目がない。熱い湯気を立てた炒め物も運ばれ、一時間ほど、大いに飲み食いして出て行った。

ロシア兵が去った後、主は、かめの中で冷え切った張作霖らにも、酒を振る舞った。作霖は、危険を冒して助けてくれた恩人に、両膝をついて礼を捧げた。主はその場で、十数歳になる息子を紹介し、作霖は引き取った。酒蔵のこの少年は聡明だった。のちに、張家の財務担当さえ任された。少年はやがて、作霖の生涯にピリオドを打つために、大事な役割を果たすことになる。

一九〇四年二月、日露戦争が勃発した。

陸戦の舞台は、満洲である。光緒帝は局外中立を宣言し、遼河《りょうが》以東を交戦区域に指定した。だが、張作霖のいる遼西も、二つの国家がぶつかり合う大規模な戦と無縁ではいられない。日本、ロシア両国とも、一帯に群がる武装勢力、とくに、諜報、偵察、後方攪乱を担う騎兵戦力となり得る保険隊、馬賊を抱き込もうとした。日本軍は、協力する清国人の諸隊に、「満洲義軍」という名前を与えた。満洲を踏みにじってきたロシアへの反発は強く、民衆の多くは、日本に同情を寄せていた。戦争勃発前からロシア軍と小競り合いを繰り返していた馮麟閣の部隊について、戦争期間中、新民、遼陽などで三十二回交戦し、ロシア兵一千三十人余を死傷させたと記す史書さえある。一方で、新民府の清軍営も襲撃し、銃三百挺以上を奪ったという。

日本とロシアは、国運を賭して死闘を繰り広げていた。日清戦争で旅順要塞を一日で落とした乃木希典は一九〇四年夏、ふたたび旅順に挑んだが、防御するのは、清軍ではない。麾下《きか》の第三軍は、生卵が岩にぶつかっていくように、コンクリートのロシア軍陣地に突撃し、火網の中でおびただしい血を流した。

乃木軍が旅順二百三高地をようやく奪取した十二月から、翌一九〇五年三月の奉天会戦前後にかけて、奉天をめぐる真冬の攻防が、戦局の焦点となる。

その時期、張作霖の名が何度か資料に登場する。

奉系軍閥档案史料集に収められた文書によると、牛荘《ぎゅうそう》城西の三叉河《さんさか》付近で張作霖の部隊が「華暦初九日」にロシア軍に道案内をしていたとして、日本軍が外交当局に照会した。調査を命じられた新民長官の増輜は、「張作霖の部隊は初十日に彰武県で匪賊を討伐した。牛荘三叉河は遠い。その時日（初九日）なら、張作霖の部隊でないことは明らかである」として、嫌疑を否定する報告書を書いた。

一九〇五年二月上旬には、張作霖は、本拠地の新民で姿を現している。遼西で諜報活動に当たっていた陸軍少佐・土井市之進の日記に以下のような記述がある。


……奉天開戦に先立ち、新民府に報告収集中継所を設置せんと企図し、通訳中町香橘を新民府に派遣し、これを探索せしむ。三、四日の後、中町通訳は、矮小にして風采揚がらざる一清国人を伴い来たり、告げて曰く、この清国人は、新民府駐屯の営官にして、張作霖というものなり。日本軍に非常に好意を有し、今後日本人のため努力すべく、また小生を彼の家屋内に隠匿せしめんことを承諾せり。家族は妻女のほかに二歳の乳児あるのみにて、収集所として適当なり。本日、作霖は直接大人にまみえ、日本軍援助を誓わんため、同行を求めたるにより、伴い帰れりと、小官は彼の好意を嘉し、厚くこれを遇し、新民府における中町の保護を依頼し、中町通訳と同行新民府に帰還せしむ。


張作霖の様子まで目に浮かぶような文章だ。ここでは、明らかに、作霖は日本の情報活動への協力者として描かれている。

逆に、張作霖が、露探《ろたん》（ロシアスパイ）容疑者として処刑されかかったが、命拾いしたというものもある。戦前の文化交流団体・東亜同文会編纂の『続対支回顧録』、国家主義団体・黒龍会の出版部が戦前に出した『東亜先覚志士記伝』は、概略、次のように伝えている。

日本軍が三月に奉天を占領した後、新民にいた張作霖は、物資をロシア軍に提供した容疑で日本の憲兵隊に逮捕された。死刑に相当する罪である。軍政官として着任した井戸川辰三が会ってみると、作霖は、「なるほど私はロシアのために働いていました。そうしなければやっていけなかったからですが、今後は日本のために尽くしましょう」と悪びれもせずに言う。

井戸川は「見るからに精悍な男だ。この男は生かして利用しなければ嘘だ」と考え、奉天に馬を飛ばして、満洲軍総参謀長の児玉源太郎に面会し、助命を請うた。その際、井戸川は、「日本の騎兵は惨めです。彼のような者を利用して十分功を挙げてみせます」と言った。

児玉は機嫌を損ねた。「貴様、何を言うか」と怒り、そんなやつは、すぐに処刑しろと言い出した。井戸川が食い下がろうとすると、「さがれっ」と一喝した。

井戸川は作戦課長の田中義一に相談した。二十三年後、この田中は、内閣総理大臣として、張作霖爆殺事件に遭遇する。

翌朝、児玉が井戸川を呼び出して告げた。

「昨日のことで、田中の意見も聞いてみたが、とにかくおまえの意見に任せよう」

井戸川は新民に戻り、拘禁中の張作霖を引き出し、「軍法に従って死刑に処す」と宣告した。

張作霖の顔から血の気が引き、ぶるぶると震え出したところで、井戸川はゆるめた。

「しかし、もし、今後おまえが日本のために働くというなら、命だけは助けてやる」

張作霖は、すがりつかんばかりに誓った。

「命さえ助けていただけるなら、何でもしましょう」

井戸川が誓書を書くように言うと、張作霖が「字は書けません」と答えたため、文面を日本側が用意して、作霖に拇印を押させた。

中国の史書は、満洲軍参謀の福島安正が張作霖の命を救ったと記している。

それによると、戦争の初期、張作霖は密かにロシア軍から賄賂や武器を受け取り、ロシア軍のために情報を収集し、馬の飼い葉を調達していた。部下にロシアの軍服を着せ、日本軍の小部隊を襲わせ、武器弾薬を奪ったこともある。のちに日本軍が優位に立つと、日本軍の特務を家にかくまったり、ロシア軍情報をとったりした。日本の特務は、彼を親露であると見なして殺そうとしたが、福島はこれに反対した。それぱかりか、作霖に一千元の金も送った。

井戸川の回顧には、「張は、自分の助命はまったく福島安正少将のおかげだと思い込み……」とある。日本の外交文書にも、福島が張作霖を救ったとの記述が残る。一九二七年の末、奉天総領事の任期を終えた吉田茂が奉天省長と会見した際、次のように話している。

「そもそも張作霖の今日があるのは、往年、福島大将に一命を救われたのに始まり、以来、わが陸軍その他に負うところが少なくないことによるのです」

それぞれの逸話について、事実関係を検証するのは難しい。

間違いなく言えるのは、日露戦争によって、日本と張作霖との運命がからまりはじめたということだ。作霖が無名の兵卒だった日清戦争とは違う。日本は、大きな部隊を持つ作霖個人を「使える協力者」として認識した。しかも、対作霖関係において、「命を救ってやったのだから、日本に協力して当然」という高圧的な前提を設けた。日本は以後、満洲で急速に勢力を伸ばしていく作霖を陰に陽に支えると同時に、作霖が日本の期待に背かぬ行動をとることを当然視するようになる。

一九〇五年九月五日、ポーツマス条約が調印され、日露戦争は終わった。

日本は、長春《ちょうしゅん》の北、寛城子《かんじょうし》から旅順口に至る「南満洲鉄道」と、これに付随するいっさいの権利をロシアから譲渡された。主権的権利を行使できる鉄道線路沿いや駅周辺の付属地、支線、沿線炭鉱などに関する諸権利、遼東《りょうとう》半島先端部の旅順、大連《だいれん》を中心とした一帯の租借権も引き継いだ。鉄道を防衛するために路線一キロ当たり十五人までの兵を駐留させる権利も得て、日本は、満洲にも約一万五千の戦力を置くことができるようになった。

正確に言えば、こうした諸権益の継承は、日清両国が同年十二月二十二日に調印した「満洲に関する条約」において確定する。[3] 日本は、戦死者約八万四千人、戦傷者約十四万三千人という大量の血を流した末に獲得した「特殊権益」に、清国が挑戦するのを許さなかった。

奉天会戦後の四月、奉天将軍の増祺が離任し、後任に、趙爾巽《ちょうじそん》が着任した。一八四四年生まれで、このときはすでに六十歳を超えており、長いひげをたくわえていた。奉天鉄嶺の人で、同治《どうち》年間に進士となり、翰林院編修《かんりんいんへんしゅう》、山西巡撫《さんせいじゅんぶ》、湖南《こなん》巡撫などを歴任してきた。

趙爾巽にとって、着任早々頭の痛い問題は、馮麟閣の処遇だった。ロシア軍と敵対してきた馮は、日本をバックに、自らの部隊五百数十人を官軍として認めるよう求めた。趙は、官軍も襲っていた馮の帰順に反対だったが、最終的には、日本に配慮して同意した。その際、まだ北方に大勢力を持つロシア軍の感情を損ねるのも恐れ、馮に対して、ロシアによく知られている「馮麟閣」の名を変えるよう求めた。以後、馮は、「馮徳麟《とくりん》」と名乗るようになったという。

張作霖は、日本に捕らえられたと伝えられた件以外は、概してうまく立ち回っていたようだ。戦争中から官費の支給を受け、中央政府の許可を受けて英国製銃三百二十挺を購入するなど、装備の充実を図った。日露戦争終戦時、作霖の兵力は、三個営（営は大隊に相当）にふくれていた。

裏切りも辞さず

一九〇六年四月、清朝は、張錫鑾《ちょうしゃくらん》を盛京巡防営処《じゅんぼうえい》の総責任者（総弁《そうべん》）に任命した。「巡防営」というのは、朝廷が、治安維持などを目的に、各地に置いた地方軍である。

北京から奉天に行くには、新民まで鉄道で行き、そこから馬車で奉天に入るのが一般的だった。北京と奉天が直接つながるのは、日露戦争時、日本軍が奉天―新民間に建設した狭軌鉄道を清朝が買収、改修してからのことだ。奉天に赴任する張錫鑾は、新民から馬車を使う。

張錫鑾が新民に到着すると、張作霖は、手持ちの中で最高の馬を牽いて訪ね、惜しげもなく贈った。張錫鑾は、「駿馬の張」というあだ名さえあったほどの馬好きで、馬術、騎射にもすぐれていた。作霖の贈り物は、錫鑾を大いに動かした。

張作霖はさらに、二百五十騎の護衛隊を率いて新任幹部を奉天まで送った。

張錫鑾が奉天に到着して十日もたたぬうち、人事の発令があり、張作霖は、新民巡防営・五個営の総指揮官に任命され、配下の営をさらに二個増やした。五つの営の長は、以下のとおりである。

一営　湯玉麟
二営　張景恵
三営　張作相
四営　鄒芬《すうふん》
五営　張作霖（総指揮官兼務）

義和団の混乱に当たって、岳父の援助で保険隊を作ってから、わずか六年、張作霖の地位は、奉天において揺るがぬものとなった。

張作霖の高笑いをうかがわせるのが、この年の九月に、第三、第四の二夫人を一度に迎えたことだ。第三夫人は、張作霖より十一歳下、二十歳の人妻だった。北鎮《ほくちん》県の盗賊捕縛班長の娘で、戴憲玉《たいけんぎょく》という。近郷でも評判の美貌で、「氷の美人」と呼ばれていた。作霖は、役人だった夫を脅し、大金で誘い、自慢の妻を手放させた。

後の話になるが、張作霖と戴夫人の関係は、悲劇的な破局を迎えている。

張作霖が奉天軍政長官（督軍《とくぐん》）だったころ、戴夫人の弟は、縁故で、督軍署の衛兵という晴れがましい職を得ていた。ある夜、弟は賭博をし、女を買い、大いに酔った。道路をぶらぶらしながら、拳銃を抜き、街灯を撃ちまくった。銃声とともに電球が次々に吹き飛ぶ。街灯がまだ珍しいころだ。人びとは恐怖で声を失ない、弟は大笑いした。

公道での乱射事件である。張作霖は、衛兵隊長に対し、義弟を逮捕、銃殺するよう命じた。だが、なんといっても、長官夫人の弟だ。隊長は、早まってはいけないと思い、弟を軟禁しておいた。数日後、義弟がまだ生きていることを知った作霖は、烈火のごとく怒り、衛兵隊長を呼びつけた。

「たいした肝っ玉だな。処刑しないなら、私が貴様を処刑する！」

隊長は震え上がり、即座に弟を銃殺した。

これを聞いた戴夫人は、泣きわめいて張作霖を責めた。「なんと情も義もない男か」と。

張作霖は言った。

「やむを得ないのだ。身内の犯罪も抑えられずに、将来、国を治められるか」

弟を殺された戴夫人に、帝王学が通じるわけもない。史書の比喩を借りれば、夫人はその後、張作霖に対して霜のように冷たくなり、心は火が消えた炭のごとくなった。最後には、仏門に入ったとも伝えられる。

第四夫人の許澍暘《きょじゅよう》は十八歳だった。貧しい家の娘で、母親と二人、衣服ののり付けや洗濯で生計を立てていた。張作霖は、この美しい花が井戸くみに来たところを、たまたま見かけて一目惚れし、求婚した。

許夫人は向学心が強く、のちに第一女子師範学校に入る。女子教育に偏見があったころだ。夫人が女学校にいるなど、長官の体面にかかわるという理由で、まもなく退学したが、子供に家庭教師をつけて、一緒に授業を聴くという熱心さだった。息子の一人は、中華人民共和国建国後、人民解放軍の海軍参謀長となり、文化大革命で無残な迫害死を遂げた張学思(4)である。

急伸する張作霖と並走するように、日本が、満洲で急速に勢力を拡大しつつあった。二人の新夫人が作霖の閨に入って二カ月後の一九〇六年十一月、東京で、後藤新平を初代総裁とする新たな国策会社「南満洲鉄道株式会社」が設立された。「満鉄」の誕生だ。

満鉄は翌一九〇七年四月、本社を大連に移転、清国から鉄道の引き渡しを受けて営業を始めた。この満鉄こそが、日本の勢力圏の背骨だった。営業開始に合わせて、鉄道の防衛を目的とする日本軍の独立守備隊も、沿線各地に配備された。

北京の王朝にとって、満洲は故地であるだけでなく、地理的に近い「後門」とも言うべき戦略的要衝でもあり、この地の平穏なくして、朝廷の安寧はない。

清朝は、激変する満洲の統治強化を図るため、満鉄の営業開始と同じ月、満洲に、正式に省制度を導入し、南から、奉天、吉林《きつりん》、黒龍江《こくりゅうこう》の三省を置いた。[5]「東三省」と総称され、その統治者たる総督に、北洋《ほくよう》大臣・袁世凱の盟友、徐世昌《じょせいしょう》を任命した。前将軍の趙爾巽は、四川総督に異動となった。新総督配下の三省巡撫として、袁の側近である唐紹儀《とうしょうぎ》が奉天に、朱家宝《しゅかほう》が吉林、段芝貴《だんしき》が黒龍江に配置された。

徐世昌は、一八五五年、天津《てんしん》の官僚の家で生まれた。家が没落し、河南《かなん》で田舎教師をしながら、官吏登用試験・科挙をめざしていたが、受験に必要な費用がない。そんなとき、名家の出身である袁世凱と知り合い、意気投合した。袁の資金援助を受けた徐は、科挙試験を駆け上がって官界に進出し、次は自分が袁を軍人として中央に引っ張り上げた。袁が天津郊外の小站《しょうたん》で、北洋軍の原点となる新建陸軍建設を始めたとき、徐は参謀役としてかたわらにいた。

徐世昌は、奉天に着任するに当たって、強大な武力なくして東三省の安定はないと見た。この判断は正しい。満洲全土に匪賊が溢れ、ロシアは相変わらず北部を脅かしている。南満洲での日本の動きも警戒しなければならなかった。紫禁城の危険な宮廷闘争を知る徐には、北京の背後に強大な武力を有することが、袁世凱の側面支援になるとの計算もあったに違いない。

徐世昌は、中央の軍である北洋軍六個鎮《ちん》のうちでも精鋭として知られる第三鎮を満洲に配置した。「鎮」は師団に相当する。第三鎮は当初、「北洋の虎」の異名を持つ段祺瑞《だんきずい》が指揮していたが、天津の布売りから成り上がった曹錕《そうこん》がこれを引き継いだ。鎮司令部は、東三省の中央に位置する吉林省に置かれた。各地の匪賊討伐で成果を上げる部隊に、眼光鋭い有能な将校がいた。名を呉佩孚《ごはいふ》という。

徐世昌は、匪賊討伐に地方軍の巡防営も動員した。幾度も手柄を立てていた張作霖には、「馬上皇帝」と自称していた遼中の大匪族・杜立三《とりつさん》の討伐を命じた。杜の勢力は、「配下一千人」と言われるほど強い。広大な支配地域の住民から金を徴収していたほか、遼河を行き交う船にも金を出させ、遼陽、営口《えいこう》などでは略奪を繰り返していた。

遼中と八角台、新民は近い。張作霖と杜立三は旧知の仲だった。古くは、作霖が高坎《こうかん》で獣医をやっていたころ、杜が店を訪ねていたとの話もある。

東三省総督府で杜立三討伐を担当する殷鴻寿《いんこうじゅ》が、新民の張作霖のもとに派遣され、その方法について話し合った。強攻はあり得ない。本拠地はいくつもの銃座で固められ、これまで幾度も官軍の包囲攻撃を撃退してきた。ロシア軍の小部隊も何度か破っている。

帰順を餌に、おびき出して捕らえるしかない。殷鴻寿と張作霖は、そう結論づけた。

張作霖は、杜立三のもとに人を遣わし、徐世昌が高い地位で召し抱えるだろうと伝え、帰順を勧めた。だが、杜は警戒を解かない。周囲にはこう話した。

「張作霖は官で、私は匪だ。二つの異なる道を歩む者である。それぞれの道を行くべきだろう」

拒絶された張作霖は、八角台で義父と慕ったブレーンの一人、杜泮林《とはんりん》に、杜立三への手紙を書いてくれるよう頼んだ。泮林は、立三がもっとも尊敬する血縁の叔父であり、甥の帰順を望んでいた。今どれだけ大きな勢力を誇ろうが、匪賊はやがて消滅するしかないと、この知識人は見通している。

「遊俠は終身のことにあらず」——杜泮林は、手紙にそう書いたという。さらに、「ひとたび帰順すれば、人の上に立てるばかりでなく、家の栄誉ともなる」と記した。

杜立三は、叔父の言葉を受け止め、重い腰を上げた。

六月六日朝、杜立三は十数人の護衛を連れて新民の役所に来た。張作霖は笑顔で迎え入れ、護衛を別間に待機させて、杜一人を殷鴻寿のもとに連れて行った。杜は落ち着かない。手をポケットに入れて拳銃を握りしめていた。短い会見が終わり、杜は立ち上がって殷に別れを告げる。

「お帰りだ！」

殷鴻寿が大きな声を出した。合図である。殺気に満ちた出口を杜立三がくぐった瞬間、大男が飛びかかり、杜の体を地面にぐいとねじり伏せた。湯玉麟だ。ほかの巨漢も折り重なって、遼西に名を轟かせた大匪賊の四肢を制圧した。護衛は投降した。

夜、新民西門の外で、杜立三は銃殺された。張景恵の別働隊が、杜の本拠地を急襲して壊滅させた。

杜立三に手紙を書いた叔父の杜泮林は、衝撃を受けた。甥の謀殺に加担してしまったのだ。泮林は張作霖を「背信者」とののしった。作霖は、「義父」に許しを乞うた。

「総督の命を奉じ、地方の害を除くために仕方なくやったのです」

害、それは事実だった。血族が人を害することに心を痛めていたのだろう。杜泮林は、なお嘆きながらも、「立三が生き返ることはない。残った家の者、部下をよくしてやってくれ」と、張作霖に後事を託した。

徐世昌は、張作霖の杜立三討伐の軍功を直ちに朝廷に上奏し、作霖には賞金が下賜された。作霖は、杜の根拠地で、数百のかめに入っていた金を見つけた。大八車数十台分の武器弾薬も得た。


七月三十日、日露両国は、ロシアが朝鮮半島における日本の優越的地位を、日本が外モンゴルにおけるロシアの特殊な地位をそれぞれ認め合う秘密協約に調印した。満洲の中央部を横切る境界線を引き、南満は日本の、北満はロシアの勢力圏とすることも決めた。旧敵同士であった日露は、清を相手にそれぞれの権益を安定的に拡張することをめざした。両国は、満洲進出をうかがうアメリカ合衆国を封じたいとの共通の利害も持っていた。

このころになると、日露戦争当時、清国にあった親日感情も冷めていた。戦争は、ロシアの権益を日本に移し替えただけだった。国家による露骨な権益確保の動きだけではない。渡満した軍人や民間人らの一部は、日本人が優等民族であるかのように威張り散らし、日本の印象を著しく悪化させた。

「戦勝の威を借りて清国人を陵虐するものあり」

東三省総督・徐世昌が着任する前、趙爾巽は日本の奉天総領事に、そんな苦情を述べたという。

徐世昌は、経済振興、辺境防衛強化の必要性から、移民による開墾を積極的に進めた。だが、頭の痛い問題がある。一年前の一九〇六年、内モンゴル地域東部で、漢民族の大量移住に反発するモンゴル人による武力闘争が拡大し、いっこうに鎮圧できないことだ。草原、砂漠、山岳地帯における神出鬼没の襲撃が、清軍を悩ませ、漢人入植者をおびえさせていた。代表的なモンゴル人首領に、トクトホ（陶克陶胡）がいる。

中見立夫氏の論文「文書史料にみえるトクトホの〝実像〟」は、トクトホの蜂起前夜の状況について、次のように記している。

清朝は、建前としては、「蒙地封禁」、つまりモンゴル牧地の開墾禁止を掲げていたが、内モンゴル東部の大多数の地域では、もはや有名無実の状態だった。それゆえ、一九〇二年に公式に「蒙地封禁」を廃止し、逆に漢人入植を推進し、モンゴルなどの「辺疆」の開発を計る政策に転換した。そこに居住する漢人は、長春府のような漢人統治機構により支配されていた。モンゴル人はわずかばかりの土地で、漢人入植者に囲まれながら暮らす。その土地も売却されようとしていた……。

中央政府の政策誘導によって、漢人が少数民族地域に大量移住し、漢化を進める。土地の伝統的な暮らし、経済は破壊され、深刻な民族対立が生まれる。百年以上経過した現在においても、新疆《しんきょう》やチベットで、同じような事態が生じている。

トクトホは、一八六四年、ゴルロス前旗の松花江西岸に生まれた。「旗」とは、モンゴル地域の行政単位で、現在は吉林省前ゴルロスモンゴル族自治県になっている。トクトホは、十七歳にして土地の兵をまとめて匪賊を撃退し、民心を得たと伝えられる。

遊牧を生業とし、「水は銀、草は金」という言葉を持つモンゴル人にすれば、清朝が本格化させた開墾・入植事業とは、官の威を借りた漢人の群れが力ずくで草原を奪う行為にほかならなかった。

一九〇五年、ゴルロス前旗の旗長が、旗内の土地を開墾用に開放するよう命じた。トクトホは民の代表として、開墾・入植受け入れをやめるよう役所に陳情に行った。だが、旗長は面会しなかったばかりか、打擲《ちょうちゃく》五十回を命じ、トクトホは刑場に連行された。

翌一九〇六年秋、トクトホは三人の息子、親族、同志ら三十二人で、明け方、二龍索口《にりゅうさくこう》の官衙を襲った。二十数挺の銃を奪い、建物を破壊し、漢人移民を追い出した。

中国の史書の多くは、トクトホの集団をはじめ、朝廷に抵抗するモンゴル人らを「匪賊」「馬賊」「蒙匪（モンゴルの匪賊）」などと表記する。だが、内モンゴル地域の資料には、「義軍」などと書いてある。襲撃、略奪を犯罪行為と見なす漢人と、不当な入植に対する抵抗とみるモンゴル人の歴史観の違いであろう。モンゴルの集団が、単なる匪賊でなかったのは、民族の土地の奪還を掲げ、清正規軍に自ら戦いを挑んでいることからも明らかだ。本書では、武装して清兵と戦うモンゴル人を、「モンゴル兵」と記すことにしたい。モンゴル当局が正規に組織した軍ではなくとも、トクトホらには、民族の蜂起軍としての性格があるためだ。

一九〇八年初め、トクトホが大興安嶺《だいこうあんれい》の索倫山《さくりんざん》に入ったとの情報が奉天に届いた。しかも、もう一人の強力な抵抗者、バイインタライ（白音大賚）(6)の部隊と合流したという。

徐世昌は、杜立三を斃し、匪賊討伐の切り札となっていた張作霖の投入を決めた。二月二十六日、奉天の巡防営務処が、作霖に「トクトホ一味を捜索、撃滅せよ」と命じた。

モンゴル兵との死闘

四月、数千人の部隊の長となった張作霖は、任地に指定された洮南《とうなん》に向かう途上、遼河上流の街、鄭《てい》家屯《かとん》に着いた。モンゴル人居住地と漢族地域の接点に位置し、東西南北に道が通じる鄭家屯は、「兵家必争の地」とも言われた。家畜の交易がさかんで、二十世紀初頭、約七万の人口があったという。

雨が降っていた。張作霖は、この街に駐留する部隊の指揮官、呉俊陞《ごしゅんしょう》のもとに人を派して部隊の宿舎を確保しようとした。だが、呉は使者をあしらった。

「帰って張隊長に伝えてくれ。この鄭家屯は小さすぎて、張隊長のような大物を安置する場所はないとな」

張作霖の部隊は、雨の城外に閉め出された。作霖は膝を屈するように、何度も使者を出して、ようやく城内に部隊を入れることを認められた。

奉天の農村の貧家に生まれた呉俊陞は、張作霖より十歳以上年長だ。八歳のときから大八車屋で馬の世話をし、十七歳で炊事夫として軍隊に入った。自ら馬と武器をそろえて騎兵となり、七年後に哨長となる。呉にしてみれば、若い作霖が、自分に肩を並べていること自体、不愉快だ。作霖の派遣は、自分の任務遂行能力に信が置かれていないことを示しているようにも思えた。

夜、呉俊陞は、張作霖を歓迎する宴会を開き、鄭家屯の名士も招いた。呉は、聞こえよがしに、「徐世昌があなたを派遣したのは正解だ」と笑った。

「あなたは前に緑林だったから、土匪の事情にお詳しいでしょう。これこそまさに、己を知り、敵を知るだ」

侮辱である。張作霖はじっと耐えた。洮南、鄭家屯は、ともに今後の戦いの拠点である。作霖は鄭家屯にもしばしば滞在することになる。こんなところで、呉俊陞と衝突しているわけにはいかない。

洮南は、当時、奉天省に属していた。だが、緯度で言えば、ロシア街の建設が進む黒龍江省ハルビンと、満鉄の北の起点となる都市・吉林省長春の中間より北寄りにあり、その両地よりはるか西方に位置する。現在の行政区分では、吉林省の北西端、内モンゴル自治区に近い。

そのころの自然状況については、日本の関東都督府陸軍経理部がまとめた『満洲地方誌草稿巻四』[7]に詳しい。

地形について同書は、「茫茫たる平原にして、じかに東三省中央平原に連なるも、西北方は大興安嶺支脈を受くるがゆえに山脈多く……概して高山峻嶺にあらず、山中森林まったくなし」と記す。夏は気温三十三度くらいまで上がり、厳寒期の最低気温は摂氏零下三十八度前後に達する。野生のトナカイ、シカ、キツネやタヌキの類、それにオオカミもいた。

一九〇八年の洮南の街の戸数は七百六十一、人口は四千百三十二人であった。農村部を合わせれば、人口は三万に近い。民族構成は、もっとも多いモンゴル人が一万六千九百六十六人、続く漢人が一万一千六百四十人である。満洲族はわずかに三十九人だった。街の四囲は、高さ三メートルほどの土塁で囲まれ、外敵に備えていた。

張作霖がたどった鄭家屯—洮南間の交通状況は、次のようなものだった。

営口、新民府方面より塩、砂糖、綿布その他雑貨を輸入するもっとも緊要なる道路なるをもって、冬期における荷車の来往もっとも頻繁なり。……いたる処ことごとく広漠たる荒原にして、ほとんど人家を見ず。まれに漢人またはモンゴル人の経営になる旅店ありといえども、食物、馬糧の準備乏しく、わずかに旅人をして雨露の憂いなくして一宵の眠りを得せしむるにすぎず、食料品は大抵自ら携帯せざるべからず。白昼馬賊の危害を蒙るもの少なからず。ために旅客の困難言うべからず。

砂漠と草原で戦うのは、騎兵である。夏、草原の草は三十センチから六十センチほどに伸び、青い起伏の彼方まで見渡せた。蚊やアブに襲われるため、頭巾は必需品だった。単独で行動する通信員は、ときにオオカミに食われたという。

モンゴル兵だけが、道なき道を知り、しかも、一人が二頭の馬に乗っていた。一頭に乗り、もう一頭は予備だ。一人で一頭の馬に乗りつづける漢兵より、はるかに動きが速い。

兵数では勝負にならないモンゴル兵は、奇襲を多用した。不意を突き、少しの損害を与えたら、そのまま鳥のように飛び去ってしまうのだ。漢兵にとって、眠る、休む、食う、こうした行為はすべて危険を伴った。

群れからはぐれた者が命を落とすのは、野生動物の世界と同じである。自分の位置を見失った兵は、銃声で本隊と連絡をとろうとし、往々にして死骸になった。モンゴル兵にも居場所を教えたからだ。かといって何もせずにいれば、行方不明者として、ゆっくりと死が近づいてくる。

六月、張作霖は、モンゴル兵の拠点となっていた龍王廟《りゅうおうびょう》を奇襲し、バイインタライの手下である巴塔《バター》爾《ル》を斬首した。同じ月、徐世昌は奉天の巡防営を五路に改編、作霖は前路巡防営指揮官（統領《とうりょう》）となった。

モンゴル部隊主力は、大興安嶺北部の索倫山方面に向かう。これを追う張作霖の部隊が移動した距離は、「八百里」と言われる。当時の換算で四百キロを優に超える。兵にとっては、無限に続く砂塵の行軍であっただろう。

張作霖の配下には、新たな指揮官が加わっていた。もともと一個営を率いて洮南に駐留していた孫烈《そんれっ》臣《しん》だ。遼西黒山の人で、作霖より三歳年長だった。五歳のとき、染め物職人だった父を亡くし、幼くして働きに出る。騎射にすぐれ、要人護衛のチャンスをつかみ、営長に出世していた。忠実な孫は、どこまでも進撃していった。

張作霖もまた、前線に出る。作霖自身、厳寒の索倫山で二回包囲され、いずれも湯玉麟に救出された。故郷の草原を守るための民族の抵抗は、頑強だった。何千年も続いてきた漢とモンゴルの戦いは、まだ終わっていなかった。

張作霖の顔がやせこけて猿のようになった、という。正確な時期、場所は不明だが、作霖の馬上の戦いを伝える逸話が、いくつも残っている。

雑草がまばらに生える土漠に出撃したときのことだ。三、四日、行軍が続き、部隊は疲れ切っていた。午後、四方が高所になり、遠目には見えない窪地に部隊は集合した。野営のための天幕が張られ、飯の鍋が仕掛けられた。腰も尻も脚も鉛のようになり、疲労困憊していた兵たちは、ようやく休めると思い、喜んだ。

しかし、周囲を馬で一回りしてきた張作霖が、各部隊長を集めて言った。

「ここには泊まれない。すぐに出発だ」

張作霖以外、もう誰も動きたくない。体を横たえて眠りたい。しかし、作霖は聞かない。

「どうしても出発だ」

部隊は仕方なく出発した。そこから明け方まで歩きつづけ、土の家が並ぶ土地まで出て、張作霖はようやく野営の許可を出した。

その後、後方の監視兵から、張作霖に報告があった。

「昨夜、果たして、モンゴル兵が夜襲をかけてきました」

張作霖は窪地から立ち上がる炊事の煙と、その周囲に広がる土漠の光景を見比べ、殺気を感じ取ったのだろう。モンゴル兵との戦いは、文字どおりの神経戦だった。疲労で神経が摩耗し、注意力が鈍ったとき、死が近づく。

屋根の下でも安心できない。

張作霖の秘書・陶歴卿《とうれきけい》は、小さな土の家のオンドルで眠っていた。作霖にアヘンを勧められ、二口吸ったところでめまいがして倒れ、そのまま寝入ってしまった。

ふと物音が聞こえた。振り向いた瞬間、何者かが、枕をザッと斬った。陶歴卿は銃を取り出してとっさに撃ったが、暗闇である。当たらない。そのとき、誰かが陶の体を膝で押さえつけた。銃声が六発響く。外でも銃声が聞こえた。モンゴル兵の夜襲だった。

二人のモンゴル兵の死体があった。警備の漢兵二人も斬り殺されていた。

陶歴卿を伏せさせ、命を救ったのは、張作霖であっただろう。

白昼、正面からの激突もあった。モンゴル兵の武器は、長い棒だ。疾風のような騎馬戦で、この棒を操り、漢兵を馬から落とす。落馬した兵は、大刀で無残に突き殺された。

次に正面の遭遇戦になったとき、張作霖は、部隊を林に逃げ込ませた。追ってきたモンゴル兵を待っていたのは、縄を持つ伏兵だった。馬が脚をとられ、倒された。脚を大刀でなぎ払われた馬もいる。今度はモンゴル兵が地面に落ち、なすすべもなく殺された。

安遇吾《あんぐうご》の話をしよう。一九〇九年春、牙仟《ヤーチェン》というモンゴルの有力な頭目が降伏した際、大事な役割を果たした漢人だ。

モンゴル兵との戦いの勝敗を分けるのは、「道」だった。決定的な勝利を収めるには、少数の敵に翻弄されがちな機動戦ではなく、拠点を一気に覆す必要がある。それには、道を知らねばどうにもならない。道を知るには、敵の懐に誰かを忍ばせなくてはならなかった。

張作霖は、八角台に近い台安の安遇吾に人を遣わし、手紙を持たせた。安は遼河両岸の尊敬を集める好漢である。義を重んじ、友のためなら金も命も惜しまなかった。

張作霖の手紙には、来てほしいとあった。安遇吾は、使者に言った。

「統領に伝えてくれ。あとで行くと」

それを聞くと、使者はまた、土の色をした洮南の町に飛んで戻っていく。

客が去った後、安遇吾は、家の豚や羊をつぶし、隣人や友人を大勢呼んで、家のことを頼んだ。砂漠からの招待状だ。容易な依頼ではあるまい。

安遇吾が鄭家屯に着くと、張作霖はそこに待っていた。作霖は宴席を設けて毎日、安をもてなす。だが、用件はなかなか言わない。しびれを切らした安が訊いた。

「いったい、どういうことだ。自分が役に立つことがあれば、死んでも断ることはない」

張作霖は、絞り出すように話した。

「牙仟の手下に、鮑老疙瘩《バオラオグォーダ》という男がいます。あなたの元使用人です。その関係を使って、敵の根拠地に入り、そこまでの道と内情を探っていただけませんか」

失敗すれば、というより、十中八九、安遇吾は命を落とすだろう。張作霖は、涙をこらえて言った。

「あなた以外にこれができる者はいないのです」

安遇吾は即答した。

「何も言わなくていい。そこまで見込んでくれたんだ。明日行こう」

次の日、安遇吾は、一人で馬に乗って、砂漠に入っていった。張作霖は、砂漠の縁で安の姿が見えなくなるまで見送った。

安遇吾は鮑老疙瘩を捜し当て、台安の地盤を奪われ、牙仟を頼ってきたと言った。牙仟は安を信じた。根拠地に潜り込めた安は、隙を見て牙仟を殺し、逃げようと思った。

ある日、一群のモンゴル兵が鄭家屯付近にやってきて、木に大きな布包みを掛けた。鄭家屯にいた張作霖は迎撃に出たが、モンゴル兵は、数発撃ってすぐに立ち去った。

張作霖の部下が布包みを下ろして開くと、ばらばらになった遺体が出てきた。安遇吾だった。

張作霖は、人のかたちをしていない旧友を抱えて号泣した。遺体は縫い合わせ、故郷の遼西に送ってやらなければならない。作霖は自ら、血で汚れた安遇吾を洗った。

脚に、そこだけ腐った古い刀傷があった。ぬめりを洗う手に、異物の感触があった。つまみ出してみると、小さく折りたたまれた油紙だ。張作霖が開くと、手書きの地図だった。牙仟の根拠地に向かう道が、距離と目印付きで正確に記してあった。

赤黒い地図を見て、張作霖はまた、ぼろぼろと泣いた。安遇吾の亡骸を強く抱きしめた。

すぐに出撃だ。張作霖は兵を集め、地図にあった経路をたどって根拠地を奇襲、火を噴くように攻めた。牙仟は投降した。

張作霖は、慶吾《けいご》、慶余《けいよ》という安遇吾の二人の息子を引き取り、哨長として処遇しようとした。だが、二人とも長くは続かず、作霖のもとを去った。

この兄弟とみられる二人は、歴史にかすかな痕跡を残している。

一九三一年の満洲事変後、匪賊が台安を襲い、地元商会に二十万元を支払うよう要求した。そのとき、二人の男が現れ、匪賊を追い払った。新手の匪賊か。商会の代表が、新しく来た方の二人に、用意してあった二十万元を渡そうとすると、二人は大笑いした。

「おれたちは故郷を守りに来たんだ。金は、出したやつに返せよ」

すぐに街を去った二人に見覚えのあった者が言った。

「あれは、安遇吾の息子たちだ」


張作霖は、七個営計約三千五百人を指揮するようになっていた。

牙仟を投降に追い込んだころ、張作霖は、トクトホとともにモンゴル側の主力をなしていたバイインタライを射殺した。北洋第三鎮も、作霖らの巡防営と協力しながら、吉林方面からトクトホを圧迫、索倫山から追い出していく。東三省総督の徐世昌は、作霖と、北洋第三鎮の呉佩孚について、「匪賊討伐の功は尋常ならざるものである」と称えたという。作霖は、帝より金糸の九龍長衣を下賜された。

だが、ここで思わぬことが起きた。

モンゴル蜂起軍を制圧した最大の立役者・徐世昌が解任されたのだ。西太后を後ろ盾としていた北洋大臣の袁世凱が失脚し、盟友の徐も、東三省に大軍を擁する重職を解かれた。

きっかけは、前年にさかのぼる。

一九〇八年十一月十四日夜、十年にわたって中南海に幽閉されていた光緒帝が急死した。享年三十七。毒殺であろう。(8)翌十五日、半世紀にわたって朝廷を支配してきた西太后が、七十二歳で病死した。清朝の屋台骨が、ここで折れた。

十二月二日、満三歳に満たない新帝、宣統帝溥儀《せんとうていふぎ》の即位大典が紫禁城で行われた。荘厳な大宮殿の中は寒い。百官の三跪九叩《さんききゅうこう》の大礼が延々と続き、幼い皇帝は泣きはじめた。宝座脇に控えた父親の摂政王・載灃《さいほう》が懸命にあやした。

「泣かないで。すぐに終わるから」

式典が終わった後で、文武官は「皇帝の父が、『すぐに終わる』などと言ってよいものか」とささやきあったという。

その不吉な予感のごとく、最後の皇帝の治世は、短い。西太后を失った王朝は混迷を深め、革命勢力が各地で蜂起しはじめた。失脚した袁世凱は、脚の病の治療と称して故郷の河南に隠居し、再起のときを待っている。

張作霖は、徐世昌が解任された後も、奉天の北辺である洮南にあり、モンゴル兵との戦闘を続けた。

一九一〇年春、トクトホはついに、敗残兵を率いてロシアに脱出した。砂塵の中にいる張作霖は、劇的な跳躍のときが訪れようとしているのを、まだ知らない。

第三章
辛亥革命

奉天へ！

一九一〇年十月十一日は、旧暦の九月九日、重陽《ちょうよう》に当たった。史書『走進大帥府《ゾウジンダーシュアイフー》 走近張作霖《ゾウジンジャンズオリン》』によると、この日、ともにモンゴル兵と戦った奉天《ほうてん》の八人が、洮南《とうなん》の関帝廟に集まり、関羽《かんう》像の前で系譜を交換、異なる生を歩むとも死は一緒に迎えたい、と誓い合った。義兄弟の契りを交わしたのだ。三国志演義で劉備《りゅうび》、関羽、張飛《ちょうひ》が義兄弟となった桃園《とうえん》の誓いを踏まえており、義侠を重んじる当時の気分がわかる。

八人は年齢順に、以下のように並んだ。「老」は、兄弟の順番に冠する接頭語で、「老大」は長兄を表す。

老大　馬龍潭《ばりゅうたん》
老二　呉俊陞《ごしゅんしょう》
老三　馮徳麟《ひょう(ふう)とくりん》

老四　湯玉麟《とうぎょくりん》
老五　張景恵《ちょうけいけい》
老六　孫烈臣《そんれっしん》
老七　張作霖
老八　張作相《ちょうさくそう》

湯玉麟以下の五人は、張作霖を中核とした若い集団を形成している。最年長の馬龍潭は、兵力では作霖に比すべくもなく、以後も、主に中朝国境地帯にあって匪賊討伐に従事する。作霖の力は、少年のころ、遠いあこがれの存在でしかなかった遼西の大頭目・馮徳麟（馮麟閣《ひょうりんかく》）さえも凌駕しつつあった。

張作霖と呉俊陞との関係については、少し説明が必要だろう。鄭家屯《ていかとん》で作霖を冷たくあしらった呉は、作霖の成功に衝撃を受けた。呉はその後、作霖について生き残ろうとし、関係修復に乗り出していた。作霖が恩を感じているという婦人の義理の息子にしてもらい、好意が作霖に伝わるように、婦人に何度も贈り物をした。態度を豹変させた呉について、作霖はこう評したという。

「こうした人間を使うには、用心しなければならない。とはいえ、捨てるのも惜しい」

張作霖は、後路巡防営《じゅんぼうえい》指揮官になっていた呉俊陞の接近を受け入れつつも、この段階では、まだ信じきってはいない。

一九一一年は、年初からペストが流行した。

始まりは、張作霖ら八人が義兄弟を誓ったのと同じ前年十月だった。中露国境・満洲里《まんしゅうり》の宿で二人の客が高熱を発し、咳と吐血に苦しんだ末、内出血によって黒紫に変色して死んだ。その後、和紙が水で濡れていくように、疫病は満洲全域、華北へと広がり、最終的には六万人とも言われる犠牲者が出た。かつて張作霖が本拠としていた新民《しんみん》でも、四月までに、実に六百二十二人が死亡したという。

そうした中、徐世昌《じょせいしょう》の後に東三省《とうさんしょう》将軍になった錫良《しゃくりょう》が病のために辞職し、四川《しせん》総督の趙爾巽《ちょうじそん》が後任に任命された。趙は、日露戦争の終盤から、約二年間、盛京《せいけい》将軍の地位にあり、その間、張作霖は大いに勢力を拡大した経緯がある。

六月、趙爾巽が奉天に着任すると、洮南にいた張作霖は、旧上司でもある趙宛てに、奉天近くで匪賊討伐を行いたいと願い出る電報を打った。洮南、鄭家屯方面での苦闘は三年に及んでいる。トクトホも、すでに満洲にはいない。部隊の疲労度、軍事情勢からしても、無理からぬ異動願いと言えるだろう。

だが、趙爾巽は、やんわりと断った。

「他日、重任もあろう。もう少し面倒をかける」と回答した。

張作霖は失望し、やむを得ず、次の一手を打った。

奉天に情報の網を張ったのだ。趙爾巽の同意を得て、前路巡防営の奉天事務所を設置し、社交的で機転が利く張恵臨《ちょうけいりん》を所長にした。趙が軍事教育機関の講武堂《こうぶどう》を設立すると、張景恵、張作相、湯玉麟らを次々に送り込んだ。彼らの任務は、張作霖の目となり、耳となることだ。要人と付き合い、奉天城内の動きを細大漏らさず、洮南に報告することが求められた。

これは急所の一手となった。まもなく、中国が予測不能の混乱に陥り、正確な情報をいかに早くつかみ、いかに機敏に動くかが、武人たちの明暗を分ける状況になったのだ。

始まりは、十月十日、湖北《こほく》省武昌《ぶしょう》で起こった工兵大隊の武装蜂起だった。兵乱はたちまち拡大し、武昌、漢口《かんこう》、漢陽《かんよう》の武漢《ぶかん》三鎮をのみ込んだ。

辛亥《しんがい》革命が動き出した。

満洲最大の軍事力である北洋《ほくよう》第三鎮《ちん》は、武漢方面の革命軍鎮圧に投入されることになった。だが、革命は、奉天にも引火しようとしている。孫文《そんぶん》を総理とする中国同盟会の支持者ら革命派(1)にとって、治外法権で奉天当局の取り締まりが及ばない満鉄付属地は、同志の募集や武器購入には、格好の場だった。

しかも、奉天北郊の部隊駐屯地・北大営《ほくだいえい》に残る中央の陸軍部隊・第二混成協(協は旅団に相当)の司令官(協統《シエトン》)・藍天蔚《らんてんい》は、革命派の軍事指導者だった。当時、清《しん》朝を倒して近代国家を樹立しようという軍人は少なくない。それどころか、留学組など開明的な軍人ほど、その傾向は強い。藍は、重要機関を占領したうえでの独立宣言をねらっていた。

政治指導者もいた。張榕《ちょうよう》という。奉天・撫順《ぶじゅん》の大地主の家に生まれ、北京でロシア語を学んだ。一九〇五年、清朝の大臣暗殺計画に加わって投獄された後、日本に渡って同盟会に参加した。張榕は、議会に当たる奉天省咨議局を動かして、趙爾巽を追放しようとしていた。

革命派の不穏な動きは、第二混成協の連隊長(標統《ピアオトン》)や大隊長(管帯《グァンダイ》)らの密告によって、趙爾巽の耳に入った。

趙爾巽の背中を冷や汗が伝う。第三鎮が離れた後、近代装備の一個混成協が革命に動けば、自らの手元にある旧式の巡防営では、到底かなわない。趙は北京に逃げようと思い、側近の咨議局副議長・袁金《えんきん》鎧《がい》を呼び出した。

逃げる、と聞いた袁金鎧は、必死に諫言した。

「それでよろしいのですか。堂々たる東三省総督が、城を捨てて逃げることができましょうや」

袁金鎧は、「大帥(2)」と趙爾巽の顔を見た。

「大帥、革命派は虚勢を張っているのです。密告によれば、軍はなお大帥の側に立っています」

実際、軍内には尊皇派が多数いる。藍天蔚に弾みをつけさせなければ、内部が統一されていない第二混成協の動きは止まる。この状況で何よりも必要なのは、藍を慎重にさせる抑止力であった。では、何をなすべきか。袁金鎧は明言した。

「張作霖を呼びましょう」

袁金鎧はまた、別の会議で趙爾巽に上中下の三策を示した。

上策。軍を統御して、革命を抑える。袁金鎧は、北洋六鎮という最強の武力を擁する袁世凱なら、革命を封じ得るとみている。そこまで、満洲の安定を保つのだ。それには、第二混成協を暴走させないことが絶対条件だった。だから、張作霖を呼ぶ。

中策。尊皇の態度を保ちつつ、事態を静観する。奉天と直隷《ちょくれい》の境界・山海関《さんかいかん》に兵を出して固め、中央の情勢を見極める。つまりは、中央で勝った方に付く。

下策。革命派に呼応し、独立を宣言、宣統帝《せんとうてい》に退位を請う。

趙爾巽は、上策を選んだ。ただ、趙は、より近い鄭家屯にいる呉俊陞の部隊を奉天入りさせることにした。張作霖の洮南ははるかに遠い。しかも、作霖には野心も見えた。

ところが、思わぬことが起こる。張作霖の方から動き出したのである。

趙爾巽の言動は、張作霖に筒抜けだった。張恵臨は、呉俊陞を奉天に呼ぶとの意向を聞き込むと、講武堂にいた張景恵に即座に知らせ、景恵は洮南に向けて至急電を発した。

張作霖はそれまでも、奉天の人脈を広げることに努め、どんな情報にも厚い礼で報いていた。袁金鎧も情報源の一人だった。

奉天・遼陽《りょうよう》の地主の家に生まれた袁金鎧は、張作霖より五歳上で、二十歳にして科挙の予備試験に合格し、秀才となる。日露戦争の奉天会戦後に盛京将軍に就任した趙爾巽に対して道路整備、学校設立、巡警の実施などを献策し、認められた。咨議局では、副議長として、革命色の強い議長・呉景濂《ごけいれん》に対抗するかたちで、東三省総督の趙を支える立場をとっていた。

袁金鎧と通じていれば、核心の情報は入る。

趙爾巽が、至急、兵を必要とし、呉俊陞を呼ぼうとしている――。

奉天からの電文は、いかなる大兵も及ばぬ価値を持っていた。張作霖は即断した。

奉天まで走る。それしかない。ここで趙爾巽の前に駆けつけた者が、乱世を駆け上がっていくだろう。天のかすかなほほ笑みに応えることができるかどうかは、疾風迅雷で奉天に乗り込めるかにかかっていた。

張作霖は、少数の精鋭を率いて、寒気と砂塵の中を、矢尻のように南下しはじめた。無論、全員騎兵だ。主力には、後続を命じた。

途中、鄭家屯を通過した。

張作霖は一人の兵に名刺を持たせて呉俊陞のもとに挨拶に行かせ、自身はそのまま、砂漠の道を奉天へと急いだ。呉へは「新民で小事があり、処理する。呉統領を煩わせはしない」と伝えたという。このとき、呉はまだ、奉天城から移動命令は受け取っておらず、南に走る作霖の真意を知る由もない。

張作霖が奉天城に着いたのは、十月十六日とされる。武昌で武装蜂起が起きた十日から一週間もたたないうちに、省城に駆けつけたのである。情報収集力と決断力、行動力が生み出した神速の推参だった。

張作霖は、長いひげを蓄えた趙爾巽の前にひざまずいた。

「総督の身辺に危害が及ぶのを恐れ、居ても立ってもいられず、お守りに参上いたしました。命令なきまま勝手に動いた罰は、甘んじてお受けします」

軍人としての張作霖の行動は、確かに許されない。しかし、このときに限っては、第二混成協におびえ、生きた心地もしない趙爾巽個人をもっとも喜ばせる軍紀違反だった。

老齢の総督は、呉俊陞を選んだのを忘れたかのように、目を潤ませた。張作霖の奉天入りを事後承認する移動命令を出したばかりか、自らの指揮下にあった中路巡防営を前路統領の作霖の指揮下に置いた。作霖麾下《きか》の兵力は一気に倍増し、十五個営に膨張した。

鄭家屯の呉俊陞は、何も知らぬうちに、生涯二度とないチャンスを逃していた。

趙爾巽は、護衛を得て落ち着きを取り戻したのだろう。十七日には奉天各軍の将校を集め、軍人は最後まで忠誠を尽くさなくてはならないと訓示した。翌十八日には、新聞各社に対して、「匪徒の騒乱」、つまり革命に関する記事を掲載することを禁じた。


十月二十二日午前、趙爾巽は、第二混成協や各巡防営など諸軍幹部を集めた会議を開いた。奉天の帰趨を決める重要会議であり、藍天蔚ら革命派の軍人は、東三省の独立を求めることを事前に申し合わせていた。

ほぼ全員がそろったころ、張作霖は、白い布包みを両手で用心深く抱えてゆっくり入場し、卓上にそっと置いて着席した。

趙爾巽が立った。

「わが東三省は、皇上の故郷である。われわれは、朝廷をお守りしなければならない」

まず訴えたのは、朝廷への忠誠だった。ただ、それだけでは、革命派は黙ってはいまい。そこで、趙爾巽は、「時局を静観し、保境安民《バオジンアンミン》の四文字を旨としよう」と訴えた。「保境安民」は、境界を固く守って外部の混乱が及ぶのを避け、領域内の安寧を守るという考えだ。革命派の暴発を抑えつつ、時間を稼ぐ思惑があるのは、言うまでもない。

賛同者は挙手してほしい、との呼びかけに反応が割れた。地方軍である巡防営の将領らは手を挙げたが、藍天蔚以下、革命派の影響が強い第二混成協など中央の軍幹部らの手は挙がらない。軍同士の武力衝突につながりかねないだけに、この会議の決裂は重大な意味を持つ。会場に緊張が走った。

小柄な張作霖が、すっと立ち上がった。

「総督のお言葉は、皆さん、聞かれましたな。総督のご好意を受け入れないということなら、今日、ここで一緒に死のうではありませんか」

会場が凍りついた。全員の目が、張作霖の卓上に置かれた白い包みを凝視している。爆弾に違いない。

「匪賊」

中央から来たエリート将領たちは、張作霖をそう見ており、何をしでかすかわからない怖さを作霖に感じていた。

中央の軍人の中から、趙爾巽の提案に賛同する手が恐る恐る上がった。南下準備に入っていた第三鎮の将校・盧永祥《ろえいしょう》だった。それを機に、ほかの将領も次々に手を挙げ、趙の方針は承認された。「保境安民」であれば、独立を求める革命派にとっても、それほど抵抗はなかったこともあろう。

誤爆を恐れて足早に会議場を去る将領たちから、「土匪《どひ》だ、本物の土匪だ」という声が漏れた。

出席者が退出すると、安堵《あんど》した趙爾巽は、張作霖に対して、物騒な爆弾をどこかに持って行くよう命じた。

張作霖は、白い布包みを放り投げた。胆をつぶした趙爾巽をからかうように、包みは、コンという乾いた音を立てた。開いてみると、煙草《たばこ》を入れる筒が二つ入っていた。

革命の火は枯れ野を走るように拡大、王朝滅亡の恐怖に駆られた朝廷は、ついに、最強の北洋軍を指揮できる袁世凱に鎮圧を頼むしかなくなった。西太后死後に失脚し、故郷の河南《かなん》に蟄居していた北洋の総帥は、満を持してふたたび表舞台に登場、欽差《きんさ》大臣、内閣総理大臣という地位を得ると、交換条件の約束を果たすかのように北洋軍を動かし、武装蜂起の中心地である武漢方面の革命軍をなぎ倒した。総理就任翌日の十一月二日には、麾下の馮国璋《ひょうこくしょう》軍が武漢三鎮の一つ、漢口を革命軍から奪還した。

袁世凱の登場で、形勢は逆転した。朝廷と袁の力関係も一変した。

十一月十二日午後、趙爾巽は、奉天省の咨議局（議会）に各界の代表者約二百人を集め、「奉天国民保安会」の成立大会を開いた。

趙爾巽はまたも「保境安民」を訴えた。

今度は、革命派が黙っていなかった。張榕も出席しており、清朝からの独立宣言を強く要求した。趙爾巽は「自治ならまだ話し合える。独立は過激すぎる」と拒否、会議は紛糾した。

張作霖が突然、壇上に躍り上がると、腰の拳銃を抜いて、卓にたたきつけた。

バンという音に皆が驚く。

「大帥に従うしかありません。反対する者がいれば、たとえ大帥は許しても、この銃が許さない」

張作霖はそう言うと、目で合図した。湯玉麟、孫烈臣、張作相らファミリーの面々が、会場のあちこちで立ち上がった。皆、拳銃を手にしている。

張榕をはじめ丸腰の革命派は、退場した。

議長の呉景濂も退出したため、副議長の袁金鎧が会議の続開を宣言、後は趙爾巽の思いどおりに議事を進行した。

保安会は、趙爾巽を会長とする一種の臨時行政機関であり、袁金鎧の構想した名簿どおりに幹部が決まった。張作霖は、軍事部副部長という要職に名を連ねていた。

暗殺の夜

東三省総督の趙爾巽は、革命派の第二混成協司令官・藍天蔚を解任するよう朝廷に奏上し、十一月十四日、藍の職は解かれた。藍の策謀を密告した部下の連隊長・聶汝清《じょうじょせい》が代理を務める。趙は、藍に二千元を渡し、南方情勢を視察してくるよう命じた。実質的には、金を握らせ、奉天をおとなしく立ち去るよう求めたものだ。

藍天蔚は奉天を離れるしかなかった。

張作霖の正妻・趙春桂《ちょうしゅんけい》がとった行動が、当時の緊張を物語っている。

趙春桂は、夫が第三、第四夫人をめとったころから疎遠になり、新民に残っていた。奉天を離れる藍天蔚が新民を通ると聞くと、長男の張学良《ちょうがくりょう》を呼んだ。白い布で三十元を包み、息子の腰にしっかり結びつけて言った。

「いい子ね。夜、もし戦いになったら、あなたはお逃げなさい。すぐに逃げるのです」

「お母さんは?」と、張学良は訊いた。

「私のことなどかまわず、とにかく早くお逃げなさい。銃声が聞こえなくなったら、誰でもいい、お年寄りにひざまずいて、頭を下げてお金を渡し、お父さんのところに連れて行ってもらいなさい」

自分は、夫のもとには行かない。だが、大事な息子は守らなくてはならない。妻と母という二つの立場の間の葛藤が見えるようだ。

幸いにして、戦闘はなかった。奉天での革命の主力と見込まれていた第二混成協は、首領を失って牙を抜かれた。藍天蔚追放に決定的な役割を果たした張作霖は、藍が消えたことで、奉天において突出した兵力を擁する武人となった。

当時、奉天に滞在していたスコットランド人医師クリスティーは『奉天三十年』で、次のように記している。


趙爾巽に際立って反対した将軍は満洲を去った。そして今やもっとも重要な指揮権を持つものは張作霖であった。彼はわずかに三十六歳であるが、すでに戦争の経験を有し、まごうかたなき帝政派であった。

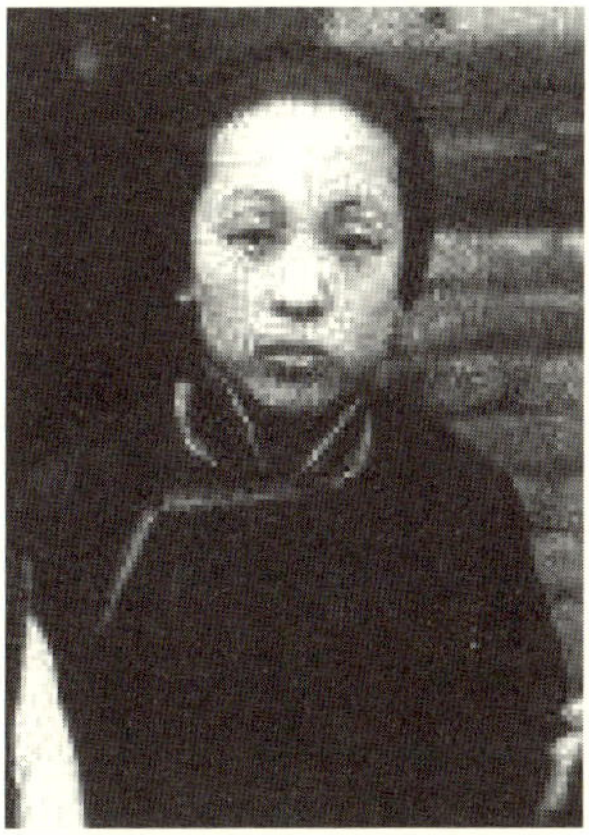
趙春桂

「まごうかたなき帝政派」かどうかはともかく、張作霖にすれば、東三省総督という大官を守護することが、時流に乗って一気に上昇するために必要な行動だった。
張作霖は、「大帥の命に従うだけであります」と言って趙爾巽に忠誠を誓っている。
二人の次のターゲットは、革命派の政治指導者・張榕だ。
藍天蔚が解任されて三日目、張榕は、革命組織

「連合急進会」を結成し、趙爾巽に独立宣言を行うよう求めていた。藍も直隸などで革命行動を続けている。荘河《しょうが》、復州《ふくしゅう》、遼陽など奉天省の各地では、小規模の挙兵が続発していた。

張作霖は十二月三十一日、馮徳麟、馬龍潭、呉俊陞らと連名で、東三省で尊皇軍を編制し、鉄血をもって朝廷を守護し、革命軍を滅ぼすとの声明を出した。


このときの中国のパワーバランスは、きわめて微妙だった。

各地で戦闘を続ける清朝と革命派の中間には、袁世凱という巨大な存在があった。朝臣ながら、朝廷の生殺与奪の権を握る北洋軍の総帥は、全中国の重心だった。

張作霖が声明を出した翌日、つまり一九一二年の元日、革命派が、北京の朝廷に対抗し、長江下流の南京で、「中華民国」臨時政府(3)の成立を宣言した。

臨時大総統に選ばれたのは、同盟会の総理で、革命派の象徴的存在となっていた孫文である。武昌での蜂起を滞在先の米国で聞いた孫は、十二月二十五日に帰国し、そのまま臨時大総統に据えられた。

一月六日、朝廷は趙爾巽に対し、江蘇《こうそ》、浙江《せっこう》の革命軍が、南京の浦口《ほこう》と天津《てんしん》を結ぶ鉄道・津浦《しんぽ》線で北上してくる恐れがあるとして、張作霖らの部隊を江蘇北部の要衝、徐州《じょしゅう》に派遣するよう求めた。作霖は南下を望んだが、趙は、「おまえが離れると、人心が動揺する」として作霖を引き留め、許さなかった。

趙爾巽側近である袁金鎧は、すでに張作霖との協力関係を築いていた。袁は、趙を通じて奉天政治を動かす力を持つ。しかも、彼が持つ枢要な情報は、作霖にとって、きわめて有用だった。一方で作霖は、袁にない武力を持っている。頭脳と力、この二人の組み合わせは、総督の陰で、奉天の中枢を実質的に支配していた。

一月二十三日、二人は張榕を消しにかかった。この夜、張榕は、平康里《へいこうり》の料理店・得義楼《とくぎろう》に、張作霖を招いていた。

仕掛けたのは、袁金鎧である。袁は、張榕の旧知で、革命組織・急進会の参議にも名を連ねており、事前に張榕に対して、「実は張作霖は革命に思いを寄せている。夕食に招いてみないか」と耳打ちしていたのだ。

朝廷と革命派を両天秤にかけたような袁金鎧の動きを、張榕は、自然なことと見ていたのではないか。この時期、今後の政体がどうなるかは、まったく見えない。朝廷か、革命派か、あるいは袁世凱か。皆が勝利者を見定めようとしており、昨日の尊皇派が、今日の革命派ということなど、日常茶飯事である。状況次第では、袁金鎧も革命派に加わっていたかもしれない。

宴席で、張榕、袁金鎧、張作霖は、よく飲み、古い友人のごとく打ち解けあった。

「陰華《いんか》」

袁金鎧が、張榕の字《あざな》を呼ぶ。

「蜚紅館《ひこうかん》に、新しくいい人ができたそうじゃないか。小桃だったか、とてもきれいな人だそうだな。一緒に行こう」

張榕も悪い気はしない。奉天の頭脳と、最大の武力を持つ軍人に接近し、親しく酒を酌み交わした良き夜、お気に入りの女を抱きたいと思ったのかもしれない。張榕は、芸妓がいる蜚紅館に二人を案内した。

張榕は小桃を呼んで、二人に引き会わせた。張作霖も袁金鎧も、小桃の美しさを褒めそやした。その後、三人は小さな部屋でアヘンを吸った。

この時代、アヘンは嗜好品だ。一月下旬の奉天の夜、外気は身を切られるほど冷たい。その分、暖色の灯火のもと、オンドルの上でアヘンを吸う時間は、酔漢たちにとって、至福のときだったろう。

しばらくすると、袁金鎧が、先に用件があると言って、外に出て行った。次に、張作霖も出た。

張榕は、二人が気を利かせたと思ったかもしれない。それに、二人とも、猛烈に忙しい男たちだ。じきに、小桃が来る。よき夜を締める幸福は、白い肌の上での心地よい奔流と、その後の安眠だ。

だが、張作霖が出た後に入ってきたのは、二人の男だった。二人は拳銃を取り出して、アヘンの煙を吐いている張榕に、三発の銃弾を浴びせた。

悲鳴は一声だけだった。即死だ。二十七歳の革命指導者は、床の上にできた自らの血だまりの中で死んだ。

刺客の一人は、張作霖の特務責任者である于文甲《うぶんこう》だった。もう一人は、やはり作霖配下の手練れ、高《こう》金山《きんさん》という。

同じ夜、張作霖の部下たちは、張榕とともに革命をめざしていた宝昆《ほうこん》、田亜斌《でんあひん》の自宅を急襲し、巣穴で寝ている野ネズミを引きずり出すようにして殺害した。朝廷に仕える旗人《きじん》ながら革命に同心していた宝昆は、睡眠中を襲われ、衣服も着けないまま、庭で刺し殺された。

張作霖は趙爾巽に結果を報告した。

「于文甲が張榕を尋問したところ、発砲し、逮捕を拒みました。于は反撃し、その場で犯人を射殺しました」

「宝昆は旗籍にあり、国の恩を受けながら、逆賊について国に背きました」

趙爾巽は、「顔色も変えずに三凶を倒した」として、張作霖に褒賞を与えるよう朝廷に奏上した。朝廷は、作霖を関外練兵大臣に任命した。

奉天における革命派のもう一人の大物、咨議局議長の呉景濂は、南京で革命政府と行動をともにしていた。趙爾巽は、呉の議長資格を取り消した。奉天の革命派の主要人物は、これで一掃された。続いて、奉天城では、革命派狩りが行われた。張榕の自宅などから押収した証拠書類などに名があった大物だけではない。辮髪《べんぱつ》を切っている者は、革命支持者の嫌疑をかけられ、捕らえられた。容疑者の発見は、造作もない。

『奉天三十年』は、この間の市井の雰囲気を活写している。

次の数日間は恐怖時代であった。風評は当然に誇張せられた。しかし数十名の者が殺されたに違いなく、大概は夜間であった。暗くなってから外にいるのは危ないと言われた。事実曲がり角には兵士がいて、すべての通行人を誰何した。辮髪を垂れているのは本来満州族の風習で、満州族の統治に対する服従の印であったから、奉天のほとんどすべての学生は断髪をしていた。しかし今は辮髪を付けない者は、白昼でも往来に見られなくなった……。

辮髪を切っていたため、獄に入れられた一人に、革命に心を寄せていた郭松齢《かくしょうれい》という軍人がいた。軍内の旧知らの救命運動によって釈放された。

中国の史書には、張榕暗殺二日後の一月二十五日に始まり、二十六日、三十一日と、張作霖が在奉天総領事・落合謙太郎ら日本側と立てつづけに会ったとの記述がある。作霖が日本側に話したという言葉を追ってみよう。

二十五日　清国の尊厳と安全を守るには、君主制を保つ以外に策はありません。

二十六日　袁世凱は共和側に付いており、私がその指揮に従うことはない。私は、わが道を行く。日本からのご指示があれば、全力で応じます。……日本国が満洲において重大な権利を有していることは熟知しております。

三十一日　袁世凱は共和に近づき、皇帝の退位は避けられぬでしょう。北方人として、南方の制度を甘受するなど死んでもできません。本当にそうなら、日本に従うほうがいい。

日本への接近を懸命にアピールしている。切迫感さえ漂う。これまで趙爾巽に従って、朝敵を平らげながらのし上がってきた張作霖にすれば、先行きが見えない中で、袁世凱が革命派と手を組み、自分の排除に乗り出す場合のことも想定しておかねばならなかったのだろう。張榕暗殺や、弾圧の経緯から、張作霖が南京の革命政府と建設的な関係を築くことは無理だ。万一、中央と敵対する事態となれば、頼れるのは日本しかない。

実際、張作霖をそうした行動に駆り立てるほど、風雲は急を告げていた。

時代が終点を迎えようとしている。

張作霖が落合謙太郎に会った二十六日には、袁世凱の腹心で、北洋軍の主力を束ねる「北洋の虎」・段《だん》祺《き》瑞《ずい》が、各部隊の指揮官四十六人の連名で、朝廷に対して、共和政体を樹立するよう求めた。袁が発した降伏勧告であるのは明らかであった。

張作霖の日本への接近は、袁世凱に対する牽制でもあったろう。自分を捨てれば、奉天は日本のものになるとの懸命の警告である。二月四日、作霖は袁に電文を送った。

「もし皇帝が退位し、共和政府が成立すれば、私はその指揮に従うことはできない。忠誠を尽くす皇帝を失えば、日本を頼りとして、これに従うことは当然である」

翌五日には、またも落合と会談し、日本に同調する考えを示した。張作霖のこうした姿勢に、落合らは、とりあえず同情する態度を見せた。

日本にとって、満洲で最大の武力を持つ張作霖が、保護を求めてきた意味は大きい。勢力圏意識と結びついた満洲分離の発想が現実味を増したと言えるだろう。満洲の「特殊利益」を拡大、恒久化したい日本は、これから先、いくつもの満洲分断・支配構想を描いていく。その多くは、国家の統一した意思というより、政治家や軍人、外交官、大陸浪人らが、勝手気ままに線を引いたお粗末な設計図という類のもので、いくつかは実行に移された。

どの方案でも、カギになるのは、張作霖の扱いであった。傀儡《かいらい》にする。首をすげ替える。さまざまな案が出た。いずれにせよ、作霖は日本で、日本の利益のために利用されるべき存在として位置づけられていた。

二月十二日、宣統帝溥儀が、北京・紫禁城の養心殿で清朝最後の朝見式を行い、正式に退位を宣言した。

袁世凱は、王朝の終末に当たり、宣統帝に優待条件を保証した。帝の尊号は廃さない。民国政府は、皇室の運営費として毎年四百万元を支給する。溥儀は外国元首並みの待遇を受け、そのまま紫禁城に住める。清朝は、動乱の中で皇帝たちが命を落としていった歴代王朝とは違い、皇帝が権力を手放すという一事によって、静かに滅亡した。この政変は、一つの王朝の交替というだけではなく、数千年続いてきた王朝統治から共和体制へ移行する大転換でもあった。革命派と清朝が各地で戦っていた状況からすれば、驚くほど見事な収束だった。

中華民国臨時大総統を称していた孫文は、辞表を提出し、「後任」の大総統として、袁世凱を推した。孫文の革命派と袁世凱の北洋派が表面上は手を組んだかたちだ。だが、重心がどこにあるかは明らかだった。最強の北洋軍を握る袁が首を縦に振らなければ、何ごとも動かない。これに対し、孫文は、多くの人びとから「ほら吹き」扱いされていた。革命派が発行する軍票は、商店に受け取りを拒否されていた。彼らは袁を南京に呼び、主導権を奪おうとしたが、袁は北京を離れなかった。南京に行けば、大総統という名の虜囚になるのは目に見えている。

張作霖も、過渡期を乗り切った。

清朝を歴史から退場させた袁世凱にとって、次に取り組むべきは、いったんは手を握った革命派を抑え込むことだった。朝廷のために力を尽くしてきた奉天の実力派・張作霖に手を着けて混乱を拡大させるつもりなど、毛頭ない。万一、北の奉天を敵に回せば、北京は、南の南京との二正面を相手にしなくてはならなくなる。

張作霖のもとには、袁世凱から、支持を求める密書も届いていた。袁が奉天に人を遣わして作霖に軍刀を授けたのに対し、作霖は、漢方薬しか信じず、強壮剤をかじって食していたという袁に、高価な人参を贈った。

中国の新たな支配者は、張作霖に手を差し伸べてきていた。しかも、革命派とは違い、恩義ある清朝皇帝を優遇していた。そうなると、作霖も、袁世凱に反抗する理由はない。ほかの尊皇派たちと同様、面子《メンツ》を気にすることなく、袁になびくことができた。

二月十四日、日本の総領事館の二人が張作霖を訪問し、袁世凱に対する態度を探った。作霖は、こう語ったという。

「趙（爾巽）総督ばかりでなく、私も資金、武器が足りない。今の状況では、実力が不足しており、しばらくは屈従するしかありません」

実際に反抗する気配などどこにもない。日本は、張作霖があっという間に、袁世凱になびいたことを知った。

第二十七師団長

中華民国元年となった一九一二年は、閏年《うるう》だった。二月二十九日の夜、北京の繁華街・前門《ぜんもん》、東安門《とうあんもん》一帯で、以前満洲に駐屯していた曹錕《そうこん》の第三鎮の兵が騒ぎを起こした。銃声が響き、商店に火がかけられ、略奪が始まった。正規軍、しかも北洋最精鋭の第三鎮による首都の乱だった。裏に政治目的がある騒ぎだったとされる。

袁世凱は、この「兵乱」を口実に、自身に南京入りを求めている革命派に対し、治安が不安定な北京を離れるわけにはいかない、と回答した。

すでに袁世凱に付くと決めている張作霖は、奉天で追従の声明を出した。

「いま、幸いなことに北京が安定しているため、東三省の人心は落ち着いている。もし総統が北京を離れれば、匪賊たちはその機に乗じて、東北で破壊活動を行うだろう」

三月十日、袁世凱は、望みどおりに、北京で、臨時大総統に就任した。張作霖にとっても、革命派が主導権を握るという最悪の事態は避けられた。

そのとき、新民から悪い知らせが届いた。妻の趙春桂が危ういという。

前年、趙春桂が奉天に出て、張作霖に送金を頼んだことがある。本来は洮南駐在だった作霖は奉天に自宅は持っておらず、春桂は宿をとった。忙しい作霖が、そこに姿を見せたのは、翌日になってからだった。

洮南から奉天に入ったばかりの張作霖の神経は張り詰めていたに違いない。夜、趙春桂と一緒に来ていた幼い二男、張学銘《ちょうがくめい》が泣き出した。寝入りばなを起こされた作霖は怒り出し、学銘をたたいた。夫が次々に新しい女を閨《ねや》に入れるという屈辱に耐えてきた趙春桂は、幼子に手を上げた夫に、感情を抑えられなかった。激しくののしり、翌朝、別れも告げずに新民に戻った。その後、鬱病を患ったという。

張作霖の妻への愛情は冷めていた。

ただ、趙春桂が最期を迎えようとしていたとき、新民に駆けつけた張作霖は、大泣きに泣いた。張作霖の人生で、初の跳躍台を用意してくれたのは、趙家廟《ちょうかびょう》という、奉天に比べれば塵のように小さな村の地主の娘だった。でんでん太鼓を手に雑貨を売り歩いていた遠い日、紅やら糸やらを手にとり、作霖にほほ笑みかけた。日清戦争後に結婚してからは、実父の財で助け、張学良らを生み、義兄弟たちの和を保った。この女性なくして、「張作霖」の後半生はなかった。

その女性を、張作霖は不幸にした。

趙春桂が死亡したのは、奉天に遅い春が来る四月のことだ。張作霖と同い年、まだ三十八歳だった。


この年の前半、のちに「第一次満蒙独立運動」と呼ばれる重大事件が起こっている。中国にあって、満洲とモンゴル（蒙古）は、地理的にも、民族的にも異質の概念だ。少数民族王朝・清の統治体制では、両民族が支配、特権階級を形成していたにせよ、「満蒙」という異種合同体が独立をめざすという発想自体が、中国にあっては基本的に不自然であり、「運動」の名のもとにある実体は、満洲、内モンゴル東部の勢力圏に傀儡政権を樹立しようという日本人の謀略活動だった。

日本人が満蒙独立を画策したのには理由がある。当時の日本は、旅順、大連などの租借権が一九二三年に切れてしまうとの時間的切迫感を抱えており、在満権益、勢力圏を恒久化する「根本的解決」を図るうえで、満蒙独立は魅力的な手段だった。辛亥革命の混乱は、絶好機をもたらしたかに見えた。事実、ロシアの影響力が強い隣の外モンゴルはこの機に乗じ、中国からの独立を宣言していた。

第一次満蒙独立運動の中心になったのは、清朝の王族にも人脈を持つ活動家の川島浪速《なにわ》だ。日本の現地軍、関東州当局、参謀本部内にも同調者がいた。川島らは、清朝滅亡直前の二月二日、ホンタイジ（第二代皇帝）を祖とする粛《しゅく》親王を大連に連れ出していた。これを核に、清朝復興を望む王族、遺臣らによる政治勢力「宗社党《そうしゃとう》」をまとめ、漢族支配からの脱却を図る喀喇沁《カラチン》王らモンゴル人勢力を合流させ、独立を宣言させようというのだ。

第二次西園寺公望内閣は、安直な謀略に待ったをかけた。

ところが、現地の陸軍将校らは、モンゴル人勢力との接触を保ちつづけ、農機具と偽って、奉天からモンゴルに武器を輸送しようとした。馬車約五十台に武器弾薬を満載した車列は、六月八日、呉俊陞の部隊に阻止されて戦闘となり、日本人十三人、モンゴル人九人、中国人三十人が死亡した。『外務省の百年』（外務省編）によると、輸送隊壊滅後、輸送を担当した将校が、在長春《ちょうしゅん》領事に、実状を打ち明け、至急救援を依頼した。領事館が動き、一行を長春に帰還させたという。

内モンゴルの事件から間もない六月十九日、旧暦で端午の節句の夜、かつて藍天蔚が指揮した第二混成協の一部将兵が兵舎を出て奉天城に向かい、銀行や商店などを略奪した。北門を守備していた張作霖の部隊に遮られ、城内には入れなかった。夜明けとともに兵乱は平定され、多数の将兵が処刑、追放されたという。

日本で出版された『続対支回顧録』に、当時、参謀本部から出張を命じられて奉天に滞在していた貴志弥次郎（のちの陸軍中将）の回想が収められている。

独断で「満蒙独立計画」に参加していた貴志は、第二混成協の乱について、こう述べている。

……まず（第二混成協）第三連隊の大隊長を説き、君がここで烽火を上げてくれると、必ず張作霖も城内から呼応して起つ……ぜひこの際決起せよと勧告し、……その日に至り約に応じて決起したのは、ただ第三連隊の二個大隊のみだった。……そこまでは至極よかったが、富商の多い北門街に差しかかると、卒然列を乱してめいめい質屋、問屋等の富戸に押し入り、たちまち略奪横暴の限りを尽くし、大変の騒ぎを演出したので、相呼応すべきはずの張作霖の軍隊は、城壁上から、この略奪兵を乱撃したから、死傷者を遺棄してさんざんの体で四散し、この芝居は目茶苦茶にその終りを告げた。

どこまで事実なのかは判然としない。だが、少なくとも貴志は、この乱が自らの陰謀によるものであると、得々と語り、結果責任は略奪に走った中国人兵士に押しつけている。

大陸浪人や現地将校といった者の多くは、国家の命運を左右する戦略行動に簡単に手を出し、失敗しても、それを一種の武勇伝に仕立て上げた。彼らは、目的で手段を正当化する短絡的かつ幼稚な思考、責任から逃れる組織の論理、中国人を蔑視し、満洲をわがものと見なす世論などによって、強力に支えられていた。失敗の教訓は、同質の事件の再発防止ではなく、謀略手段の改良という面に向けられていくことになる。

七月八日、日露両国は、内モンゴルの勢力圏を分割する秘密協約に調印、北京の経度である東経百十六度二十七分を境界線として、その東は日本、西はロシアの勢力圏と定めた。

この月の三十日、明治天皇が崩御した。日本という国家が世界に躍り出た明治時代は、終わった。中華民国元年に当たる一九一二年は、期せずして、大正元年となった。

辛亥革命という奔流を無我夢中で乗り切ったとき、張作霖は、奉天最大の武人になっていた。九月十一日、袁世凱は、作霖が率いる前路、中路巡防営を陸軍第二十七師団に改編した。海城《かいじょう》の村で父に連れられて賭場に出入りしていた子は、三十八歳という若さで、中将位の師団長となった。

歩兵と騎兵の二兵種だけだった巡防営と違い、第二十七師団は、歩兵二個旅団、騎兵一個連隊に加え、砲兵一個連隊、工兵一個大隊、輜重《しちょう》一個大隊も有する。装備は、国家の資金で調達でき、戦闘力は巡防営の比ではない。

配下の主要指揮官は、張作霖の義兄弟が占めた。

第五十三旅団長　湯玉麟
第五十四旅団長　孫烈臣
騎兵第二十七連隊長　張景恵
砲兵第二十七連隊長　張作相

一線部隊が指揮官の私兵となるのは、太平天国の乱などで地方軍が膨張した清末以降、普遍的な現象となっていた。中央に強力な政権が存在すれば、地方の軍を統御できるが、いったん中央が弱体化すれば、必然的に地方軍の軍閥化が進む。中国で言う軍閥とは、一般的に、武力によって地盤を持ち、その民と富を支配する軍人を指す。

このとき、馮徳麟も、第二十八師団長に任命されている。しかし、同じ師団でも、戦闘力は第二十七師団には格段に劣る。呉俊陞はのちに陸軍騎兵第二旅団長となるが、張作霖の師団とは比すべくもない。

九月十三日、東京で、明治天皇の大喪の礼が行われた。日清、日露戦争で二度までも満洲、とりわけ旅順で戦った陸軍大将・乃木希典はこの日、妻とともに殉死した。張作霖は、趙爾巽に随行するというかたちをとって、奉天の日本総領事館に弔問に行き、明治帝に哀悼の意を表した。

公式な地位としては、趙爾巽が張作霖より上位にある。作霖も、この大恩ある老上司には従っている。しかし、奉天でもっとも力を持つのは誰か、知らぬ者はない。

「張作霖の公館の前には、賓客が雲のように集まり、総督はお飾りになった」と史書は記している。

袁世凱が、清代から東三省総督の座にあった趙爾巽の地位を保全したのは、過渡期の安定を図ったにすぎず、清の遺臣である趙が、共和の時代にいつまでも権勢を保っていくのは不可能だった。高齢でもあった。

十一月、趙爾巽は辞表を提出した。

張作霖にとって、趙爾巽は自らを飛躍させてくれた大恩人だった。張学良はのちに「父に怖いものはなかった。ただ、趙爾巽だけは恐れた」と語っている。

趙爾巽が張作霖に対し、自分の息子の趙世輝《ちょうせいき》と、作霖の三女を結婚させてほしいと申し出たことがある。作霖は恐懼し、伏してその縁談を断った。大恩があるだけでなく、その家は、科挙の及第者たる進士五人を輩出した名門だ。わが娘では釣り合わない、と思った。

張学良は、趙爾巽と父・張作霖がいずれも世を去った後、一度流れた両家の縁談をふたたびまとめた。

袁世凱は、趙爾巽の後任として、やはり張作霖の元上司に当たる張錫鑾《ちょうしゃくらん》を奉天都督《ととく》(4)に任命した。作霖の制御を考えての人事だろう。だが、軍人や官僚たちは、やはり作霖のもとに集まった。

張作霖に近づき、関係を築く有効な方法は、賭博だった。作霖は、大抵の賭けごとに通じており、初対面の客でも、博打となると招き入れる。張作霖公館という賭場でのルールは単純だった。客の有り金がなくなったときが終わりだ。客は、数千、数万元と負け、次に来てまた負ける。作霖は、そろそろ限界かと感じると、声をかけた。

「きょうは飯でもどうですか」

食事のとき、ついさっきまでテーブルを囲んでいた客に、「あなたの名前は?」と訊く。続けて、「今のポストは」「負けた金はどこから出したのですか」「何か希望は?」などと、根掘り葉掘り訊く。履歴書まで書かせる。食事の終わりに客に告げる。

「ちょっと話してみましょう。保証はできませんが、返事を待っていてください」

翌日、張作霖は履歴書を持って、張錫鑾を訪ねる。

「この人物は、私の友人であります。能力も非常に高い。県長でも、税務署長でも、警察署長でもやれます」

懐に金が転がり込んでくるポストに就かせろということだ。「忘れないようにしていただきたい」と念まで押す。張錫鑾も張作霖の権勢には逆らえない。露骨な腐敗人事であっても、認めるしかなかった。

賭博に負けた客は、ここから投資の回収にかかる。

張作霖が奉天に邸宅を構えたのは、師団長になった九月のことだ。省城の中心部、清朝初期の宮殿近くに四合院を借りて、家族全員を住まわせた。作霖は、こののち、ここで暮らし、執務しながら、三階建ての壮麗な洋館・大青楼《だいせいろう》、第五夫人のために建てた瀟洒な小青楼《しょうせいろう》、庭園などを増設していく。建築群は、「大帥府」と呼ばれるようになった。

現在は、張氏帥府博物館として公開されている。張作霖が執務していた机、息を引き取った部屋、幾多の重要決定がなされた会議室やホールなど、歴史の生の現場として、いずれも興味深い。

張作霖の内面を伝えるものも多い。大青楼前にある石造門の両側に掛けられた直筆の石額が、その一つだ。大青楼に入るときに見る南側の額には、力強い筆致で、「天理人心」とある。

張作霖は常々、こう話していたという。

「天の心は、民の心だ。官たる者は、天の心を備え、民の意を知らなくてはならない」

「民をないがしろにし、民が背いたら、われわれはこの地位から下りよう」

農村の最底辺から這い上がってきた張作霖は、一人の民として、民を大事にした。その民の心がいかに傷つきやすく、移ろいやすく、危険なものかも知っている作霖は、民の暮らしぶりや、村の長老らの声に心を配った。のちに作霖が、内外の強大な敵に囲まれながら、満洲という大領域を統治しえたのも、民心の安定という土台があったからだ。

大青楼の門の北側にかかる石額には、「慎行」とある。慎重にやれ——は、激しやすい自身に対する戒めだろう。

大青楼脇の関帝廟には、義と武を重んじる張作霖の信仰が宿る。一九一八年に建てられた。この廟に入って香を焚けるのは、作霖一人だった。作霖は、運命を決する戦いの前には、関羽像の前に長くひざまずいていたという。

「全員、下馬せよ！」

鳳凰甸《ほうおうでん》という集落で、三、四十人いた護衛の騎兵が、張作霖の命令でいっせいに馬を下り、平野の中のまっすぐな道を歩きはじめた。作霖が師団長になった後のことだ。

「いいか、一木一草たりとも手を出すな」

威儀を正した一行に、張作霖の声が響く。すぐに、懐かしい十字路が見えてきた。米屋、肉屋、雑貨屋、油屋……高坎《こうかん》だ。

瀋陽に残る大帥府。門には「天理人心」の石額がかかる。

兵士が、一人の老人を連れてきた。部隊がいっせいに敬礼する。

常則春《じょうそくしゅん》だ。野良犬のような張作霖を何度も助けた。酷寒の空の下、街から逃げる作霖にロバを与えてくれた。追っ手に捕まった作霖に上着を掛けてくれた。第二の故郷に錦を飾った作霖はまず、この恩人に、楽に暮らしていけるように手配してやった。

まもなく、張作霖が来ると聞いて慌てて隠れた者たちが、連れられて来た。

黄木匠《こうぼくしょう》だ。張作霖に平手打ちを食わせて、借金を返せと迫った。顔を腫らした作霖は、もうだめだと思って高坎から逃げた。

于六《うろく》がいる。張作霖が女房を手込めにしようとしたと思い込み、作霖を殴りつけて、厳寒のもと、立ち木に縛りつけた。

于二爺《うじや》。この男の妾だった美人姉妹の妹のもとに通おうとしたところ、肉切り包丁を持って追いかけてきた。

そのほか、張作霖とけんかをした者、殴った者、陥れた者もいる。誰もが二十年分の年齢を重ねた顔で、仕返しを恐れていた。

緊張する一同の前に、張作霖が現れた。中将の服をまとう小柄な男の顔は、確かに、あの作霖だ。だが、その表情に復讐の暗さなど微塵もない。にっこり笑っていた。

「兄貴たち――」

張作霖は、賭場でそう言っていたときのように皆に呼びかけた。

「若いころにはいろいろありました。でも、それが何だっていうんですか。私はもうとっくに忘れた。本当のことを言えば、あなたたちが私をたたいてくれなかったら、今の私はなかった」

黄木匠も、于六も、于二爺も、皆が、賓客としてもてなされた。このとき、高坎の小悪党たちは、自分たちが小突き回していた野良犬の正体を知った。強敵や反逆者には、兵を率い、謀略を駆使して死に物狂いで戦う。だが、そんな張作霖は、恩人、仲間、自分に従う者、そして弱き者には、限りなく優しかった。

一九一二年の暮れから翌年春にかけて、東アジア初の共和国に実体を与えるための国会議員選挙が行われ、革命派の諸政党を糾合した国民党が、衆参両院八百数十議席のうち、半数近くを獲得して圧勝した。

立役者は、三十一歳という若さで国民党をまとめ上げた宋教仁《そうきょうじん》だ。宋は、臨時大総統・袁世凱を、約法(5)と議会、つまり共和のシステムによって制御しようとした。最強の軍を持つ袁が真の脅威と見なすのは、近代国家制度によって自分を縛りつけようとする宋だった。自身が先頭に立つ武力革命にこだわる国民党理事長・孫文など、逆に武力で一蹴すればよい。

ところが、その宋教仁は、議会開会を前にした三月二十日夜、上海駅で北京行き列車に乗る直前、刺客に狙撃され、二十二日未明に死亡する。黒幕は袁世凱、というのが定説になってきたが、近年は国民党内部の暗闘との見方も出ている。

事件により革命派との対立が先鋭化し、袁世凱は、地方の有力軍人を抱き込んでおきたいと考えたに違いない。三月三十一日、袁世凱は、「辺境の重要政策を話し合いたい」として、張作霖を中南海に招いた。袁は作霖を信用してはいないが、慎重に扱い、優遇するかたちはとる。京畿の北に位置する大省・奉天で最大の力を持つ作霖が離反すれば、北京はたちまち、背後からの脅威にさらされてしまうからだ。

張作霖にとっては、袁世凱との初の会見だった。清朝の皇帝に拝謁するかのように、床にぬかずき、三跪九叩《さんききゅうこう》の大礼を行った。

「もう民国の世だ。そんな礼はいらん」と大総統が言っても、張作霖は聞かない。豆戦車のような体型をした袁世凱は、かしこまる作霖に称賛の言葉を与えた。

「辛亥以来、東三省の情勢は危うく、張将軍の軍威があったからこそ、今日の安寧がある。今後も引き続き民の幸福のために尽くしてほしい。本大総統も厚い期待を寄せている」

「本大総統」は一人称だ。

張作霖は、「大局を維持し、治安を守るのは、軍人の天職であります。大総統の委託に背くことはありません」と答えた。革命派を弾圧してきた作霖には、袁世凱を支えるほかに選択肢はない。とはいえ、袁に生殺与奪の権を委ねたくもない。袁の権力基盤である北洋系に属さない師団長など、袁の都合次第で簡単に切られるだろう。作霖もまた、袁に対して慎重だった。

ただ、普通の人は、そんな事情は知らない。奉天に戻ると、張作霖の館は、以前にも増してにぎわった。新しい民国の元首・袁世凱と会見したという事実によって、作霖を見る人びとの目が、また変わっていた。

国民党を代表する孫文の頭の中心には、常に、革命がある。孫は日本人から金銭的な支援を受け、「日本だけが中国を理解でき、新中国の建設に協力できる。満洲を日本に提供するとしても、どうということはない」などと話していた。

革命派への圧力を強める袁世凱の挑発に乗るかのように、七月、江蘇、上海、安徽《あんき》、広東《カントン》、江西《こうせい》、湖《こ》南《なん》などで、国民党勢力が袁に反旗をひるがえした。「第二革命」と呼ばれる。だが、北洋軍はじめ袁麾下の軍勢はこれを蹴散らし、孫文は、またも日本に逃亡した。

辛亥革命ののろしが上がった十月十日は、二つの十が重なることから、双十節と呼ばれ、中華民国の革命記念日となった。一九一三年のこの日、革命派を一掃した袁世凱は、国会で正式に大総統に選出された。

一九一四年六月六日、張作霖はふたたび上京し、袁世凱と会見した。このとき、作霖は東三省の治安維持策を袁に陳述し、日本、ロシア両国が秘密裏に軍隊を入れないようにすると語った。独立を宣言した外モンゴルの背後にいるロシア、「満蒙独立運動」のような動きを見せる日本は、ともに深刻な脅威であった。

奉天は、袁世凱を元首とする中華民国の主権下にある。張作霖は、地元で最大の武力を擁する軍人として、奉天に覇を唱えようとしている。日本は、満鉄を運営し、強力な軍を駐屯させ、南満洲を勢力圏と見なしている。奉天には、民国中央政府、地元勢力、日本という三重の異なる力が作用していた。日本と袁世凱。強者の狭間に立つ張作霖にとって、日本とは、袁に対する一種の保険のような存在と言えた。北京が自らを脅かしたとき、作霖は日本を牽制材料とした。清朝が滅びようとしているころ、日本に接近を図った行為がそれだ。かといって、作霖には、日本に母屋を与える気も毛頭ない。日本が満洲侵食を強めようとする動きには、袁と結んで抵抗した。作霖は、摩擦はあっても、袁の能力、智力なくして中国の統一はないとも考えている。

袁世凱

日本では、ときどきの都合によって、擦り寄ったかと思うと、たちまち豹変して、冷淡になる張作霖に、不信感が募っていった。

八月、欧州で第一次大戦が勃発した。中華民国は局外中立を宣言した。同月二十三日、日本がドイツに宣戦布告し、中国におけるドイツの拠点・山東《さんとう》が戦場になるのは不可避となった。

ここで、張作霖に対する袁世凱の猜疑心がはっきり見える出来事があった。作霖を、内モンゴルに異動させようとしたのだ。名目は、一師団長から地方軍政長官への出世だが、袁は、奉天で日本と作霖が結託する事態を警戒したのだろう。

張作霖は、奉天という地盤を離れれば、自分の力など砂の城のように消えることを知っている。二十八日、作霖は陸軍総長（陸相）に電報を打ち、異動を拒否した。辛亥革命で北方の安定を守った功績を誇り、棄てられる功臣の不運を嘆いたうえで、「こんな籠絡策は、作霖には通じない」と告げた。激しい言葉である。第二十七師団が私家軍であるという事実が、作霖の強気を支えていた。

こうなると、袁世凱も無理押しはしない。

九月、日本軍が山東に上陸、二カ月後、青島《チンタオ》のドイツ軍が降伏した。欧州の大戦は遠い。列強の総力戦を横目に、無傷に近い日本は、満洲に続き、山東も勢力圏に入れようとしていた。日本製品は世界で飛ぶように売れはじめた。大戦景気で、中国の経済状況も上向いた。民族資本の成長の歯車も回りはじめている。

このころ、袁世凱は、皇帝の座に続く階段を、一段、一段と慎重に上っていた。冬至に当たる十二月二十三日、北京の天壇《てんだん》に登り、天に拝した。清朝皇帝が行ってきた祭天の儀式だ。天と民の間に立った袁は、その五日後、大総統選挙法を改正して大総統の任期を事実上、無制限にした。

だが、夢見心地の袁世凱は、突然、冷水を浴びせられる。一九一五年一月十八日、日本の大隈重信内閣は、駐華公使・日置益《ひおきえき》を通じて、袁に二十一カ条の要求を突きつけた。満洲での租借権延長、山東でドイツが持っていた利権の継承などからなり、とくに非公開の第五項七カ条は、中国政府における日本人顧問の雇用や、日本製兵器購入を要求するなど、中国の主権を侵害する内容であった。

「わが国を朝鮮のようにしようというものだ」と、袁世凱は思った。だが、生まれたばかりの中華民国には、日本と正面から戦う力はない。二十年前に日清戦争で惨敗して以来、中国人は、日本の強さを身に染みてわかっている。何しろ、ロシア軍さえ撃破したのだ。そのロシアとともに、日清戦争後、日本に遼東《りょうとう》半島返還を迫ったフランスやドイツも、本国が存亡の危機にあり、極東情勢どころではない。

袁世凱は、交渉に応じるしかなかった。情報の意図的漏洩や遅延戦術で、第五項取り下げなど、日本の要求を大幅に後退させたが、日本が最後通牒を発したのを機に、五月九日、要求を受諾した。

以後、関連条約が相次いで調印され、日本がもっとも懸念していた旅順・大連などの租借期限は、もともとの一九二三年から、香港返還期限と同じ年に当たる一九九七年まで延長された。南満洲鉄道の返還期限は二〇〇二年となった。「商租権」なる権利も認められ、条約の文面上は、南満洲で、日本人は、自由に経済活動を行えるようになったかに見えた。(6)

だが、袁世凱も張作霖も、日本の思うがままに侵食を許すつもりはない。二十一カ条要求受諾直前、張作霖は北京の総統府に、「交渉が決裂したら、全部隊を率いて、日寇を駆逐する。さもなくば、一死をもって国に殉じる」との電文を送っている。

受諾後、袁世凱は張作霖に、ドイツ製兵器を与える一方、政府の許可なく日本人に土地を売った者を死罪とするよう命じたという。作霖は、「この張作霖があれば、日本人は寸土の土地さえ手に入れることはできない」と公言していた。

七月二十六日、袁世凱は、中南海で、またも張作霖と会見した。このとき、時局の焦点は、袁の王朝ができるかどうかにあった。袁は、有力な地方の武人を北京に招いては、共和政治についてどう思うかと質し、帝政への支持を暗に求めていた。

今度の会見場所は、西太后が建てた二階建ての壮麗な洋館、居仁堂《きょじんどう》だった。袁世凱の三女・袁静雪《えんせいせつ》（淑禎《しゅくてい》）の回想がある。

父はずっと居仁堂に住んでいた。彼の執務室は、居仁堂の東側の大きな部屋に置かれた。階下の西側は接客室、会議室、食堂がある。前庭には「大円鏡中」と呼ばれる棟があり、ここも接客の場となっていた。どこで会うかは、客の身分、彼との関係による。たとえば、一般の客なら大円鏡中であり、よく知った人なら居仁堂の西。もっとも親しい人は、執務室の中だった。

しかし、張作霖は例外だった。当時、第二十七師団長で、彼の身分、父との関係からすると、大円鏡中での会見しかあり得ない。しかし、父は彼を優遇しているとの意思を示すため、慣例を破って、執務室で接見した。

当時、執務室には、宝物の棚が置いてあった。その中には骨董品があり、絹ビロードの箱には、金の腕時計四個が入っていた。どの時計の縁にも、玉《ぎょく》が巡らされ、裏面は琺瑯《ほうろう》で、非常に精緻な作りのものだった。父と張作霖はソファに座って話をしていたが、張作霖はふと、すぐ近くにある時計に視線を移していた。父は、彼がこの時計が気に入ったのを見て取り、その場であげてしまった。父は張作霖を送った後、笑顔で上がってきて、時計をあげた経緯を説明し、笑いながら私たちに言った。「ほんとにまだ世間知らずだな。気に入ったようだから、あげたんだ」。そう言うと、大笑いした。

袁静雪の記憶とは違い、袁世凱が渡したのは、持っていた懐中時計だったとする史書が多い。張作霖には、京畿軍警執法処長の雷震春《らいしんしゅん》が付き添っていた。雷は「大総統の贈り物を受け取らないわけにはいかないぞ」と話し、戸惑う作霖に時計を受け取らせた。作霖は、それをポケットに入れた。

「雷震春とは、どんな関係か」

袁世凱が愉快げに問うと、張作霖は「私のかつての総統にございます」と真面目に答えた。清代、東三省に「総統」と呼ばれる軍指揮官ポストがあった。

雷震春は慌てて、「今の総統は、昔の総統とは違うのだ。今の総統は皇帝と同じだ」とたしなめる。

「田舎者でして」と、張作霖は弁解した。

張作霖は、袁世凱に自分がいかに愚かであるかを見せつけようとしたとも言われる。

会見の始めには、張作霖は相変わらず、清朝式の大礼を行い、床に額を擦りつけた。前日には、北京の高級遊郭街の一角を奉天一行が借り切って派手に遊び、作霖は一夜のうちに野卑な笑いの対象になった。

中国の官界にあっては、最高実力者に自らの無能を示す行為は、反逆心、あるいは野心がないという服従のメッセージともなる。張作霖は、北京の要路に金もまいたという。

八月、総統府顧問となっていた米コロンビア大学の法学院長フランク・グッドナウが、中国の現状では共和制は難しいとの学術論文を執筆し、続いて、君主立憲論者の楊度《ようたく》ら名だたる知識人が、グッドナウ論文を利用して君主制推進団体・籌安会《ちゅうあんかい》を組織した。帝政への重要な一歩だ。

袁世凱は、八月二十二日、腹心の湖北将軍・段芝貴《だんしき》を奉天に、奉天の張錫鑾を湖北に持っていく交換人事を行った。

段芝貴の父・段有恒《だんゆうこう》は、張作霖がかつて清朝に召し抱えられた際、保証人になった一人だった。こうした恩に逆らうことは、道義的に難しい。しかも、段芝貴は、袁世凱の側近中の側近である。日本留学組で、新建陸軍講武堂教官を務めた。四十六歳と若く、これからどこまで昇進するか予測もつかない。段の人事は、作霖に対する押さえでもあった。

段芝貴は九月、奉天に到着すると、第二十七師団司令部を宿所とし、張作霖への信頼を行動で示した。余裕とも言える。袁世凱帝国の重臣の座が見えている段は、作霖と奉天内の権力を争うつもりなどない。関心はもっぱら、帝政実現だ。段は同月、全国十九の将軍、護軍使のまとめ役となって、袁に対し、皇帝に即位するよう促す密電を発した。

張作霖も、帝政推進の電文を北京に送った。

「関外に異議を唱える者があれば、作霖は一身をもってこれに当たる。関内に反対する者があれば、兵を率いてこれを平らげる」

十月、京城《けいじょう》(現在のソウル)で、日韓併合五周年を記念した物産博覧会が開かれ、張作霖は、多忙な段芝貴の代理として式典に出席した。作霖は、朝鮮総督の寺内正毅と会談し、中日親善を説いた。作霖は、日本とじかに接するときには、愛嬌を見せる。

十二月十一日、袁世凱は、議会に相当する参政院から、中華帝国皇帝に推戴された。

二十一日、袁世凱は、軍人ら百二十八人に爵位を与えた。上から、公爵、侯爵、伯爵、子爵、男爵に分かれ、それがさらに一、二等に分かれる。

最高の一等公爵には、馮国璋、段芝貴、張勳《ちょうくん》ら、袁世凱に近い錚々たる軍人が居並んでいる。ただ、「北洋の虎」段祺瑞の名はない。帝政に反対し、失脚したのだ。

袁世凱は、第二十七師団長の張作霖にも、二等子爵の位を与えた。中将師団長であれば、通常、軽車都尉という位である。袁は、籠絡するつもりで作霖を子爵にした。

ところが、張作霖は露骨に不満を示した。帝政に尽くしたにもかかわらず報われなかったとして、その日のうちに休暇願いを出し、家の門を閉ざしてしまった。段芝貴は驚いて作霖を訪ねたが、出てこない。

十二月二十五日、皇帝・袁世凱は、新年より「洪憲《こうけん》」と改元すると表明した。だが、同じ日、西南に位置する雲南《うんなん》が独立を宣言した。北京で袁を補佐してきた元革命派の将軍・蔡鍔《さいがく》が北京を脱出して古巣の雲南に戻り、中華帝国に反旗をひるがえしたのである。

張作霖を育ててきた乱世は、ますますその流れを速めていく。

第四章　奉天を手中に

段芝貴追放

皇帝・袁世凱の御代となる洪憲《こうけん》元年、西暦で言えば一九一六年は、新年から戦乱とともに進行している。中国大陸の西南の一隅、雲南《うんなん》で兵を挙げた蔡鍔《さいがく》は、北洋軍相手に善戦していた。

春節（旧正月）が明けて間もない二月十二日、張作霖はまたも北京に呼ばれた。ブレーンの袁金鎧《えんきんがい》は、出発前の作霖に、「人びとはすでに袁世凱から離れ、退任も間もないでしょう」と、皇帝の没落を予言した。さらに、「英雄豪傑たる者、時流に乗り、機に応じて対処するものです」と言い聞かせた。つまりは、袁世凱の命令を簡単に受けるな、情勢を見ろということだ。

張作霖が中南海の総統府に行くと、今回も執務室に通された。一年前、その短軀に気魄をみなぎらせ、作霖に時計を与えた大総統・袁世凱の強烈な印象は、そのまま残っている。だが、今度はどうだ。皇帝が現れたときの模様について、史書は「張作霖は一目見て、内心驚いた。十歳も老けたように見えた」と記している。袁の顔は、憔悴で黒ずんでいた。

袁世凱が、対座する張作霖に求めた。

「湖南《こなん》に入ってくれないか」

割り当てた兵力は二個旅団だ。第二十七師団の主力が向かうしかない。張作霖は即座に承諾の意を示したが、一つ条件をつけた。

「わが師団の装備は、非常に劣っております。武器弾薬を補充していただければ、直ちに関内に入ります」

袁世凱は、武器を与えると約束した。張作霖は、一カ月以上、北京に滞在し、武器調達のために関係先を駆け回った。この間、事態は大きく動いた。

二月二十三日、袁世凱は、戦乱を理由に、すでに施行している帝政を延期すると発表した。三月十五日には、南方の雄、広西《こうせい》軍政長官の陸栄廷《りくえいてい》が独立を宣言、袁の中央政府と関係を絶った。広西が立てば、広東《カントン》ものまれるだろう。雲南で火の手が上がった兵乱は、広西の独立によって、国を二分する戦いの様相を呈した。袁金鎧の言葉どおりではないか。

張作霖は、奉天に戻ってからはそこを動こうとせず、何かと理由をつけては南征を引き延ばした。この状況で袁世凱の命に盲従し、のこのこと南征に出かける武人はいないだろう。

袁世凱の危機が誰の目にも明らかになる中、日本の大隈重信内閣は、三月七日、南軍を交戦団体として承認する閣議決定を行い、反袁の方針を露骨に示した。決定は、「帝国の執るべき方針」として、優越な勢力を中国に確立し、中国人にその力を自覚させることで日中親善の基礎を作る、とした。袁世凱については、誰が取って代わっても、日本にとって有利になることは疑いない、という。さらに、中国人の袁排斥活動に同情し、金品を融通しようとする日本の民間有志者の行為を黙認することにした。

遼東半島先端部の関東州を統治する関東都督府の都督・中村覚《さとる》は、日露戦争の旅順攻囲戦において、

「白襷隊《しろだすき》」の隊長だったことで知られる。中村は、この閣議決定を根拠に、在満の関係当局に対し、排袁を目的とする邦人の取り締まりに「手心」を加えるよう要望した。手心――いかようにも解釈できる言葉だ。戦前の日本の公文書には、この類の不明瞭な表現がよくある。必然的に、指示した者、された者の責任は、いずれも曖昧になる。

　中村の要望は、具体的な謀略を念頭に置いていた。のちに「第二次満蒙独立運動」と呼ばれる武装蜂起計画である。内モンゴルの騎馬隊の首領パプチャップ（巴布札布）[1]を支援し、清朝の復活を望む宗社《そうしゃ》党《とう》と合流させたかたちでの独立をめざすという。無残な失敗に終わった「第一次独立運動」と基本構想は、変わらない。計画には、都督府のほか、満洲にいた陸軍予備将校や、川島浪速《なにわ》をはじめとする大陸浪人らが参画していた。大倉財閥の総帥・大倉喜八郎は宗社党に資金を援助した。そのほか、革命計画を売り込む者、革命援助を名目に資金をせびる者など有象無象がうごめいていた。

　一方で、「武装蜂起は荒唐無稽」と反対するグループもあった。外相・石井菊次郎、奉天総領事代理の矢田七太郎、安東《あんとう》領事・吉田茂ら外務省勢力を中心にしており、彼らの多くは、奉天の実権奪取を図っている張作霖を支援して満蒙独立を図るほうが現実的であると見なしていた。満洲駐屯の第十七師団も、蜂起には反対している。東京の参謀本部次長・田中義一は、当初、武装蜂起を支持していたが、途中から張作霖支援案に転じた。

　日本の謀略が進行している。しかも、それは二つに割れていた。

　三月二十一日、直隷《ちょくれい》省から中南海に密告があった。袁世凱麾下で最大の兵力を持つ南京の馮国璋《ひょうこくしょう》ら五人の将軍が、帝政取り消し要求への同意を求める密電を各地の将軍に送ってきたという。雲南の蔡鍔、広西の陸栄廷に続く馮国璋の離反は、ふらつく袁にとっては、致命的だった。自らの基盤である「北洋」が大分裂したことを意味した。

翌二十二日、袁世凱は帝政を廃止すると発表した。洪憲の世は、わずか八十三日間で終わり、袁は大総統に戻った。北京郊外の西山《せいさん》に蟄居していた段祺瑞《だんきずい》が国政に呼び戻された。

時局が流動化している。四月七日、張作霖は満鉄関係者に、前日起きた広東独立に言及しつつ、「日本のご助力を請うことがあるかもしれない」とこぼした。この発言は、奉天総領事館から、直ちに東京に打電された。

外相・石井菊次郎は二日後、総領事館に対し、張作霖と密接な接触を保ち、日本に頼る以外に道はないと思わせるようにせよ、との指示を出した。

田中義一が関東都督府参謀長宛てに発信した電文は、さらに露骨だ。

張作霖の意ようやく動けるもののごとし。この際、日本の真意をほのめかし、彼をして独立せしむること捷径《しょうけい》（近道）にして、かつ穏当なりと信ず。よって貴官は、張と会見し、貴官の意見として彼の決起を慫慂《しょうよう》（勧めること）すべし。その際、張自身の安全を保障するはもちろん、兵器弾薬および軍資金供給に関しても尽力を辞せざる旨を言明して差し支えなし。ただ、袁に密告せらるることあるべきを予期し、少なくとも張自身の発意によるごとく表面を繕いうる余地を存すべし。

もっとも、関東都督府は、武装蜂起による満蒙独立をめざしており、田中の訓令を実行しなかった。「張作霖は人物が信頼できず、万一の場合、寝返りの恐れがある」「独立しても、日本が決定的な力を掌握できない恐れがある」などと、あれこれ理由を挙げては、作霖への支援に消極的な態度をとっていた。

張作霖は、袁金鎧や、日本人と頻繁に接触していた日本通の側近、于冲漢《うちゅうかん》を通じて、日本側の動きを知っている。日本人には、奉天独立について、「しばらく南方の模様を見なければ、何とも判断がつきません。ここ二、三カ月の間には南の形勢が定まるでしょう。要するにその時のことです」と、のらりくらり語り、言質を与えないようにしていた。

中央の力が衰えると、自身の軍事力を持たないまま地方に来た落下傘指導者など、一気に権威を失う。権力を奪おうとする現地軍人たちの舌なめずりが聞こえてくる。奉天軍政長官の段芝貴《だんしき》がまさにその状況にあった。しかも段は、非難ごうごうたる帝政の旗振り役であり、責任追及におびえていた。

現地軍人——張作霖と馮徳麟《ひょうとくりん》は、緑林《りょくりん》流の狡猾な芝居を打った。段芝貴をスムーズに追い出すために、一人が、震える帝政の失敗者を追い詰め、もう一人がかばう役を演じて北京に「逃がしてやる」のである。馮は、自分が段芝貴を圧迫し、作霖が段を逃がす算段を持ちかけた。帝政反対は、時流の中では正義だった。馮はそれを計算に入れていたに違いない。ただ、現実の権力は、まだ袁世凱が握っている。どちらの役が得になるかは、その時点ではわからない。作霖は、馮の提案に乗った。

張作霖と馮徳麟は、密議をまとめると、動き出した。始まりは、腐敗の告発だった。作霖の指示のもと、奉天の役人たちが段芝貴の帳簿を洗い出し、数百万元の不正があったという情報を流した。やはり作霖の息がかかった地元議員や経済人が騒ぎ出す。「奉天は、奉天人が治める」とのスローガンも、いたるところで声高に唱えられ、段を心理的に追い詰めた。

ある夜、奉天に銃声が響いた。張作霖は段芝貴のもとに使いを送り、馮徳麟の第二十八師団の部隊が、段懲罰を求めていると伝えた。どうすればいいかと訊いてきた段に、作霖は「私には止められません」と答えた。

相手が絶望したところで、脱出口を一つ開けてやる。「お逃げください」と張作霖が告げると、恐怖にわしづかみにされていた段芝貴は、一も二もなく承知した。北京政府に至急電を打ち、病気療養の名目で奉天を離れる許可を得た。銀行から二百万元を下ろし、護衛部隊の武器もそろえた。専用列車を用意させた。慌ただしい出発は、四月十九日の午後一時だった。

張作霖はホームまで段芝貴を見送り、段父子に多くの贈り物をした。「早いお戻りをお待ちしております」と付け加えるのも忘れなかった。

専用列車には、モンゴル兵との激闘以来、張作霖が全幅の信頼を置く旅団長・孫烈臣《そんれっしん》が、配下の兵とともに乗り込み、段芝貴の護衛に当たった。奉天を出た列車は、馮徳麟の地盤である遼西・北鎮の溝幇子《こうほうし》の駅で強制停車させられた。第二十八師団の部隊が戦闘態勢をとって待ち構えていたのだ。

段芝貴の顔が蒼白になり、孫烈臣に助けを求めた。孫は、「将軍」、と段の顔を見た。

「私がいれば、誰も乱入してはこれません。しばらく待っていてください。事情を訊いてきます」

孫烈臣は、衛兵らに「将軍をお守りせよ」と言い残して、列車を降りた。

緊張した顔もそこまでだ。孫烈臣が向かった先は駅前の茶店だった。孫は移動の疲れを茶で癒やし、ゆっくり飲み終えると、またこわばった顔をつくって列車に戻った。

「まずいことになりました」

何があった、と慌てて問い直す段芝貴に、孫烈臣は答えた。

「奉天の各界が騒いでおります。列車を奉天に戻せ、と。張作霖師団長と各界が話し合って、列車は戻さないということになりました。しかし、公金と武器は置いていっていただかなくてはなりません」

段芝貴はためらった。そのとき、外で銃声が響き、段は縮み上がった。

「持って行け、全部持って行け」

金と武器を下ろし、段芝貴は、まさに身ぐるみはがされたかたちで北京に逃げ去った。

わずか三日後の四月二十二日、袁世凱は、段芝貴の進言によって、張作霖を奉天軍政長官（督軍《とくぐん》）に任命した。聡明な袁は、作霖の野心を見て取っていた。だが、ここで奉天まで敵に回してしまえば、文字どおり四面楚歌に陥ってしまう。

「畜生め、雨亭《うてい》の小僧が」

読みを誤った馮徳麟は、軍政長官の座をあっさり手に入れた張作霖に怒りをぶつけた。馮は、副長官ポストに任命された。このとき、馮は五十歳前後、作霖は四十一歳である。このまま落ち着けば、もう逆転の目はない。

軍装の張作霖

張作霖は、長官ながら、自ら馮徳麟を訪ね、恭しく語りかけた。

「作霖の今日があるのは、すべて兄貴や兄弟たちのおかげです」

馮徳麟は不快げに吐き捨てる。

「おまえはいまや長官。おれはくそったれの副長官だ。やってられるか」

張作霖は慌てて弁解する。

「私は二度も辞退したのです。でも、上が聞かなかった」

馮徳麟はこれを聞くと、「わかった」と

言って、二つの要求を出した。

一、副長官署を別に設けよ。

一、組織編成と予算は長官署と同等にせよ。

副長官を長官と同格に扱えという要求であり、到底受け入れられるものではない。二つの頭ができ、奉天の秩序は崩壊する。

張作霖は袁世凱に裁定を頼んだ。袁は、副長官公署は設けないが、毎月十五万元を支給することにした。馮徳麟は裁定を蹴り、憤然として遼西に去った。

五月二十二日、馮徳麟がふたたび奉天に戻ってきた。今度は、第二十八師団の歩兵、騎兵、砲兵計五個大隊という大部隊を率いている。奉天は緊張した。

馮徳麟は、奉天城の南にある第二十八師団事務所に入った。張作霖はすぐに挨拶に出向き、その夜、督軍府での宴会に馮を招いた。ところが、馮は、返礼の挨拶にも行かず、招宴にも応じなかった。そればかりか、第二十八師団の航空隊編制のためとして五十万元の支出を求め、袁世凱には七個大隊の増設を要求した。言いたい放題である。作霖は屈辱をかみ殺し、酒食と女を第二十八師団事務所に届けた。

五月二十七日、関東都督・中村覚が奉天を訪問した。よく晴れた日だったという。張作霖はロシア式馬車五台を連ね、満鉄奉天駅に出迎えに行った。帰路、小西門《しょうせいもん》に差しかかったところで、近くの酒楼から一人の男が走り出し、車列に突っ込んだ。次の瞬間、爆発が起こった。

張作霖は後続の馬車に乗っていた。小柄な作霖は、衛兵の上着を引っ掛け、馬に乗り換えた。元騎兵だ。動きは速い。護衛兵とともに風のように走る。大西門《だいせいもん》でふたたび爆発物を投げつけられるが、これもかわした。

張作霖は帥府に駆け込んだ。馬の後ろ脚から出血している。緊急事態の発生を知った衛兵隊が、慌ただしく機関銃を門に据えた。ややあって、奉天駅に同行した湯玉麟《とうぎょくりん》が帥府に走り込み、騎馬隊長に問うた。

「七爺《チーイエ》は帰ったか？　けがはないか」

七爺とは、義兄弟の七番目、張作霖を指す。

「たった今、お戻りになりました。おけがはありません」

無事を聞いて、湯玉麟は屋内に入る。張作霖は顔を洗って着替えをしているところだった。

「誰がやったんだ。捕まえたか」

張作霖の問いに、湯玉麟は「一人が死んで、一人が逃げました」と答えた。そこに、衛兵が入ってきた。日本の奉天総領事代理・矢田七太郎が面会に来たという。

「ずいぶん早いな」

張作霖はそう言って、一階の接客ホールに向かった。

矢田は「驚かれたでしょう」と硬い笑顔を見せる。この総領事代理は、張作霖を支援して満蒙独立をめざすよう主張している。作霖は何ごともなかったように笑った。

「小さいこと、小さいこと。何でもありません。お見舞いに来ていただき、誠にかたじけない」

車列に走り込んで爆死した実行犯は、中国人の平服を着ていたが、足の指の形で下駄を履く習慣があることが一目でわかった。報告を受けた張作霖は、「もういい。足の形だけで誰か判断できない」と言った。日本と事を構えたくなかった。

日本側は、死んだ男を特定した。二十五歳の予備少尉、三村豊だった。武装蜂起で満蒙独立を図る一派に属し、張作霖を邪魔な存在と見なしていた。

奉天の軍政長官になってわずか一カ月余で、張作霖は、そこを勢力圏とする日本がいかに危険な存在か、身をもって知った。

日本の迷走

六月六日午前、袁世凱が、尿毒症のため中南海で死去した。満五十六歳だった。清朝を静かに倒した北洋の巨人は、皇帝の座に上り、転落し、孤独に死んだ。

午後、袁世凱の訃報は全国に打電された。北京の外交部（外務省）が、奉天の対外担当部門に送った電文は簡潔だ。


本日六日巳の刻、大総統は病により薨逝《こうせい》せられた。遺令を奉じ、約法《やくほう》に従い、副総統の黎元洪《れいげんこう》が大総統の職権を代行する。


この日、張作霖は、またも部隊を率いて奉天省城に戻ってきた第二十八師団長・馮徳麟への対応に追われていた。袁世凱宛てに辞職願いを打電した後、その訃報が届いたとも言われる。

調停者の死に、張作霖は焦る。馮徳麟との衝突に備え、長官署の裏庭に砲を据え、第二十八師団の事務所に照準を合わせた。

失策だった。張作霖を圧迫する口実を探していた馮徳麟は、大砲の情報を得るや、人を派遣して、ここそとばかりに抗議した。

張作霖は、呉俊陞《ごしゅんしょう》を使者に立て、馮徳麟に詫びた。勢いづいた馮は四つの条件を示した。

一、直ちに砲を撤去して首謀者を罰せよ。
二、人材登用では必ずわが同意を得よ。
三、奉天軍政の費用は予算の範囲内とせよ。
四、張作霖は第二十七師団の大隊長以上全員とともに、わが師団事務所に来て謝罪せよ。

二と三は、砲の設置とは直接関係のない政治的な要求だ。呉俊陞が戻って口ごもりながら張作霖に報告すると、作霖は、なんと、笑顔になった。そしてあっさり言う。

「よし、全部言うとおりにしよう」

馮徳麟の条件が、民政長官ポストの要求などとは違い、奉天に二つの権力をもたらすものではなく、牽制効果を持つにすぎないことを瞬時に見て取ったのだ。張作霖は大隊長以上を引き連れて、第二十八師団事務所に向かった。

不意を打たれたのは馮徳麟だ。馮も師団事務所にいた全員を並べて出迎えるという滑稽劇を演じる羽目になった。張作霖は鄭重に詫びた。

「小弟の部下に対する指導がよくありませんでした。兄を怒らせてしまいました」

詫びることで、馮徳麟の度量を問うている。馮は「なーに」と許すしかなくなり、二人はその後、麻雀に興じた。

カードを切り間違え、駆け引きに失敗した馮徳麟は、本拠地に戻った後、張作霖が任命した警察幹部をのきなみ逮捕し、作霖に金を払ってポストを得たと吐かせた。口をつぐんだ者には拷問を加えた。馮は、その供述を証拠として、張作霖の不正を北京に告発した。

だが、袁世凱の死後、中央で新総統・黎元洪以上の力と権威を持っていた人物は、これを黙殺した。国務総理・段祺瑞である。

袁世凱の死去に、日本政府も慌てた。在奉天日本総領事館は、まずいことになるのではないか、という不安の中で半旗を掲げた。「反袁」を名目に進んでいた二つの満蒙独立計画は、個々の思惑がからまり合って一種の空気の中で動いており、簡単には止まらない。

七月一日、懸念が現実のものとなる。内モンゴルのパプチャップが、騎兵約三千を率いて挙兵、奉天をめざし、南に進撃しはじめたのだ。奉天になだれ込んで混乱を引き起こし、満蒙独立をねらうという。

部隊には、予備騎兵大尉の青柳勝敏ら、武装蜂起派の日本人も加わっている。ロシアの中東鉄道（東清鉄道）を使って、日本人が手荷物で重い弾薬を運ぶなど、児戯のごとき兵站作業も進められてきた。四月末には、ハルビン駅で、十四個の手荷物を重そうに運ぶ日本人三人がロシア憲兵にアヘン密輸を疑われて検査され、弾薬が発見されるという失態も演じている。

張作霖は、呉俊陞の部隊を迎撃に向かわせた。第二十八師団の部隊も加わる。

七月二十四日、パプチャップ軍は、洮南《とうなん》の西に位置する突泉《とっせん》県城を占領した。しかし、故郷の大草原を守る遊撃戦ならまだしも、モンゴル騎兵が奉天省城という大都市をめざす軍事行動には、どう考えても無理があった。しかも、兵站の用意はなく、略奪軍と化している。二日後、呉俊陞軍にたたかれ、突泉を追われた。

八月一日、参謀次長・田中義一が、関東都督府参謀長に対し、挙兵計画から手を引けと指示する密電を送った。だが、現地の反発は強い。同じ日、計画の根拠地となっていた大連の市長・石本鏆太郎は、長春の鉄道付属地で日本総領事館が挙兵用の武器弾薬を押収したとして、外務省に激しく抗議している。

多年の苦心と多額の出費は水泡に帰せしのみならず、かつてご承諾に基づき計画したる大事件を根本より破壊するに至れり。

今さら何だ、と言わんばかりの剣幕である。

このころ、満洲における日本の行動は、混迷を極めている。

第一次大戦の渦中にある欧州列強は、中国を顧みる余裕などない。日本に強く抵抗してきた袁世凱も死んだ。日本の官民には、日露戦争で勢力圏とした南満洲は、すでに日本の植民地も同然というような錯覚があったに違いない。

張作霖暗殺未遂、パプチャップの蜂起に続き、またも日本がらみの大事件が起こる。

鄭家屯《ていかとん》事件だ。八月十三日午後三時半ごろ、鄭家屯の魚野菜市場で、近くに住む二十七歳の薬・質店員、吉本喜代吉が、第二十八師団の兵士に殴られた。吉本は、不意に肩がぶつかったためと説明した。中国側は、吉本が少年から法外な安値で魚を買いたたこうとして断られ、少年を殴り、これを見とがめた兵士との間でトラブルになったと主張する。

殴られた吉本は、日本総領事館の出張所に勤務する巡査・河瀬松太郎のもとに駆け込んだ。河瀬は、抜刀して第二十八師団の連隊司令部に乗り込み、連隊長に面会を求めた。当然、中国軍は相手にしない。河瀬は、日本の鉄道守備隊に加勢を求め、中尉・松尾彦治以下、二十余名が中国軍連隊司令部に派遣された。松尾は乗馬のまま、ほかの兵は小銃に着剣して兵営に入り、連隊長への面会を要求した。そこで衝突が発生した。日本側文書には、同行した巡査の河瀬が抜刀し、「撃つなら撃て」と叫んだときに銃撃が始まった、と書いてある。西原亀三(2)がのちに記した「鄭家屯事件の真相」という文書には、応対に出た中国軍曹長《そうちょう》の右手を松尾が軍刀で切断したとある。中国側も、日本側が刀で衛兵を傷つけたと報告している。

激しい銃撃戦となり、日本側は、巡査の河瀬を含む実に十一人が死亡した。中国側も四人が死んだ。日本側は、鄭家屯に部隊を進駐させ、中国政府に対して、第二十八師団長の謝罪、責任者の処罰などを求めた。この際とばかりに、南満洲、内モンゴルへの日本警官駐在など国家主権にからむ政治要求も突きつけた。中国側は結局、主権にかかわる求めには応じず、責任者の処罰などは受け入れた。最終合意に基づいて、翌年、張作霖も奉天の日本総領事館に赴き、正式に謝罪の意を表明した。国力の差を映し出した決着だった。

パプチャップの騎兵部隊は、鄭家屯事件とほぼ同じころ、長春と四平《しへい》の間、満鉄沿線にある梨樹《りじゅ》県郭《かく》家店《かてん》に逃げ込んだ。

西原亀三は記す。

到着するや、満鉄付属地外における民家を襲い、略奪をほしいままにし、ことに二日間にわたりて、その民家を焼尽するの暴行をあえてせり。帝国官憲は、彼らが付属地に侵入して陣営せるに対し、これを退散せしめんと欲すといえども、もともとその慫慂《しょうよう》（勧め）に基づきて殺到せるものなるにより、その処置については、ほとんど当惑せり。

日本政府には、水面下で支援してきた武装蜂起計画が失敗した場合に取るべき、まともな対処計画などなかったのだろう。軍人、当局者を含む日本人の独立運動参画者に対して、次の方針を指示した。川島浪速らを説得してパプチャップの部隊を解散させ、内モンゴルに撤収させる。その際、パプチャップには小銃や野砲を供与する。同時に、日本政府が関係していることが絶対に露見しないよう注意する——。

大言壮語と中国蔑視から発したような陰謀で兵を動かした者たちは、自ら支援した外国の武装集団に国家の兵器を与えることで事態を丸く収め、事件からこっそり手を引こうとしていた。

満洲の関東都督府参謀長・西川虎次郎は、張作霖に対し、モンゴル部隊と休戦し、その退避を認めよう勧告していた。だが、あまりに虫のいい話だろう。もともとこの部隊は、奉天の作霖を覆し、満蒙に独立国を築こうとする目的をもって蜂起している。交戦を続け、日本の武器で戦力を増強している。略奪も繰り返していた。作霖にすれば、この集団と「休戦」する理由などどこにもない。日本の動きに神経を使いつつ、第二十七師団の張景恵《ちょうけいけい》の連隊に討伐を命じた。

八月三十日、川島浪速は郭家店でパプチャップと会見し、挙兵の中止を告げた。

九月二日、武器弾薬を得たパプチャップは、郭家店を出て、内モンゴルへの帰途についた。日本軍部隊が監視名目で同行した。

翌三日、東遼河《とうりょうが》の渡河点となった朝陽坡《ちょうようは》で、モンゴル部隊と、張作霖軍が衝突した。

十月七日、はるか西方に移動したパプチャップは熱河《ねっか》・林西《りんせい》を攻撃、現地部隊との交戦中に、弾に当たって戦死した。部隊は四散した。

県知事が戦闘に際して発した至急電には、こう書かれていたという。

匪賊の中には日本人が非常に多い。状況からみて、確実に匪賊を支援している。

第二次満蒙独立運動と呼ばれる陰謀は、無残な失敗に終わった。

中国駐在公使の林権助は、九月六日、外相・石井菊次郎に極秘電を送った。鄭家屯事件と第二次満蒙独立運動の本質は、この文章の中にある。この後の歴史の流れを予見するかのような、暗く、正確な文面である。(3)

まずは鄭家屯事件だ。

事件の起こりは、……要するに単純なる一の民事事件に過ぎず、しかるに河瀬巡査が……当該地方官憲に交渉することをなさず、直接軍隊に向かいて談判を試みんとし、あまつさえその行動のすこぶる常軌を逸したるものあるがごとき、また出先軍隊が巡査の請求に応じ、さほど事態の切迫しおらざりしにかかわらず、何ら上司の訓令をも請わるることなく軽々しく国家の兵力を動かし、ひいて（は）不幸なるこの大衝突を惹起し、終いには自ら守るに堪えざるがごとき危険なる事態を現出し、大部隊の出兵を余儀なくせしめたるは、その当初において行動の甚だしく軽率に失し、すこぶる用意の慎重と周到とを欠きたるはいうまでもなく、その責任決して軽しとは認められず。ことに本使（林）の最も不審に堪えざるは、わが外務省巡査がかかる場合において何ら出兵を要求しうるの権限なきにかかわらず、守備隊長が軽々しくこれに応じたる点にして、平生わが陸軍当局は在満洲出先軍隊に対し、かかる行動の自由を許容しおらるる次第なりや、本使は将来において重要関係ある事柄につき、一応わが陸軍当局の意見承知しおくの必要あり……

第二次満蒙独立事件については、日本兵の「監視兵」が同行していることを批判したうえで、こう書いた。

本使（林）の最も意外に堪えざるは、満洲における宗社党の秘密計画は、さきに帝国政府より無事解散に決したる旨の報告に接したる矢先、川島らのこの行動は我が政府承認の下に行われし次第なりや。もしくは彼らが勝手に行動を開始し、満洲わが官憲において事前にこれを阻止しうるの機会なかりし次第なりや。……我が政府規定の方針が、単純なる軍人の不謹慎なる言動と、放漫にして極めて危険なる軍事行動の自由とにより破壊さるるがごときは、本使の痛惜おくあたわざる所なり。したがって今後の対中外交に関し、満洲その他におけるわが軍事当局の行動は、厳にその本分の職責と条規を逸することなきよう十分にご注意あるの必要あるべく……

林の意見が無力であったことは、その後の歴史が証明した。

パプチャップの戦死とほぼ時を同じくして、日本の大隈重信内閣が総辞職した。この内閣は、第一次大戦によって日本が労せずして東アジアで圧倒的な強者の地位に立ったとき、中国に二十一カ条の要求を突きつけ、中国国民の反日感情に火をつけた。袁世凱打倒を実質的に支援するというかたちで、中国の内政に露骨に干渉し、現地軍の勝手な行動も黙認した。日本の未来に対する罪はあまりに大きかった。

大隈の後任首相となったのは寺内正毅だった。寺内が朝鮮総督だったころ、張作霖は京城《けいじょう》（現ソウル）で一度面会したことがある。
寺内の登場を張作霖は大いに喜び、日本人顧問の菊池武夫にこう語ったという。

私は、満洲において日本が有する特殊な地位について、十分理解している。日本が満蒙を開発することに対しては、歓迎の立場をとっている。

張作霖は、日本に直接相対するときは友人の顔をする。往々にして口約束であるため、日本側の信頼は薄い。ただ、寺内内閣の発足を歓迎したのは確かだろう。寺内の政策以前に、大隈内閣時の日本は、作霖にとってあまりに危険すぎた。


鄭家屯事件が起こる直前の八月八日、張作霖の長男、張学良《ちょうがくりょう》が結婚した。花嫁は于鳳至《うほうし》という。鄭家屯の商家の娘だった。

日中が衝突した事件とは関係ない。縁談は、張作霖がモンゴル兵と戦うために、兵を率いて洮南《とうなん》、鄭家屯に滞在していた遠い日々にさかのぼる。

当時、鄭家屯での張作霖の宿舎は、「長聚豊《ちょうしゅうほう》」という穀物問屋で、主の于文斗《うぶんとう》は現地商会の会長も務めていた。于は、遼西で匪賊を討伐してきた作霖が滞在するとの打診を受けたとき、「願ってもないことです」と応じた。

砂漠で戦う張作霖が窮地に陥ったと知り、于文斗が呉俊陞に救援を求めたこともある。

ある日、張作霖と于文斗が四方山話をしていると、一人の愛くるしい少女が本を持ってきて、于に尋ねた。

「お父さん、これどういう意味？」

娘は鳳至といった。鳳至。なんと縁起のいい名前か。鳳凰、至る、だ。張作霖は、占い師に見てもらって、その運気の良さを確認すると、すぐに長男・張学良との縁談を申し入れ、話は決まった。

あの日から、はや八年ほどの歳月がたっていた。張学良は十五歳、于鳳至は十九歳になっている。花嫁は早婚とは言えない年齢だ。張作霖家では、子女の婚姻については作霖が決める。結婚する本人であっても、異論は許されない。

婚礼は、鄭家屯の呉俊陞宅で行われた。于文斗は、妻にそっと語りかけたという。

「張家は情義を重んじる。われわれみたいな者でも大事にしてくれる」

妻は「私は安心しております」と答えた。

婚約のとき、張作霖は巡防営《じゅんぼうえい》の指揮官だった。それでも高級軍人だが、今や師団長で軍政長官、奉天最高の実力者である。比較にならない。しかし、作霖は八年前の約束を違えず、鄭家屯の娘を張家の跡取りの嫁とした。于文斗はそれを「情義」と評した。

「鉄砲で天下は治まらず」

袁世凱がまだ存命中だった五月六日、張作霖は、官地測量局の新副局長を任命した。作霖から、行政の要となる者を探すように頼まれた袁金鎧が、即答した人物だ。

「王岷源《おうびんげん》は天下の奇才にして、将軍の幕下に右に出る者はありません」

岷源は字《あざな》、本名は王永江《おうえいこう》という。その名は張作霖も耳にしていたが、王から近づいてくることはなかった。

袁金鎧は「将軍が礼をもって彼に接し、話を聞き、その策を用いれば、彼は将軍のために力を尽くすかもしれません」と話した。このあたりのやりとりには、古い時代の気分が漂う。

張作霖はすぐに人を派して、王永江を請じた。だが、王は言う。

「張将軍の門前には、戈《ほこ》が森のようにびっしりと立ち並び、私のような小役人が門に入ることなどできましょうや」

張作霖はふたたび使者を送り、自ら出迎える意思を伝えた。

王永江が帥府に着いたとき、出迎えの者が中門に案内した。中門は通常、張作霖以外が通るのは許されない。作霖はそこを開いた。奉天中を驚かせる事件だった。

立って待っていた張作霖は、急いで歩み寄り、王永江の手を取った。

「遅かったじゃないか」

王永江は笑みを返した。

王永江

「まだ遅くはありません」

このころ、軍内にも、張作霖の信任が厚くなった人物がいる。楊宇霆《ようてい》だ。祖父が飢饉を逃れて直隷から奉天に移民してきた。父親が出した大八車店が繁盛し、楊は私塾に通えた。その後、秀才となり、日本の陸軍士官学校砲兵科に留学した。

帰国したとき、張作霖が軍で最強の男となっていた。

匪賊か。楊宇霆はそう思っただろう。楊を含め、一般的には、張作霖は匪賊上がりという印象が強かった。ひげだらけの胡子《フーズ》の兄弟たちが、先進国・日本の軍事知識を学んだ留学生を厚遇するとは思えない。妙な言いがかりをつけられないとも限らない。楊は自然と、作霖を避けていた。

ところが、張作霖は留学帰りの若者たちに言った。

「私は奉天に講武堂《こうぶどう》（士官学校）を作ろうとしている。軍隊に教育がなくていい、なんてことがあってたまるか」

少年のころ、私塾の田舎教師に三カ月教わっただけの張作霖は、知識、学問への思いが深い。それ以上に、日清戦争に従軍し、日露戦争も見た作霖は、近代軍においては、科学的素養が不可欠であることもわかっていた。近代戦術と新鋭兵器を駆使して戦いに勝つには、将、士官が、部隊を合理的に運用できる判断力と理解力、統率を守れる管理能力、命令を遵守する規律観といった知の基盤を備えておかねばならなかった。

楊宇霆は、講武堂教官、奉天軍需工場長などに抜擢され、王永江が張作霖のもとに参じてまもなく、参謀長代理という要職に就いた。楊は、作霖より十歳若い。このとき、わずか三十一歳であった。

奉天では、まもなくこんな言葉が広がった。

「文に王永江あり、武に楊宇霆あり」

十一月、張作霖は、王永江を省警務処長兼警察庁長に任命した。

張作霖は王永江に言った。

「いま、全省の警務行政は乱れ、地方は安寧ではない。整頓してくれないか。誰であれ、従わない者は従わせていい」

王永江は「真剣にやれば、問題が出ます。長官がやりにくくなるのではないでしょうか」と懸念を示した。

「大丈夫だ。私が後ろ盾になろう」と、張作霖は約束した。

王永江は早速、日本に倣って各地に派出所を設置した。公正に、厳しく制度を運用し、誰であれ、法規に違反した者は処分し、びしびし逮捕、拘留した。

王が言ったとおり、すぐに問題が生じた。第五十三旅団の兵士が、次々に警察に捕らえられたのだ。旅団長は湯玉麟である。この旅団の兵はこれまで、張作霖の義兄弟の部隊であることをかさに着て、白昼に略奪し、女に手を出し、賭場まで開いていた。

かわいい部下たちを捕らえられた湯玉麟は、怒りに震えた。ある日、警官を殴った部下が拘留されると、警察庁に人を出して釈放を迫った。ところが、王永江は受け付けない。警察庁を包囲すると脅すと、王は、庁舎に小口径砲を据えさせ、交戦さえ辞さない構えを見せた。

湯玉麟は張作霖のもとに怒鳴り込み、王永江を解任するよう訴えた。

「やつに何か手柄がありましたか。なんでやつが上に立って軍を管理するのですか」

何度来ても、張作霖は受け入れず、こう言って湯玉麟を下がらせた。

「鉄砲で天下は統一できる。だが、天下を治めることはできない」

漢祖・劉邦《りゅうほう》を敬愛する張作霖は、武人にして、武人を超えた部分がある。権力奪取の段階では、力や勢いが重要だが、統治の段になると、学問を土台にした合理性、普遍性といったものが必要になるという政の要諦をつかんでいた。

生死をともにしてきた兄弟たちは、行政や財政はわからない。張作霖は、彼らを政の要職には就けず、彼らが政をゆがめることも許さなかった。

前述したように、中国人社会には、人間関係と一体化した緊密な相互扶助システムが構築されており、血縁者や仲間に利権を配分するのは、倫理観に基づく行為という側面もある。まして、緑林の世界から出てきた張作霖のファミリーは、義と情の紐帯で結ばれ、団結して戦い、ここまで這い上がってきた。よほど強靱な精神力と合理的な思考がないと、湯玉麟に対する作霖のような態度はとれない。

関連する話を、もう少し続けよう。

張作霖が、奉天の街灯を銃で次々に壊した第三夫人の弟を銃殺に処したことは前に書いた。

のちの話になるが、第五夫人の料理人が、切符も持たずに京奉《けいほう》鉄道の特等車に乗り込んだことがある。第五夫人が張作霖の寵愛を受けているのは有名だった。通常なら、誰も手を出せない。ただ、このときは、京奉鉄道局の局長がたまたま乗り合わせていた。局長は駅員から報告を受けると、傲然とタバコを吹かす料理人の前に行って「列車に乗るなら切符を買え。例外はない」と言って引きずり下ろした。料理人が口汚くののしり、騒いだため、局長はつえで打ち据えて黙らせた。

数日後、第五夫人は、張作霖に事の子細を告げた。話を聞いた作霖は、局長を罰するどころか、「本当に肝っ玉が大きいやつだ。私が必要としているのは、こんな公正無私のやつだ」と言って局長の抜擢を決める。局長の名は常蔭槐《じょういんかい》。のちに奉天の大幹部となり、作霖が爆殺された翌年、奉天の権力を継承した張学良に、楊宇霆とともに射殺される運命にある。

八年間務めた秘書長を解任したこともある。ある者が「大帥に背いたことも、間違いもないのに、なぜ解任されたのでしょうか」と尋ねた。張作霖はこう答えたという。

「やつは確かに間違ったことはしていない。だが、八年間も秘書長をやっていて、一度も口論したことがなかった。この八年、私が間違いを犯したことがなかったとでもいうのか。やつは私の間違いを指摘することもなく、私の言うことを聞いていただけだ。こんな秘書長が何の役に立つ？」

もう一つ、門衛のエピソードを紹介しよう。中国のほかの英雄伝にも似た話がある。

ある夜、張作霖は、護衛隊長、護衛兵を連れてこっそり街に出た。長衣を着て、帽子をかぶり、商人の風体である。作霖は当時、午前零時を帥府の門限とし、それを過ぎたら、どんな者も入れてはならないと厳命していた。ところが、作霖自身が遅れた。護衛兵が門を何度もたたくが、門衛は開けない。

「馬鹿どもが。みんな寝ているのか」

張作霖は腹を立て、隊長を行かせた。隊長が門の中に声をかけると、うるさげな声が返ってきた。

「誰だ。こんな夜中に門は開けけん」

隊長は慌てた。「大帥が戻っていらしたのだ。早く開けろ」と命じた。しかし、中の声は動じる様子もない。

「本物か、偽物かわからない。大帥は話された。午前零時を過ぎたら、誰が呼んでも門を開けるなと。すぐに立ち去れ。早く寝る場所を見つけろ」

隊長は必死になった。

「誰が大帥の名をかたるか。信じないなら、おまえは……」

張作霖は手を振って隊長を制すると、皆を連れて外で夜を明かした。

次の朝、張作霖が笑いながら、まっすぐに門を入った。門衛は胆をつぶした。本物だったのだ。すぐに作霖の前に呼び出された門衛は、泣き崩れた。

「大帥、報告いたします。昨夜は、本当に知らなかったのです……」

張作霖は笑った。

「立て。かわいいやつだ。君は私の話をよく聞いていたのだな。私は君みたいな者を必要としている」

そう言うと、二十歳すぎの門衛に監獄看守所長という役職を与えた。嫁を探す世話までしたという。

張作霖の合理的思考を表す象徴的な出来事は、奉天軍政長官に就いてまもなく、副長官の馮徳麟とともに、白話《はくわ》（話し言葉）による施政方針を省民に告げたことだろう。それまでの公文書は、すべて難解な文語で書かれ、庶民にはまるで理解できなかった。

一九一六年六月二十八日に出された告示には、こう書かれていた。


私たち二人はもともと、この土地で生まれ育った者である。皆さんのつらさ苦しさはよくわかっている。あなた方は、私たちの思うところがまだわからないと思う。だから、このような言葉を使う。皆さんにしっかり聞いてほしい。

字が読めなくても、少し学のある者が読んでいるのを聞けば、内容は理解できる。告示は続ける。


われわれは匪賊討伐を第一の重大事とする。

（金を）省けるところは、一文でも省く。官が使うお金は、庶民が出したものだからだ。

五十数人の知事の中には、良くない者もいる。詳しく調べなければいけない。人として信頼できるか、評判はどうか、裁きは公平か、民を虐げていないか。


民衆は、どこか座りの悪さを感じつつ、驚きをもって、すらすらわかる告示を読んだに違いない。

中国史上、白話による役所の公文は、これが初めてという。のちに文豪・魯迅らが活躍する有名な啓蒙雑誌『新青年』が白話運動を本格展開するより前に、奉天の庶民は、役所のお触れを白話で読んでいた。無論、文化史的な新運動といった類のものではない。民に直接語りかけようとする張作霖の姿勢が生んだ革新だったと言えよう。

一九一七年の春節、第二十七師団恒例の宴会が開かれた。文武の高官が顔をそろえる中、一人、王永江の姿がなかった。招かれなかったのだ。湯玉麟だけでなく、孫烈臣、張景恵ら古参幹部のほぼ全員が王を嫌っていた。自分たちの権益が侵されたばかりではない。王を敬う張作霖の態度が、嫉妬を含んだ怒りの感情も生んでいた。

張作霖が来た。すぐに王永江がいないことに気づき、見る見る機嫌が悪くなる。

「どうして岷源を招かない」と、怒気を帯びて問うと、孫烈臣が重臣を代表するように答えた。

「漏れてしまったのです。日を改めて招きましょう」

張作霖の怒りが爆発した。

「おれは王を使うと決めたんだ。反対するやつは辞めてしまえ！」

新春の宴が凍りついた。そのとき、もう一つの怒声が上がった。

「そんなに怒鳴りなさんな！ 辞めるくらい何だっていうんだ」

湯玉麟である。

騒動を聞きつけた王永江は、身の危険を感じ、親の病気見舞いと称して、故郷の金州《きんしゅう》に帰り、辞表を書いた。王の辞意を聞いた張作霖は一笑に付した。

「私は認めない。何かあれば私が引き受ける。早く帰って来させろ」

保険隊以来の同志で、義兄弟の湯玉麟ではなく、新任の官僚の方を守るというのだ。

二月中旬、湯玉麟は張作霖の前に姿を現した。孫烈臣ほか、第二十七師団の兄弟たちも同行し、王永江の辞職を求める書簡を作霖に渡そうとした。

ところが、張作霖が憤怒の色を浮かべている。気圧されて、書簡を渡すはずだった孫烈臣が動かない。湯玉麟は、黙っていられなくなり、孫に「言え」と促した。

孫烈臣が書簡を手渡すと、張作霖はろくに読みもせず、引き裂いて湯玉麟を指さした。

「先祖三代の墓を暴いてやるぞ!」

これ以上ない侮辱である。

顔面蒼白になった湯玉麟を皆が抑えて外に連れ出す。張作霖は退出する湯に向けて、さらに罵声を浴びせた。

「貴様みたいなばか野郎なんぞいらん!」

湯玉麟は振り向いて、怒鳴った。

「やってられるか!」

湯玉麟は、兵諫《へいかん》と称して部隊を動かそうとし、張作霖はいち早く、湯の旅団本部を包囲した。一触即発の危機が生じた。作霖を強烈に嫉妬する第二十八師団の馮徳麟が、湯支持の声明を出し、北京政府に対しても、作霖を罷免し、湯を第二十七師団長にするよう求める電文を送った。

危機が深まる中で、張作霖の強い信頼を得た者がいる。呉俊陞だ。かつて洮南に赴任した作霖を侮辱したこの男は、龍のごとく昇進を重ねる作霖に徐々に接近していた。作霖は、どこか信用できない印象を持っていた。

ところが、今、呉俊陞は、何のためらいもなく言う。

「大帥が討つというのでしたら、私が兵を率いて前線に行きましょう。兎の子をひっぱたいてきます」

呉俊陞

危機のときの言動にこそ人物が出る。張作霖はそう思っている。自ら強敵に当たるといった呉俊陞を、作霖は信じた。

「兄貴」と呼びかけると、「部隊を集めて命令を待っていてくれ」と告げた。

反王永江という点では、湯玉麟と同じ立場にあった孫烈臣、張景恵、張作相《ちょうさくそう》らも、張作霖と湯の全面衝突の危機とみるや、作霖のまわりに結集した。湯旅団の内部に対する切り崩し工作も進め、湯から離反した幹部は十数人にも上った。

二月二十八日、湯玉麟の旅団は、新民《しんみん》に移動した。「旅団」とはすでに名ばかりになっており、兵力は一千余人にまで減っていた。張作霖の敵ではなかった。

張作霖は、湯玉麟を許すつもりだった。新民に手紙を書いた。

十七年間苦楽をともにしてきたというのに、別れに当たって一目たりともお会いできなかったことに、弟（張作霖）の心はどれほど傷ついているでしょうか。

口述筆記だろうと言われている。こう書き出した文面は、金寿山《きんじゅさん》の夜襲、遼西の大匪賊・杜立三《とりつさん》の殺害、モンゴル兵との死闘、革命派の逮捕など、これまでの歩みを詳しく綴っている。

金寿山がロシア兵と組んで夜襲をかけてきた

ときには、重囲《じゅうい》から決死の脱出をしました。兄が首芳《しゅほう》（張作霖の長女）をおんぶしてくれたため、難を逃れることができました。

弟は二回、モンゴルのパオの中で包囲され、兄は危険を冒して突撃してきてくれました。弟は感激して涙をこぼし、兄は慰めの言葉をかけてくださいました。「生を同じくするを望まず、死を同じくすることを願う」。その言葉は今も耳に残っています。[4]

張作霖は、二人にしかわからない事実を含めて書簡にしたため、湯玉麟の戻りを待った。だが、湯は戻らなかった。

北京への扉

総理・段祺瑞は、いら立っていた。袁世凱の死後、大総統ポストを継いだ元革命派の黎元洪が、お飾りの元首になるのを拒み、人事や大戦への対応など、何かにつけて段に抵抗していたのだ。

史書『奉軍』によると、黎元洪は、張作霖と、馮徳麟・湯玉麟との対立を見て、馮宛てに支持を伝える電報を送った。ところが、その電報が、作霖派の砲兵大隊長の手に落ちる。作霖は、段祺瑞に密告した。

黎元洪と馮徳麟の結託を許すわけにはいかない。段祺瑞は直ちに反応し、張作霖に北洋の第九、第十三師団を動員したと連絡、同時に、馮に対しては、奉天の内部対立を収拾せよと警告した。

馮徳麟は震え上がった。もともと、自身の第二十八師団は、戦力では、張作霖の第二十七師団にも遠く及ばない。戦いたくない作霖の足元を見て、いわば弱者の脅迫を続けてきている。だが、「北洋の虎」

が、自分を相手に正規二個師団を動員したという。本気の戦いになれば、おしまいだ。

馮徳麟は、湯玉麟をあっさり見捨てた。張作霖は三月十九日、湯が孤立したのを見て、第五十三旅団長の職を解いた。念には念を入れ、孫烈臣を新民に派遣し、三千二百人もの兵で湯の本営を包囲した。

湯玉麟は抵抗できず、江蘇《こうそ》・徐州《じょしゅう》に走った。そこには、二万以上の兵を擁し、密かに清朝再興の機をうかがう実力者・張勲《ちょうくん》がいる。張勲は、民国六年のこの時期になっても、なお辮髪をぶら下げ、「辮髪将軍」の異名を持つ。黎元洪も、段祺瑞への対抗上、張勲に接近していた。

湯玉麟の離反後、王永江は、警察庁長の辞職を申し出ていた。張作霖は五月三日、それを許すと同時に、別命を与えた。財政庁長である。

張作霖は言う。

「満洲はこれほど大きいのに、なぜこんなに金がなく、貧しいのか。どこに問題があるかを見てほしい。方法を考え、整理すべきところがあれば、整理してほしい」

王永江は答えた。

「二、三年の時間をください。奉天省の財政は自立でき、外債も返済し終えるでしょう」

新ポストに就任した王永江は、またも容赦なくなたを振るった。税目を整理し、徴税人員を精鋭化し、腐敗した役人は免職にした。虚偽申告を許さなかった。成長中の中日合弁企業十三社に投資して黒字を確保する反面、省政府が金を注いできた赤字小企業への融資を止めた。官銀号《グアンインハオ》（金融機関）の責任者も兼務し、債務処理も急いだ。張作霖が、王を特別に扱っていることを知らぬ者はない。王のために、湯玉麟さえ切ったのだ。誰が王に逆らえよう。

風車小屋のさび付いていた巨大な歯車が回り出したかのように、省の金庫に金が入りはじめた。

五月二十三日、大統領・黎元洪が、総理・段祺瑞を解任した。全国に激震が走った。

原因は、第一次大戦への対応をめぐる対立だった。対ドイツ宣戦を主張する段祺瑞に対し、黎元洪は慎重論を唱えて抵抗していた。段には、宣戦を機に日本から借款を得て、「参戦軍」の名目で、自らの意のままになる精鋭部隊を新設するという、秘めたねらいがあった。

一時は、段祺瑞の思惑どおりに進むとみられたが、段側近が群衆を煽動して国会を包囲、議員を脅す愚挙に出たため、国会が段を糾弾、形勢は逆転した。黎元洪は勢いに乗り、そのまま段解任に踏み切った。屈辱と怒りに震える段は、即座に北京を離れて天津に入り、自らを支持する軍人集団らとともに反撃に転じた。

段祺瑞を後ろ盾と見なす張作霖もその一人だ。二十四日に段宛ての慰問の電文を発すると、二十八日には国会解散と段復職を求める声明を出し、実現しなければ北京政府との関係を断絶すると警告した。安徽省長の倪嗣冲《げいしちゅう》、山東《さんとう》軍政長官の張懐芝《ちょうかいし》、直隷長官の曹錕《そうこん》、山西《さんせい》長官の閻錫山《えんしゃくざん》らも、北京との関係断絶を宣言した。段を恐れ、後任の総理になろうとする者もいない。

黎元洪は、徐州の張勲に上京してほしいと懇願、これを受け、張は約五千もの軍勢を連れて堂々と北京入りした。兵も皆、辮髪だ。しかし、この「辮髪軍」は、助けを求める大総統など歯牙にもかけず、宣統帝溥儀のいる紫禁城に馳せ参じる。

段祺瑞に頭を押さえつけられていた馮徳麟は、段解任を大きなチャンスと見なし、張勲に接近した。これに対し、張勲は馮に復辟への協力を求め、大業がなれば、かつて徐世昌《じょせいしょう》が務めていた重職・東三省《とうさんしょう》総督のポストを与えると約束した。実現すれば、張作霖など、簡単にひねりつぶせる。馮は上京を決意する。

段祺瑞支持を明言していた張作霖の胸に、復辟成功への不安が広がった。このとき、またも袁金鎧が策を授けた。

「馮徳麟に上京させ、宣統帝の復辟を擁護させるのです。事なれば、あなたに功があります。事破れれば、馮徳麟の責任です」

良策とは、往々にして地味なものだ。さまざまな結果を想定したうえで、安全確保を最優先する。派手な勝利ではなく、不敗の地を求める。張作霖は、袁金鎧の策を受け入れ、自らは段祺瑞側に身を置きつつ、復辟にのめり込む馮徳麟を快く送り出すことにした。

馮徳麟は、先遣隊二百人を送った後で、六月二十日、三十人の衛兵を率い、「奉天全権使節」として上京、直ちに張勲と会見し、紫禁城に向かった。かつて、遼西の緑林の世界にいた男が、三跪九叩《さんききゅうこう》の大礼で宣統帝の前にひざまずいた。その高揚感は推し量られよう。馮は奉天に残る第二十八師団に対し、急ぎ北京に移動し、皇室を守護するよう命じた。

七月一日、宣統帝が復辟を宣言した。大総統・黎元洪は、自ら北京に招き入れた張勲に脅され、超法規的に国会機構そのものの解散を宣言させられた挙げ句、中南海の総統府を追い出され、外国公館地域・東交民巷《とうこうみんこう》の日本公使館に逃げ込んだ。

張勲は、各地の軍政長官らに、清朝復活を告げる龍の旗を掲げよ、と命じた。張作霖を含む多くの地方軍人が、いったんはこの呼びかけに応じた。

だが、二日、天津の段祺瑞が反復辟の旗を掲げて挙兵し、模様眺めをしていた首都周辺の北洋正規師団、旅団を巻き込みながら北京に向けて進撃しはじめる。

情勢は一変した。張作霖は段祺瑞支持をあらためて決定、復辟反対の声明を出した。

鎧袖一触《がいしゅういっしょく》の勢いの段祺瑞軍には、第三師団の呉佩孚《ごはいふ》もいる。呉はかつて、満洲の匪賊討伐で張作霖とともに勇名をはせた。袁世凱の帝政に反対して蔡鍔が立ち上がった護国戦争では、袁世凱帝国軍の主力として戦い、強敵の雲南軍と互角以上の戦いを演じていた。古色蒼然たる辮髪兵など、敵ではない。

張勲軍は瓦解した。そのもとに集まっていた軍人、文人が、辮髪を切り捨てて各地に走る。湯玉麟は大連に逃げた。


馮徳麟は逃げ切れなかった。七月十日、天津駅で逮捕された。道路で単騎戻ってこいという張作霖の忠告を聞かず、衛兵を引き連れ、平服で下り列車に乗っているところを発見された。

二日後、北京で最後の抵抗を続けていた張勲がオランダ公館に逃げ込み、復辟の戦いは終わった。

馮徳麟は北京に連行された。段祺瑞は、復辟の主要人物の一人に厳しい裁きを下そうとした。

ところが、そこで思わぬ出来事があった。張作霖が、寛大な処分を求める電報を送ってきたのだ。作霖は、第二十七、二十八両師団の全将兵に、連名の嘆願書を出させた。遼西十六県の有力者たちも馮徳麟を助けてほしいと願い出てきた。

これまでさんざん苦しめられた馮徳麟が、井戸に落ちている。勝者の側に立った張作霖は、石を投げることもできた。だが、作霖は、馮を助けようとした。馮の第二十八師団をスムーズに吸収したいという計算があったのは間違いない。ただ、おそらくそれだけではない。助けを求める者は救う。これが作霖の流儀だった。まして、馮は少年のころからのあこがれの存在であり、義兄弟でもあった。

のちの世の話である。馮徳麟の夫人は、国共内戦さなかの一九四八年、台湾に移り住んだ。二六年に死去した夫と張作霖の関係について、孫にこう話したことがあるという。

二人の感情は、だんだん疎遠になって、おじいさんは怒って奉天省城には行かなかった。でも、張のちびは、新年のたびに（馮徳麟の本拠地）北鎮に、挨拶に来た。おじいさんは顔を合わせても、いい顔はしなかったさ。でも、あのちびは、普通の人間じゃなかった。最初から最後まで笑顔で応じてね、気を配って、おじいさんが笑顔を見せるまでは絶対に帰らない。おじいさんは癇癪持ちで、激しい性格だったから、張のちびはずいぶん腹が立つこともあったろうに、けっして恨み言は言わなかった。度量が大きいじゃないか。

結局、馮徳麟は、復辟参加の罪は問われず、アヘン服用の罪だけで八百元の罰金刑を受けた。師団長職は解かれたが、一人の人間に対する罰としては軽い。第二の人生の安逸は保障された。段祺瑞にすれば、力を失った馮徳麟を厳罰に処しても何の利益もない。それより、張作霖に恩を売っておくほうがいいと判断したということだろう。

張作霖は、第二十八師団を吸収した。孫烈臣を馮徳麟の後継師団長にしようとしたが、師団内から反発が出たため、自らが二十八師団長も兼務することにした。馮の部下たちも、作霖には従った。張作霖はまた、第二十九師団の新設も中央に認めさせた。師団長は、作霖の信頼を勝ち取った呉俊陞だ。

奉天を完全に掌握した張作霖は、三個師団という抜きん出た戦力を持つに至った。

張作霖が第二十八師団長に就いた七月下旬、北京政府は、作霖の同郷人である陸軍講武堂長・鮑貴卿《ほうきけい》を、最北の省・黒龍江《こくりゅうこう》の軍政長官に任命した。作霖はここで、黒龍江も勢力圏とした。

少し説明が必要だろう。黒龍江の政情は、前年から混迷を極めていた。第一師団長・許蘭洲《きょらんしゅう》が、当時の軍政長官・朱慶瀾《しゅけいらん》の追い落としを図ったため、袁世凱は朱を広東省長に異動させ、黒龍江長官には、ロシア通の畢桂芳《ひっけいほう》を据えた。許は副長官になったが、それでは満足せず、第一旅団長の巴英額《はえいがく》、騎兵第四旅団長の英順《えいじゅん》と謀り、畢を辞職に追い込んだ。北京で復辟事件が起こる直前のことである。二人の旅団長に師団長、鎮守使ポストをほのめかしていた許が側近を重用したため、今度は軍人同士が対立、衝突の危機が高まった。

七月上旬、張作霖は、調停役として、孫烈臣をチチハルに送った。互いに不安の中にある軍人たちは、孫に「雨帥《うすい》（張作霖）の調停に従う」と明言した。

言質をとった張作霖は、すばやく動く。段祺瑞に対して調停成功の電報を打ち、鮑貴卿を後任長官に推薦、許蘭洲は奉天に異動させた。

張作霖に果実をさらわれた巴英額、英順は、新任の鮑貴卿に圧力を加えたが、呉俊陞の新設師団が黒龍江入りし、不満を力で抑え込んだ。

復辟事件で追い落とされた大総統・黎元洪はそのまま退任、南京にいた副総統・馮国璋が、八月、北京に入り、代理大総統となった。清朝再興の野望を砕いた段祺瑞は、そのまま総理を務めている。

段祺瑞と馮国璋。袁世凱亡き後の北洋の巨人は、大派閥の領袖でもあった。

数々の武功を誇り、今回も復辟をつぶした段祺瑞は、長期間にわたって軍人教育の総帥の地位にあり、陸相として軍人事を握っていた経歴からも、北京の軍界で比類なき権威、人脈を持っていた。ただ、直属部隊はなきに等しい。周囲に集まる軍人群がその軍事基盤だ。側近には、天才的な軍師・徐樹錚《じょじゅそう》がいた。段が安徽《あんき》出身であることから、段に連なる人脈は、「安徽派」と呼ばれた。

馮国璋は、「北洋の狗《いぬ》」と称される。(5) 段祺瑞とは違って中央に人脈はないが、北洋最大の直属軍を持ち、辛亥《しんがい》革命で革命軍を破った際は、猟犬のごとき戦闘力を見せつけている。直隷出身の馮の派閥は、「直隷派」と呼ばれる。

もう一人、南に有力な軍人がいた。蔡鍔の護国戦争に呼応して挙兵、袁世凱に膝をつかせた広西の陸栄廷である。陸は、東隣の大省・広東も支配下に収めていた。

広東省都の広州《こうしゅう》には、北京から逃れてきたわずか百三十余人の国会議員が集まって、「非常国会」を名乗っていた。九月一日には、孫文《そんぶん》を「中華民国大元帥」に、陸栄廷を「元帥」に選出した。定足数をはるかに下回る議員が勝手に決めたポストで、もちろん非合法だ。(6) ただ、陸にとって、北京への対抗上、革命の象徴的存在・孫文には利用価値もあった。

北洋系の段祺瑞、馮国璋と、南の陸栄廷。三人の強者の関係は複雑だった。総理大臣の段は、軍を南に進め、全国を武力統一しようとしていた。南の覇者・陸は当然、抵抗する。国家元首となる馮は、段と同じ北洋系でありながら、段の天下を望んでおらず、南進に消極的だった。反袁世凱帝政の戦いで同盟関係にあった馮と陸は、反段でも共闘していた。

九月、段祺瑞側近の傅良佐《ふりょうさ》が、武力統一の先鋒として、南への玄関口に当たる要衝・湖南の軍政長官に就任、北洋二個師団を基幹とする兵力で南進を始めた。しばらくは順調に進撃したが、山岳地帯に近づくにつれ、頑強な抵抗を受け、前進できなくなった。南の勢力圏を守ろうとする陸栄廷の広西軍が参戦したのだ。

十一月十四日、北洋二個師団が突然、南進を放棄、停戦を呼びかけた。重大な抗命《こうめい》事件だ。両師団は、もともと馮国璋の直隷派に連なっており、二人の師団長は、段祺瑞に従って陸栄廷の精鋭と戦うより、このまま湖南に居座って実権を奪取しようと考えた。安徽派の傅良佐は、身の危険を感じて湖南の省都・長沙《ちょうさ》から逃亡した。

段祺瑞の南進統一計画は空中分解し、段は、馮国璋の密かな笑いの中で辞職した。ところが、湖南の混乱はさらに続く。北洋軍の進撃が止まったのを見た湖南軍が反転攻勢に移ると、勝手に停戦を呼びかけた直隷派の二個師団は、慌てふためいて湖北《こほく》省境の岳州《がくしゅう》（岳陽《がくよう》）まで潰走した。段は、これで息を吹き返す。

段祺瑞、馮国璋、陸栄廷による三つどもえの軍閥混戦は、湖南という戦場を焦点に、全国の軍人たちをのみ込んでいく。

奉天で三個師団という大兵力を擁する張作霖が、兵を率いて山海関を越える日も近い。戦乱が、作霖のために、北京への扉を開いていた。

第五章

大軍、華北に出現す

徐樹錚という男

湖南《こなん》での戦争と連動した権力闘争が激しくなっている。安徽《あんき》派の首領、段祺瑞《だんきずい》は総理の座を降りたものの、その周囲には、直隷《ちょくれい》軍政長官・曹錕《そうこん》のほか、奉天長官の張作霖、安徽省長の倪嗣冲《げいしちゅう》、第七師団長・張敬尭《ちょうけいぎょう》ら多数の武人が集結、南方勢力を打倒しての武力統一を主張していた。このうち最大の武力を持つ直隷の曹錕は、もともと大総統・馮国璋《ひょうこくしょう》に近い直隷派とみられていたが、今は段に従っている。

馮国璋は十二月、参戦督弁というポストを段祺瑞に与えた。対独参戦問題に専念させて、内政への関与を封じようとするねらいだったが、段は参戦を名目にあらゆる部門に指示を出し、長く牙城としてきた北京政府の実権を取り戻した。

一九一八年一月二十三日、南の湖南軍が、広西《こうせい》の陸栄廷《りくえいてい》の制止を振り切るように、湖南北端の要衝・岳州《がくしゅう》（岳陽《がくよう》）の奪回に向かった。

この攻勢は、段祺瑞を中心とする主戦派に、武力統一再開を正当化する格好の口実を与え、馮国璋は、南への反攻を命じざるを得なくなった。だが内心では、かたちばかりの戦いにしたいと思っている。馮の部隊の主力は、江蘇《こうそ》・南京など長江周辺にあり、主戦派ににらみを利かせている。直隷派でも戦闘力には定評があった馮《ひょう(ふう)》玉祥《ぎょくしょう》の第十六混成旅団は、長江北岸で南京に向かい合う浦口《ほこう》を押さえ、北軍の輸送妨害に出た。

厳寒の奉天《ほうてん》駅のホームに、目の細い、平服の偉丈夫が降り立ったのは、二月二十日のことだ。少しばかりの護衛も、平服を着ていた。目立たないように出迎えに来ていたのが、張作霖の参謀長、楊宇霆《ようういてい》であったことからも、この男がただ者でないことはわかる。

徐樹錚《じょじゅそう》。段祺瑞を支える軍師である。袁世凱が新建陸軍を率いて山東にあった一九〇一年、済南《さいなん》の街角で偶然、段に出会い、配下に加わった。

こんな説がある。

一九一一年、武昌で武力蜂起が発生し、辛亥《しんがい》革命ののろしが上がったとき、最強の北洋軍を率いる袁世凱が段祺瑞に策を求めた。朝廷に勝たせれば、袁自身が用済みになって危ない。かといって、革命軍に勝ちを譲る道理もない。悩む二人に、そばで長く沈黙を守っていた徐樹錚がついに口を開いた。

「南方（革命軍）と戦いながら和し、清帝に退位を呼びかけてはいかがでしょうか」

袁世凱と段祺瑞は驚いた。徐樹錚は続ける。

「今の時局からすれば、大勢の赴くところは共和であります。この潮流に乗らなくてはなりません。もちろん、手中の権力を革命派に渡すわけではありません」

理がある。ただ、清朝の臣である袁世凱は、皇帝に退位を求め得る立場にはない。朝廷を滅ぼす謀反人になってしまう。誰がやればいいのだ、という問いかけに、徐樹錚は平然と言った。

「どうして前線の将官たちが、朝廷に進言しないのでしょうか」

兵諫《へいかん》という圧力で、清朝に自ら権力を手放させよ、というのだ。そうすれば、袁世凱は幼い宣統帝に手をかけることなく、革命派と戦火を交えることもなく、静かに権力を手に入れることができる。その後、清朝は実際に、段祺瑞ら北洋系軍人が連名で出した共和要求の声明に恐れおののき、自ら権力を返上する。

この話が事実なら、辛亥革命の見事なシナリオを書いたのは、徐樹錚ということになる。そうでないにしろ、こうした話があるほど、徐の才は抜きん出ていた。史書には、「文武全能」という言葉さえ見える。

徐樹錚は、段祺瑞の秘書長、陸軍次官などとして、洪憲《こうけん》帝政、袁世凱死去といった重大局面で、段が進むべき道を、海図に線を引くように正確に示しつづけた。徐なくして段はなく、安徽派の力は、徐の才によって支えられていた。ただ、それゆえに、と言ってもいいだろう。徐は、段以外の者に対して恐ろしく傲岸であった。誰もがその才に屈服したが、多くは、その人を蛇蝎のごとく憎んだ。

徐樹錚

張作霖は、徐樹錚のための宴を開いた。徐は、単刀直入に切り出す。

「大帥、援軍の兵を出していただくようお願いに上がりました。手ぶらではありません」

「どういうことだ」との問いを待っていたかのように、徐樹錚は長衣の内ポケットから書類を取り出してゆっくり開き、張作霖に手渡した。

紛れもなく陸軍省の公印が入っている。山海関近くの秦皇島《しんのうとう》にまもなく荷揚げされる大量の日本製兵器を受領するための証明書だった。徐樹錚が陸軍次官時代に手に入れておいた公文書用紙を用いた偽造書類である。国家が輸入する日本の兵器を港で強奪し、南征の見返りとして張作霖に与える、というわけだ。

張作霖は、同席していた楊宇霆に、その紙を見せた。楊にとって、徐樹錚は、日本の陸軍士官学校の先輩に当たる。同窓の二人は、すでに話をつけ、この年の初めから協議を進めてきた。武器強奪との交換条件となる作霖軍の南征も準備はできている。徐と作霖の直接会談は、実行前の最終確認だった。

楊宇霆は、張作霖の方を見た。

「大帥、先輩は忠誠信義この上なき人です。この手厚い礼は、錚兄ご自身が決定したもので、芝泉《しせん》(段祺瑞の字《あざな》)は知りません」

張作霖は、徐樹錚を信じた。満面の笑みで酒を勧めた。

「さあ、三杯干そう」

大事に当たるとき、張作霖は、顧問としていた有名な占い師、包瞎子《バオシアズ》に運勢を占ってもらう。今回はまさに大事である。大量の日本兵器を得れば、麾下の軍は一新するだろう。同時に、その軍は、満洲と華北の境を扼《やく》する山海関を越えるのだ。

包瞎子が帥府に来た。待ちかねていた張作霖は、すぐに見てもらった。

「上々。大吉の卦《け》にございます。銃、砲、兵、将が増えます」

そうだ。そのとおりだ。張作霖の胸が高鳴る。

「方角はどっちだ」

包瞎子はまたしばらく占っていたが、やがて厳かに口を開く。

「西南です。西南の水上です」
張作霖は手を打って立ち上がった。
「いいぞ、包瞎子！　ぴったりだ！」
日本船が入る秦皇島は、奉天から見れば、まさに西南の水上ではないか。

二月二十三日、張作霖は、第五十三旅団長の張景恵《ちょうけいけい》を南征軍司令に任命した。最初の任務が武器強奪だ。そのための副司令として、武器の専門家、奉天軍需工場長の丁超《ていちょう》をつけた。張景恵は、先遣隊名目の歩兵二個大隊、機関銃一個中隊を率いて秦皇島に向かった。楊宇霆も現地入りして、全体の指揮をとる。

秦皇島に着くと、日本製兵器を受領する役人が北京から来ていた。日本の貨物船は二十二日に入港、荷下ろしが始まり、次々に鉄道駅に運ばれている。楊宇霆は、中央政府の役人に、われわれは南方に向かう船を待っていると偽った。部隊の二個中隊に駅を警備させ、残りの兵員には、荷下ろしと貨車への積み込みを手伝うよう命じた。張景恵は、夜、役人を接待して大いに酒を振る舞った。

兵士たちは作業を急ぎ、二十四日、二十両、二十一両編成の二列車への積載を終えた。そのときである。突然、楊宇霆の厳しい命令が響いた。

「包囲せよ！」

奉天兵が駅を制圧した。北京の役人が色を失った。

楊宇霆は、笑みを浮かべて「怖がらなくていい。われわれは武器を受け取りに来ただけだ。君たちに危害を加えるつもりはない」と言う。手には、徐樹錚が用意していた受領証があった。

日本側は、徐樹錚から事前に強奪計画を伝えられていた。臨時代理公使の芳沢謙吉は東京に、計画が順調にいくかどうかは断言できないと報告している。日本政府は元来、段祺瑞、張作霖と協力関係にあり、馮国璋ら直隷派に対しては、英米と接近しているとの警戒心を持っていた。徐の筋書きどおりに直隷派を抑え込む方向で事態が進行することに異存はなかっただろう。手続きさえ整っていれば、後は中国側の問題にすればいい。

長蛇のごとき二編成の貨車に機関車が連結された。東、奉天を向いている。

日本軍の報告によれば、二十四日午後十一時十五分、同五十一分、二本の列車は発車した。前夜、張作霖の金で遊興にふけった役人たちは、機関車の光と音が、北京とは逆方向に消えていくのを、血の気の引いた顔で、なすすべもなく見送った。

このとき、強奪した日本製兵器は、小銃二万七千挺、弾薬六十五万発、機関銃五十挺に上った。大小各口径の砲もあった。

贈り物を受け取った張作霖は、徐樹錚への約束どおり、兵を南下させた。二十五日、第二十七師団の第五十三旅団が山海関を越え、灤州《らんしゅう》に向かった。

山海関。華北と満洲の二つの広大な平原は、山脈と渤海《ぼっかい》に挟まれた、幅約七・五キロのこの地峡でかろうじてつながる。歴代王朝、少数民族が争奪を繰り返した「兵家必争の地」だ。十七世紀には、満洲王朝の清が、ここから南になだれ込んで明朝を滅ぼした。砂ぼこりと潮の香りがする一帯を歩くと、戦略的重要性がいやでもわかる。乾いた山嶺に、万里の長城が、白い龍のように、どこまでもうねる。明代に倭寇と戦った将軍・戚継光《せきけいこう》が築いたという「老龍頭《ろうりゅうとう》」と呼ばれる長城先端は、青い海に突き出している。二つの世界の境界にある「関」という概念を、これほど明快に見てとれる土地も稀であろう。

漢民族は、山海関を境に、満洲側を「関外」、華北側を「関内」と呼んだ。

張作霖の大軍が、華北に現れた。

「張作霖が復辟《ふくへき》をやるそうだ」

張勲《ちょうくん》の復辟の記憶が生々しく残る北京では、そんな流言が飛び交い、駅は戦乱を逃れようとする金持ちたちで溢れた。

北京周辺は、安徽派の軍と、奉天から来た大軍によって満たされた。直隷派の総帥・馮国璋は敵地に孤立したも同然になった。籠の鳥と化した馮は、南への新たな攻勢を阻止する気力を失った。

三月一日、直隷長官・曹錕麾下の大部隊が湖南に進攻した。実戦の指揮を執るのは、第三師団長・呉《ご》佩孚《はいふ》だ。呉は岳州を攻略し、さらに南下を続ける。安徽派はじめ各地の諸隊も別ルートから湖南に入ったが、こちらは寄せ集めの雑軍に近い。

十二日、張作霖は、天津郊外の軍糧城《ぐんりょうじょう》に関内総司令部を設置、自ら総司令となり、副司令に徐樹錚を任命した。段祺瑞と作霖が組んだことを世に告げる人事に、天下は驚いた。

張学良はのちに、兵器強奪事件の歴史的意味について記している。

　奉天軍の拡大と内戦への参加は、兵器強奪事件に始まる。私は、徐樹錚の才気には深く敬服している。徐は、風流で瀟洒であり、才気に溢れていた。強奪は成功した。第二十七師団を基幹に、五個混成旅団を編制した(1)。五個旅団すべてが関内に駐留し、奉天軍の総司令部ができた。父が総司令を兼ね、徐樹錚が副司令となり、楊宇霆が参謀長となった。これが、奉軍という二文字が関内に現れた最初である。

満洲から関内に足を踏み出した張作霖軍は、「奉軍」、つまり、奉天軍と呼ばれた。

満洲の草莽の子には、今や中原[2]という新たな地平が開けていた。張作霖にとって、徐樹錚はその案内人である。

無論、徐樹錚の胸の内は、まったく違う。関内に入る奉天軍の全力を湖南に投入し、その犠牲のうえに全国を統一しようと考えていた。奉天軍は、いわば消耗品だった。

三月二十三日、段祺瑞が国務院総理に復帰した。二十六日には、呉佩孚の部隊が、湖南の長沙《ちょうさ》を攻略した。順風満帆のはずだった。だが、段はここで、決定的なミスを犯す。長沙占領直後の二十七日、湖南軍政長官に、安徽派の第七師団長・張敬堯を任命したのだ。

最悪の人事だった。岳州、長沙を落としたのは、呉佩孚である。張敬堯は、湖南に入ってはいたが、たびたび敗北を喫した。しかも、その部隊は略奪強姦を繰り返し、民衆の憎悪の的になっていた。かつて馮国璋と段祺瑞の間で、湖南には安徽派の長官を置くという取り引きが成立していたことから、段には、縄張り意識があったに違いない。しかし、寄せ集めの大軍をまとめるのに不可欠な信賞必罰の掟《おきて》を自ら破ってしまった。

重大な過ちがもう一つあった。こちらのほうが、罪は重いかもしれない。段祺瑞は、呉佩孚の上司である直隷長官・曹錕の異動も画策し、両湖（湖南・湖北《こほく》）巡閲使兼湖北長官にしようとした。首都に対する圧倒的な影響力を持ち、天津という一大海港都市、保定《ほてい》などの要衝も押さえられる直隷から湖北への国替えなど、のめるものではない。曹は、天津生まれでもある。その愛着ある直隷には、今や奉天軍が満ちていた。

直隷は徐樹錚のものになるのではないか。

曹錕の怒りが煮えたぎった。段祺瑞に従って南進を引き受け、勝利を重ねてきたにもかかわらず、曹錕―呉佩孚が得たものは、結局、なきに等しい。曹錕は安徽派のもとで戦う意欲を失い、湖北長官、両湖巡閲使のポストを辞退するとともに、休暇願いを出した。もともと直隷派と見なされていた曹は、ここから反安徽の色を鮮明にしていく。

主力軍の離反に、段祺瑞、徐樹錚は焦った。曹錕、呉佩孚を全力で慰留すると同時に、指揮系統が失われた湖南戦線の崩壊を防ぐために、奉天軍の南下を急いだ。奉天軍副司令でもある徐は、奉天軍二個混成旅団を第一支隊とし、南に向かわせた。支隊長は張景恵である。

四月十八日、湖北・漢口《かんこう》に奉天軍司令部が設置された。徐樹錚は、奉天軍三師団長に速やかに全軍で湖南入りするよう命じるが、奉天兵を死地に追いやろうとしているのではないかと警戒する張作霖は、これに待ったをかけた。

五月上旬、長沙に入った孫烈臣《そんれっしん》は、自軍に布告を出した。略奪者は銃殺、強姦した者は斬首、逃亡者は死罪だ。孫には斬首刀を担いだ衛兵が同行していた。

二十四日、張作霖の八人の義兄弟の中ではもっとも若い張作相が、湖南から奉天に戻り、和平に向けて動くよう作霖に進言した。

「第一軍の曹錕は、すでに戦意がありません。第二軍は萎縮して進まず、前線の中堅はすでに瓦解しております。風土が合わず、千里を越えてきた奉天軍が勝てるかどうかはわかりません。この際、急ぎ和を求め、前進を中止し、和平を保つに若《し》くはありません」

張作相の不安は、現実のものとなった。

二十九日、曹錕が、前線司令部のある漢口を離れ、天津に戻った。現地司令官のサボタージュである。

六月一日、湖南駐留の奉天兵二、三百人が、水害にのまれて命を失った。大雨の中で、戦闘にも敗れた。年表には、「将校の死傷百六十人以上、兵の死亡二千人以上」とある。

八日、曹錕に続き、第二軍の総司令だった張懐芝《ちょうかいし》も根拠地の山東・済南に戻った。

安徽派が主導してきた南征が全面崩壊の瀬戸際にある中で、一つの事件が起きた。

六月十四日、天津にいた徐樹錚が、直隷派の軍師として知られる元陝西《せんせい》長官・陸建章《りくけんしょう》を殺害したのだ。自ら宴会に招き、散歩に誘い出したところで、衛兵に後ろから二発撃たせた。徐は、何も知らずに殺された陸に、「謀反の煽動をした」という罪名を着せた。実際には、直隷派の策謀を封じると同時に、恐怖によって全軍を締め付けようとしたのだろう。

馮国璋をはじめ、武人たちは凍りついた。だが、人心はむしろ、決定的に離れた。武人同士の暗殺は、この時代に重んじられた「義侠」の価値観とは懸け離れていた。匪賊をおびき寄せて謀殺するのとは違い、民のためという理由も成り立たない。

二十一日、張作霖は北京政府に電文を送り、「徐樹錚が陸建章を殺害したことは、嘉《よみ》するべき行為である」と主張した。奉天軍副司令を弁護するのは、立場上やむを得ない。

しかし、実際には、張作霖の胸には徐樹錚への怒りが渦巻いていた。義侠心を重んじることにかけて、作霖は、この時代のどの軍閥にも劣らない。

北の第三勢力

欧州大戦は最終局面に来ている。一九一七年、アメリカ合衆国が英仏側に立って参戦したことで、ドイツの命運は定まった。

ロシアでは同じ年に革命が発生(3)、一八年にはボリシェビキ政権が対独講和条約を締結して戦争から離脱した。共産主義勢力の赤軍と、これに抵抗する白軍との内戦が激化し、戦火は満洲に接するシベリアにも波及していた。七月、ロマノフ朝最後の皇帝・ニコライ二世とその家族が処刑された。

七月二十八日、張作霖は、天津で開かれた各省軍政長官会議に初めて参加した。

外交官・石射猪太郎は、このころの張作霖の印象について、「終始伏し目がちにものを言い、それと知らなければ、市井の一商人と見たかもしれない柔和さと平凡さである」と記している。

同時代の評伝『快傑張作霖』にも同じような記述がある。満洲のこの小柄な長官には、えくぼが浮かんだという。他人と話すときは、相手の顔を正視せずに、やや斜めに対し、右手を左の脇の下に置き、左手は顎をなでながら、伏し目がちに語るのが常だった。声も小さい。ただ、ときおり鋭い言葉とともに、閃電《せんでん》のような眼光を相手に浴びせた。

外面はそうであれ、張作霖の存在感は際立っていた。その手にある兵力は、すでに四個師団七個混成旅団にまでふくれていた。居並ぶ諸侯らをはるかに凌駕し、北方で比肩し得る者と言えば、直隷の曹錕くらいである。しかも、奉天軍の副司令官は、安徽派の大立者、徐樹錚だった。奉天軍閥は、安徽派、直隷派に続く第三勢力となっていた。

安徽派の天下を作り出そうとする徐樹錚の動きはやまない。

八月十二日、復辟の混乱の中で解散させられた国会に代わる「新国会」が成立した。選挙に反対する南方各省、戦時下で選挙が実施できない省を除く十四省で衆参両院選挙が行われ、両院合計四百七十余議席のうち、資金力にものをいわせた安徽派が三百三十議席以上を獲得し、圧勝した。安徽派と協力する交通系も百二十余議席をとっている。全国で実施できず、正統性に疑問符が付く選挙を強引に実施に持ち込んだのは、徐樹錚だった。

段祺瑞と馮国璋という北洋の巨人同士の権力闘争は、政治によって決着した。新しい国会は、新しい大総統を選ぶだろう。闘争に疲れ果てた馮も、それを受け入れている。

しかし、今や安徽派にとって最大の脅威は、馮国璋ではなかった。反安徽派勢力を糾合し、馮に代わる直隷派の新指導者と目されるようになった曹錕と、その将、呉佩孚だ。

呉佩孚はこのとき、なお湖南南部の前線にとどまっていた。静かな前線で、北の空をにらんでいる。中原に向けて反転し、安徽派を打倒するつもりだ。呉は、中央の許可を得ぬまま、南軍との間で悠々と和議を結んだ。武力統一に反対し、停戦を求める声明も出した。

北方で、安徽派の歯車を一人で回す徐樹錚は、曹錕、呉佩孚との決戦に備え、段祺瑞直属の部隊建設も急いでいた。日本の借款で、第一次大戦参戦を名目にした「参戦軍」を創設、三個師団四個混成旅団という大部隊を、中国随一の近代軍に育てようとしている。

中露国境の街、満洲里《まんしゅうり》からは、ロシア内戦のあおりを受けた避難民が、わずかばかりの手荷物を持ったまま、続々とハルビン方面に逃れていた。

八月二日、日本政府はシベリア出兵を宣言、米国もこれに加わった。だが、寺内内閣は、出兵を機にした米騒動の中で倒れる。続いて、大正デモクラシーの流れで勢力を増した立憲政友会の原敬が総理に就任、初の政党内閣を発足させた。

九月七日、段祺瑞は、張作霖を、満洲全体に対する指導権を持つ東三省《とうさんしょう》巡閲使に任命した。作霖の支持を固めておくための懐柔策である。これによって、作霖は、自らが軍政長官を務める奉天、影響下に置く黒龍江ばかりでなく、直隷派の孟恩遠《もうおんえん》が治める吉林《きつりん》の政治にも介入する制度的な力を得た。

ところが、同じ月、張作霖は、安徽派との絶縁を宣言するかのような、驚愕の人事を行う。奉天軍副司令を兼任してきた徐樹錚を解任したのだ。参謀長・楊宇霆も切った。

理由は、徐樹錚による奉天軍の軍費流用だった。

段祺瑞が総理に復帰した三月以降、中央政府は、奉天軍用予算として計五百十五万元を支出していたが、実際に奉天軍に渡ったのは、百八十万元にすぎなかったことが発覚した。残りの大半は、徐樹錚が、安徽派の直轄軍たる「参戦軍」の編制と訓練、新国会選挙の資金、河南《かなん》での四個旅団新設に使っていた。陸士後輩の楊宇霆は、部隊新設にかかわりながら、作霖には報告していなかった。参謀としては、決定的な背信行為である。

湖南にいた張景恵が不正情報をつかみ、張作霖に急報したと伝えられる。張景恵は、辛亥革命の際も、東三省総督・趙爾巽《ちょうじそん》が身辺に信頼できる部隊を欲しがっているとの情報を、洮南《とうなん》の作霖に打電し、作霖の奉天掌握の第一歩において重要な役割を果たしている。張景恵の目には、作霖を利用する徐樹錚の動きの急所が見えていたのだろう。

実務問題は徐樹錚に任せきっていた段祺瑞は驚き、まず徐に謝罪させた。徐は、奉天軍の金を使って編制した部隊を張作霖に「返還」した。だが、作霖は決定を変えない。かねてから、奉天軍を根こそぎ湖南に投げ込もうとする徐への不満もあった。作霖ばかりでなく、奉天内には、徐に対する嫌悪感が深まっていた。

ブレーンの袁金鎧《えんきんがい》は、徐樹錚について「公（張作霖）の力を借り、私を図るにすぎない」と喝破していた。

安徽派は、日本の武器強奪という離れ業を使って張作霖を引き込み、馮国璋を抑え込んだ。湖南戦争で安徽派から離反し、直隷派の新たな総帥となった曹錕へも同じ手を使おうとした。ところが、今度は肝心の作霖までもが徐樹錚への拒絶反応を起こした。

革命記念日の十月十日、大総統・馮国璋が辞任し、安徽派が絶対多数を占める新国会で選出された徐《じょ》世昌《せいしょう》が、新たな総統に就任した。新総統は、かつて東三省総督として、張作霖をモンゴル兵討伐に派遣した元上司だ。作霖の徐世昌に対する評価がおもしろい。

「人を許容する度量はあるが、現代を治める才には欠ける。学問は深いが、理論が時勢に合わない。われわれに彼ほどの学問がないから、理解しづらいのかもしれない」

清朝の大官僚だった徐世昌の能力と限界を看破している。張作霖は、ここではふれていないが、徐は袁世凱の盟友として清末の宮廷闘争を生き抜いた寝業師の顔も持つ。

馮国璋と同時に、総理・段祺瑞も辞職してみせた。しかし、参戦督弁ポストにはとどまったため、影の総理として、影響力を維持している。

十一月、ドイツ皇帝ウィルヘルム二世が退位し、オランダに亡命、十一日、ドイツが連合国との休戦協定に調印した。第一次大戦が終わった。

中国でも和平気運が高まり、徐世昌は十一月十六日、呉佩孚が戦闘をやめていた湖南の現状を追認するかのように、北軍の前線部隊に停戦令を出した。

大男が、子供のころ遊んでいた川辺に一人座り、一日を過ごす。遠巻きにしている顔見知りの視線を感じる。こんな村で一生を終えるのか。やりきれない思いが込み上げてきては、ため息をつく。

湯玉麟《とうぎょくりん》は、遼西《りょうせい》の故郷の村にいた。王永江《おうえいこう》の処遇をめぐって張作霖と対立、馮徳麟《ひょうとくりん》と組もうとして捨てられ、復辟を企んだ張勲のもとに走って、戦に負けた。

「息子よ」

ある日、鬱々として楽しまない湯玉麟を見かねた老母が声をかけた。

「これではだめでしょう。おまえはこんな人生を送りたくはないはず。それは母が知っています。張作霖と離れたのを後悔しているのも。もう一度、情けを求めてみてはどうですか。もう一度、帰るのです」

湯玉麟は語気を強めた。

「やつに頭を下げるくらいなら、ここにいたほうがましだ」

母親は「おまえがつらいのがわかるのです」と言い、もう一度息子を諭した。

「おまえは後悔しています。過ちを認めれば、許してもらえるかもしれない。なんとかなるものです」

だが、湯玉麟は意地になっている。

「おれは、行かない。こんな暮らしもいいじゃないか」

母親は、奉天にいる義兄弟たちに頼った。張作相や張景恵に、息子の暮らしぶりを話し、頼み込んだ。

「どうか息子の懺悔の思いを、大師にお伝えしていただけませんか。過ちを認め、再出発する機会を与えてはいただけませんでしょうか」

義兄弟の母は、自らの母でもある。皆なんとかしたいと思い、張作霖に、湯玉麟を戻してほしい、そのための手紙を書いてほしいと頼んだ。作霖は、かつて生死をともにした豪傑が実家にこもって落魄《らくはく》の生活をしていると聞いて慨嘆し、手紙を書いた。

「奉天においでください。兄弟の縁を続けていきたいと思っております」

張作霖も待ちわびていたのだ。三国志の演劇を観た際、関羽《かんう》と張飛《ちょうひ》が再会する場面で突然涙し、「人はまた再会の機会もあるのに、なぜわが兄弟は戻ってこない」と語ったとも伝えられている。

奉天からの手紙は、冬枯れの村で、いつものようにぶらぶら過ごしていた湯玉麟のもとに届いた。湯は驚き、いぶかったが、文面を読むと、喜びが溢れてきた。矢も楯もたまらず、母に別れを告げる。

母は息子の顔から苦悶が消えたことを喜んだ。

「戻ったら、しっかりやりなさい。皆さんの好意に背くことがあってはなりません」

湯玉麟は「安心してくれ。忠義を尽くす」と言い残して少年のように飛び出した。

彼がふたたび奉天に戻ったのは、一九一九年一月のことだ。帥府の内外に提灯が下げられ、銅鑼が鳴り、祭りのようだ。張作霖以下、兄弟たちが門前に並んでいた。作霖は、懐かしい兄の姿が見えると、早足で歩み寄った。二人は、声もなく、ただ肩を抱き合って泣いた。兄弟たちも、皆、涙を流し、大きな拍手がわき起こった。

湯玉麟は東三省巡閲使署顧問として迎えられた後、奉天軍に復帰する。

一九一九年二月、張作霖は、従来の東三省講武堂《こうぶどう》を拡充して本格的な士官学校・東三省陸軍講武堂を設立、士官教育を大幅に強化した。急激に膨張する戦力を支える人材を促成栽培しなければならなかったのだ。優秀な教官も多数採用した。その中に、黒龍江軍政長官から広東省長となった朱慶瀾《しゅけいらん》と行動をともにし、孫文《そんぶん》にも仕えた軍人、郭松齢《かくしょうれい》がいた。

郭松齢、字は茂宸《もしん》。一八八三年、奉天東郊の寒村で生まれた。子供のころから肉体労働に出て、その合間を縫って勉強した。三国志や水滸伝は何度読み返したか。十九歳のとき、父が職を得て、学問所に通えるようになったが、日露戦争の奉天会戦で学問所は焼けたという。戦後の一九〇五年、盛京《せいけい》将軍の趙爾巽が奉天陸軍小学堂を創設、郭はそこに入学した。成績は抜群で、陸軍大学まで進む。

この間、革命派の教師の影響で同盟会に加入した。珍しいことではない。当時、留学などで国外の知

中華民国図（1919年）

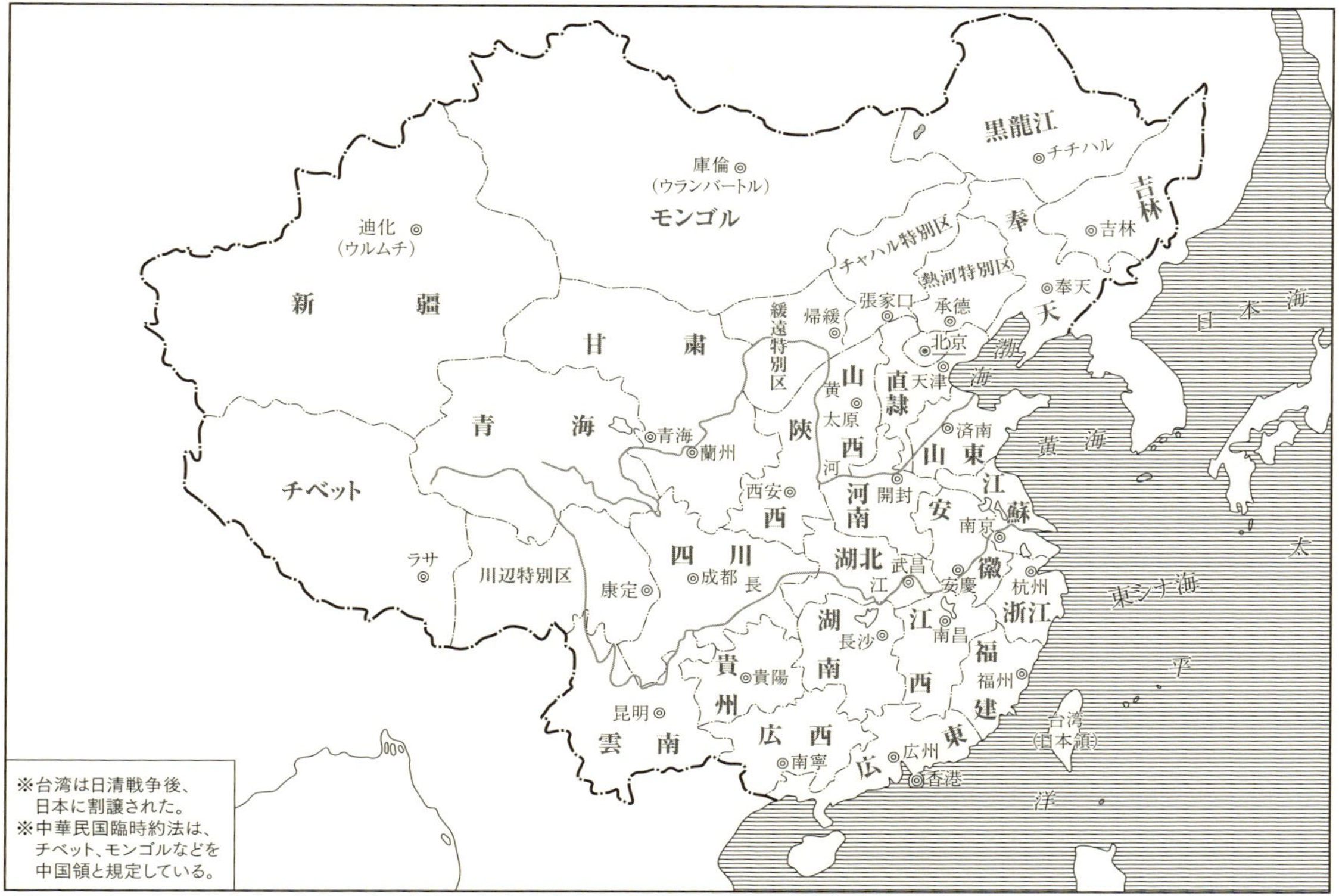

出典：『中国現代史地図集』

識に接した優秀な軍人ほど、清の後進性を自覚していた。そこで芽生えた革命思想は、知識と感情がない交ぜになったまま後輩たちへも伝えられる。一九一二年一月、張作霖が奉天の革命指導者・張榕《ちょうよう》を暗殺した後、辮髪を切っていた郭松齢も捕らえられたことは、先にふれた。

郭松齢は、大柄で顔の彫りが深く、常に正しく軍服を着ている。外国人のようにも見えたため、「郭《グオ》鬼子《グイズ》」とのあだ名があった。「鬼子」とは、非道な外国人の蔑称にも使う。

講武堂を視察に来た張作霖は、郭松齢を見かけると、「おまえは同盟会員じゃなかったか。何しに来た」と声をかけた。郭は黙って直立している。作霖は、郭の肩をぽんとたたき、言った。

「まあいい。できる人材を、埋もれさせておくようなことはしない」

四月一日、講武堂の開学式典が行われた。一期生の数は、兵科ごとに、歩兵百、騎兵四十、砲兵四十、工兵・輜重《しちょう》各十だった。

砲兵科に、張作霖の長男、張学良がいた。学良はもともと医者になるために欧米に留学したいと思っていたが、作霖が反対し、まずは軍人として将校教育を受けることになった。

「私の顔をつぶすな」

父の言葉に、満年齢で言えば十八歳に満たない張学良が答える。

「人ができることは、私も必ずできます」

その言葉どおり、張学良は、入学後、抜群の成績を残す。試験では毎回トップだった。プリンスにして英才。教官たちが、学良を褒めそやす中、郭松齢だけは、学良を徹底的に鍛えた。学良は、そんな郭に心酔した。

四月十二日、日本政府は、遼東《りょうとう》半島先端部の関東州を統治してきた関東都督府を廃止し、新たに関東庁を置いた。分離された軍事部門は、「関東軍」という。満洲駐留の一個師団と、満鉄およびその付属地を防衛するための独立守備隊が、関東軍の指揮下に入った。

第一次大戦の戦後処理を話し合うパリ講和会議で、ドイツが中国山東省に持っていた権益は、日本が継承することになった。

中国は「戦勝国」ではなかったのか。屈辱的な外交的敗北に、怒りの声がわき起こる。五月四日、北京で、「青島《チンタオ》を返せ」などと叫ぶ学生ら三千人以上が抗議デモを行った。日本と関係が深く、交通相、財政相も務めた曹汝霖《そうじょりん》の私宅は焼き打ちされた。街頭デモ、学生の授業ボイコット、日本製品不買などが、たちまち北京から全国に波及する。のちに「五四運動」と呼ばれる大衆抗議行動だ。吉林では、身近な日本製品の象徴だった麦わら帽子が踏みつぶされ、犬にかぶせられたという。

張作霖は、学生の集会や授業ボイコットを厳禁した。外地の新聞の流入、日貨不買運動も許さなかった。日本の奉天総領事は、作霖の学生集会禁止について、こう記している。

　不穏の挙動に出ずる者あれば、学生といえども銃殺する旨を訓達して、厳重に取り締まりたり。張作霖の態度かくのごとく酷烈なるがゆえ、当地においては何ら排日的運動は起こらざるべし。

張作霖は、日本との対立を慎重に避けた。

東北王となる

東三省――満洲の南から北に、奉天、吉林、黒龍江と重なる三省のうち、中間に位置する吉林には、直隷派の軍政長官・孟恩遠がいた。吉林は、国境防衛、匪賊討伐などのため、一個師団三個混成旅団を中核とする約三万の兵力を有していた。約六万五千を擁する奉天には遠く及ばないまでも、侮れない力を持つ。なお、黒龍江の兵力は、一万九千である。

東三省巡閲使のポストに就いた張作霖は、孟恩遠の追い落としにかかった。吉林内部の議員、有力者、各種団体に手を回し、孟の「八大罪状」なるものを作らせたうえで、大総統・徐世昌と、中央政府に、督軍《とくぐん》交替を進言した。安徽、直隷、奉天三派のパワーバランスがからみ、北京における作霖の発言力は以前とは比較にならないほど強い。中央は孟解任に動いた。

孟恩遠は強く反発、六月十九日には、吉林の日本領事に対して、「張作霖に屈服するなどできません。自分には三万の手兵があり、数千の馬賊も使えます」と語り、いざというときのための支持も求めた。省議会でも、抵抗への自信を示した。

孟恩徳の女婿である吉林第一師団長・高士儐《こうしひん》は、義父以上に強硬で、吉林軍を奉天省境近くに展開し、張作霖の圧力に力で対抗する構えを見せた。

七月六日、北京の中央政府は吉林に対し、孟恩遠を名ばかりの将軍職につけて北京に異動させ、吉林長官の後任には黒龍江長官の鮑貴卿《ほうきけい》を横滑りさせる人事を通告した。

席を立つかのように、高士儐は、吉林独立を宣言した。孟恩遠も北京に対し、「私が吉林を離れれば、吉林六十個大隊が黙っていないでしょう」と打電し、威嚇を込めて異動を拒否した。(4)

吉林の反抗を待っていた張作霖は、第二十七師団長・孫烈臣を南路、第二十九師団長・呉俊陞《ごしゅんしょう》を北路の総司令とし、南北から吉林を挟撃する態勢をとった。

夏の満洲はたちまち戦雲に覆われ、十日、吉林城内に戒厳令が敷かれた。同日、関東軍司令官・立花小一郎は、満鉄沿線を守る独立守備隊に「奉天、吉林両軍に対し、厳正なる中立の態度をとれ」と命じた。


七月十九日午前十一時半ごろ、長春の北に位置する寛城子《かんじょうし》で、満鉄長春駅員・船津藤太郎が、高士儐麾下の部隊である吉林軍混成第三旅団の兵士に殴られた。原因は、例によって日中双方で食い違う。日本側は吉林兵が故意にぶつかってきたと主張し、中国側は船津が制止を聞かずに部隊警戒線の突破を試みたとする。通りがかった邦人が、近くの日本兵営に駆け込み、急報した。寛城子駅は、日露戦争後、ロシアが日本に譲った南満洲鉄道の北端に当たり、日本の独立守備隊の駐留地である。

日本守備隊約三十人が出動し、やはり駅付近にあった吉林部隊の兵営に行き、説明を求めた。吉林軍士官が、天幕に招き入れようとした刹那、兵営から猛烈な射撃が始まった。不意を突かれた日本兵がばたばた倒れる。散開し、戦闘態勢に入ったが、なお死傷者が続出した。銃声を聞いた増援部隊が長春駅などから到着、側方、後方から機関銃、小銃で射撃を始めたことで、吉林軍は退避、戦闘が終息した。日本兵が十八人、吉林兵も十四人が死亡する大惨事となった。

寛城子事件という。

戦闘の直接のきっかけは、殺気だっていた吉林軍が発砲したことだった。ただ、日本軍側も、民間人がらみのけんか程度のささいなトラブルに軍が出動するという重大な過ちを犯していた。またも、と言っていいだろう。三年前の鄭家屯《ていかとん》事件の教訓を真剣に総括した形跡は、まるでうかがえない。外相・内田康哉は事件翌月、中国公使、奉天総領事に次のような電報を送っている。大意、鄭家屯事件の後、駐北京公使が外相に送った電報と変わらない。

単純なる邦人被害事件に関し、我が軍隊側において応急処置の範囲を越えて、強いて団長（連隊長）に面会を求め、直接交渉を試みたるのみならず、自ら加害者を物色せんとし、または中国将卒を監視するがごとき態度を示し、また別に数十名の武装兵を中国側幕営付近に出動せしめたるがごときことありて……これがため不必要に事態を重大ならしむるに至りたるの嫌いなきにあらず。

日本政府は強く抗議し、吉林軍政長官・孟恩遠と、吉林第一師団長・高士儐の解任を中国政府に要求した。張作霖に対する事実上の側面支援という意味もある。徐世昌はこれを受け入れた。

南北から迫り来る奉天軍の圧力下にあった吉林軍は、北京、そして日本も敵に回してしまった。張作霖が、対日姿勢では慎重のうえにも慎重を期していたのとは、雲泥の差だ。吉林軍は内部から崩れはじめ、一個旅団が丸ごと作霖に投降する事態さえ発生した。

七月二十八日、軍政長官・孟恩遠は、張作霖に辞意を伝える電話をかけた。孟は天津に、高士儐は上海に去った。

北京が先に通告していたとおり、吉林軍政長官の後任には、黒龍江長官・鮑貴卿が回った。空いた黒龍江長官のポストには、モンゴル兵との戦闘以来、作霖の忠臣でありつづける孫烈臣が就いた。

これにより、張作霖は東三省をすべて手中に収めた。海城《かいじょう》の農村で生まれた流民の末裔が、四十四歳にして、名実ともに「東北王」になった。

張作霖は、なおも止まらない。その足は、すでに山海関の彼方に踏み出している。

日本人の印象記をいくつか紹介しよう。

この当時、奉天の総領事だった赤塚正助は、後年、次のように語っている。

私が彼の東三省統一に力を添えたのは、彼を長く奉天にとどめ、我が国の権益を尊重させ、彼我の便宜を計ろうとする目的に外ならなかった。したがって、彼が天下に志を抱き、東三省を空にして、馬を中原に進めるのは、英雄的戯曲としては面白い場面であろうが、我が国にとっては実に迷惑千万で、もちろん賛成どころか、同意すべき理由がないので、私は、彼の野心が決して成功するものではないことを反復説いたが、彼はついにその決心を改めなかった。

後の話になるが、赤塚は、北京で苦境にあった張作霖を個人的に訪ねてもいる。

友人の忠告を聞いて、潔く満洲に帰れ、満洲にいれば、指一本も指す者はないではないかというと、彼は、すでにここまで乗り出したからには、成敗を天に任せて進むよりほかにないと、その決意を示した。

天に任せて進む。

広い満洲の空のもとで、己を賭けに投じ続けてきた張作霖は、ずっとそう考えて生きてきたのかもしれない。

町野武馬《たけま》は、日露戦争時、旅順二百三高地で手足に銃創を負い、日本での治療を終えた後、一九一四年から奉天軍政長官の軍事顧問となり、張作霖が死ぬまで顧問を務めた。

町野は、張作霖とともに北京に行ったとき、自動車で紫禁城の前を通りがかったときのことについて回想している。

張作霖は町野に「オイ、今に待て、ここに住んでみせるから」と話しかけてきた。

町野が「誰が」と聞き返すと、「おれが」と答えた。顔を輝かせていたという。

徳富蘇峰は、張作霖についてこう書いた。

彼が大東三省主義を持して北方に雄視し、中原の勢を制せんとするは、なお虎の嵎《ぐう》を負うがごとし。彼は勢に乗ずる現代の風雲児なり。

「虎が嵎を負う」は、山を背にして身構える虎のように、英雄が割拠するさまをいう。

九月二十四日、靳雲鵬《きんうんほう》が総理代行に任命された。靳は古くからの段祺瑞の部下で、「安徽派四天王」の一人と言われていた。他方、直隷派の曹錕とは義兄弟で、呉佩孚とは山東の同郷人だった。息子と張作霖の五女は許嫁だ。靳は、段一辺倒ではなく、全方位のバランスのとれた政治を志向していた。安徽派、非安徽派の中間に立つ存在だったと言える。

靳雲鵬もまた、一人の人間として、徐樹錚を憎んでいた。師・段祺瑞は、徐ばかりを重んじた。徐からは軽蔑の視線を浴びつづけた。実のところ、靳は屈辱にまみれながら、歯を食いしばって他派閥にも人脈を広げ、階段を上ってきたのだった。

このころ、曹錕、張作霖は、直隷派と奉天派の計七省で、「反安徽七省同盟」と呼ばれる協力態勢をとっていた。直隷派が、直隷省に、長江流域の江蘇、湖北、江西《こうせい》を加えた計四省、奉天派は、奉天、吉林、黒龍江の東三省だ。

「同盟」の目的は一つ、徐樹錚の排除しかない。北洋の大権威として尊敬される段祺瑞本人への直接批判は慎重に避けつつ、「君側の奸を除け」と主張し、段には「小人を遠ざけられよ」と求めた。

この年の六月、徐樹錚は、徐世昌から「西北辺防司令」に任命された。

第一次大戦が終わり、事実上、安徽派のための軍として編制された「参戦軍」の三個師団四個混成旅団は、「辺防軍」と改称され、なお徐樹錚が掌握していた。徐樹錚は、内モンゴルから、甘粛《かんしゅく》、陝西、新疆《しんきょう》にかけた広大な西北地域の文武官を支配下に置いてもいる。任命権者の徐世昌には、徐樹錚という虎を、北京という山から離して西北に追いやり、中央への影響力を削ぐねらいがあった。しかし、この虎には翼が生えていた。すぐに「西北王」と呼ばれる巨大な存在になったばかりか、たびたび北京に舞い戻り、中央での力を失うこともなかった。

靳雲鵬が正式な総理になって間もない十一月十七日、徐樹錚は、近代中国史において最大級と言ってもいい外交的成果を挙げる。辛亥革命を機に独立を宣言したモンゴルの首都・庫倫《クーロン》（現ウランバートル）に軍を率いて乗り込み、独立取り消しを承認させたのだ。(5) モンゴルがロシアと結んだ条約もすべて無効とした。

ロシアのボリシェビキ政権は、革命後の混乱と内戦によって、モンゴルへの支配権を失っていた。モンゴルばかりでない。シベリアでは、白軍などの頑強な抵抗が続いていたほか、日本軍、アメリカ軍も出兵している。この年の七月には外務人民委員代理カラハンが、敵の手に渡ってしまった極東地域の権益に関して、帝政ロシアと中国が結んだ不平等条約撤廃を宣言、中国を味方に引き入れようとしていた。

徐樹錚は、国際情勢を見極め、モンゴルが孤立感を深めるのを待って動いた。率いてきた兵が大軍であるかのように装い、モンゴル指導者をたちまち屈服させた。

外モンゴルを取り戻した徐樹錚は、直ちに中国にとって返す。一週間後の十一月二十四日には、もう北京に現れた。

段祺瑞に会うと、総理・靳雲鵬が出していた閣僚名簿案を冷笑した。

「靳雲鵬は、今も督弁の部下なのでしょうか。曹錕、張作霖の犬ではありませんか」

段祺瑞は、名簿を靳雲鵬に突き返した。

年末、前大総統の馮国璋が、北京・帽児胡同《ぼうじフートン》の私邸で、病のため急死した。六十二歳だった。


一九二〇年一月、国際連盟が発足、日本はイギリス、フランス、イタリアとともに、常任理事国となり、一等国としての地位を確固たるものにした。だが、戦争景気の反動も、ほぼ同時に来た。三月十五日、東京株式取引所で株価が暴落、戦後恐慌が始まった。日本にとって、原料供給先、市場としての満洲の価値は、より切実なものになっていく。

この月、湖南南部にいた直隷派の呉佩孚が、安徽派と雌雄を決するため、独断で撤収作業に入った。軍人の家族を手始めに、部隊が順次、北に向かう。

五月十四日、緊張が高まる中、総理・靳雲鵬が辞任した。

六日後の二十日、ついに、呉佩孚本人が、麾下の第三師団将兵とともに湖南の前線を離れた。長江水系の湘江《しょうこう》を下って、湖北を経由し、武漢《ぶかん》からは鉄道で直隷・保定をめざす。段祺瑞、徐樹錚は、湖南に駐留していた安徽派の将・張敬堯と、長江上流司令・呉光新《ごこうしん》に阻止を命じたが、二人とも「常勝将軍」にひるみ、無傷で通過させた。

湖南では、南部山岳地帯で息を潜めて呉佩孚の撤収を見届けた南軍が、湖南全域の奪還をめざして北上を開始した。呉軍以外の北軍を烏合《うごう》の衆としか見ていない南軍は、快進撃を続け、張敬尭の第七師団などを蹴散らしていった。

段祺瑞は、呉佩孚の湖南撤収に先立ち、鉄道北上ルートに当たる河南の軍政長官を中間派の趙倜《ちょうてき》から安徽派にすげ替えようとした。しかし、失敗だった。趙は相手陣営に走り、反安徽七省同盟は、河南を加えて八省同盟となった。

河南省都・鄭州《ていしゅう》に着いた呉佩孚は、反安徽各省に電文を送り、「国民大会」を開催してあらゆる問題を解決するよう提唱した。

一線指揮官の政治介入だ。反安徽同盟の中でも、さすがに呉佩孚に対する反感が生じたが、その声が大きくなることはなかった。他を圧する装備を持つ辺防軍を擁した徐樹錚に勝てる将は、呉しかいない。それは、皆わかっていた。

この年、直隷、山東、河南、山西《さんせい》など華北地方は、大旱魃《かんばつ》に襲われた。直隷では、初夏前から雨が降らず、どの村でも雨を祈った。

史書『民国史紀事本末』は記す。

金持ちの家は一日一食となり、貧しい者は、一、二日間、食い物にありつけなかった。ある土地では、種もみ、米ぬか、落花生の殻、トウモロコシの芯、のこぎりくず、木の葉、樹皮、木の根、草、昆虫、土まで食った。草、木の葉が食い尽くされた村も出た。被災地では、逃亡者が続出し、内モンゴルや東北へと逃れていった。歩いて父母について行けない子供は、道ばたに捨てられた。京漢線《けいかん》では、列車の汽笛が鳴ると、乞食が殺到して何千という手が、客に銭や食い物をねだった。

強盗、略奪、放火、殺人、強姦が横行した。ある被災地では、百人から二百人が集団になって、金持ちの家や被害を免れている村に押し入って食い物を奪った。子供は売られた。女の子は悲惨だった。河南では、十四、五歳の少女が三、四元で売られたが、誰も見向きもしなかった。嬰児には買い手がつかず、河に捨てられた。

「雨亭《うてい》」・張作霖の祖先が直隷から逃れてきたときと同じような旱魃の地獄図が、華北に広がっていた。だが、戦争への歯車は止まらない。

六月十五日、呉佩孚は、直隷派の本拠地・保定に入った。

二日後、段祺瑞に呼び戻された徐樹錚が、庫倫から北京に帰った。

十九日、張作霖が、安徽、直隷間の調停を名目に、二個中隊の護衛を引き連れて、北京入りした。作霖は、「反安徽」同盟を形成してはいたが、曹錕、呉佩孚と違い、安徽派との戦争を決めたわけではない。

四挺の機関銃で守られた張作霖の専用列車が北京東郊の廊坊《ろうぼう》に着くと、徐樹錚本人が出迎えに来ていた。

「奉天軍は中立を守ってくれさえすればいい。そうすれば勝てる」

徐樹錚は、こう踏んでいる。張作霖との間で、中立と副総統ポストを交換する取引も考えていた。

徐樹錚の計算は、もちろん、張作霖も察している。だが、作霖は冷淡だった。元部下の徐がわざわざ改装した豪華な宿舎を無視して、在北京奉天軍の施設に泊まった。

直隷・安徽戦争

六月二十一日、張作霖は、安徽派が本拠を置いた北京南郊・団河《だんが》に赴き、段祺瑞と面会した。

「徐樹錚をかばって、名望を捨てるようなことがあってはなりません」

張作霖は、反安徽同盟の要求の核心――徐樹錚解任を、直接求めた。

翌日、張作霖は保定に行き、安徽派に提示する条件を曹錕との間で確認した。靳雲鵬の総理復職、安徽派三閣僚の解任などもあったが、重要なのは、「徐樹錚の兵権剝奪と、辺防軍の陸軍省直轄化」だった。要するに、徐樹錚の無力化である。これは、安徽派全体の無力化に等しい。徐をもぎ取られれば、段祺瑞は額縁の中の権威でしかない。

曹錕との話し合いの中で、張作霖がふと、「一つ訊きたいのですが」と切り出した。

「徐樹錚の手にある軍は、あなたより多い。装備もいい。戦えますか」

曹錕は、「やれます」と即答した。

「どうやって」という追加の質問にも、笑顔を見せた。

「子玉《しぎょく》がやれるというなら、やれます」

子玉とは、呉佩孚の字である。段祺瑞が徐樹錚とともにあるように、曹錕も呉佩孚と一体化していた。

二十三日は、ふたたび団河だ。段祺瑞は、徐樹錚の兵権を取り上げるのは難しいと答えた。

二十九日、大総統・徐世昌が、段祺瑞、張作霖を総統府に招いた。徐世昌も、徐樹錚解任と辺防軍の陸軍省直轄を望んだ。段は口を閉ざした。

張作霖は、三十日も団河を訪れた。段祺瑞に別れを告げるつもりだった。この日、安徽派は、内部会議で強硬路線を確認しており、段は、これまでにない険しい顔で作霖に話した。

「一師団長にすぎない呉佩孚が、公然と辺防の大官を罷免せよ、と言う。こうした風潮を認めれば、中央の威信は地に墜ちる。徐樹錚は一発の弾も使わずに、外モンゴルを取り戻した。彼をどうしても罷免しなければならないというなら、まず呉佩孚を罷免しろ」

段祺瑞の主張は、ある意味で正論だった。現在の危機は、抜きん出た戦闘力を持ち、政治に容喙《ようかい》するようになった一師団長の意思によって生じている。ただ、この時代の正義とは、力である。段もまた、その力を持つために、第一次大戦に参戦して日本の借款供与を受け、その金で、徐樹錚に「辺防軍」という怪物を育てさせていた。

七月四日、徐世昌は、徐樹錚を西北辺防司令職から解任した。辺防軍を陸軍省直轄にするとの大総統令も出した。国家元首が安徽派に見切りをつけたのだ。もう後戻りできない。

張作霖は、調停を打ち切って奉天に帰ろうとしたが、徐世昌が慰留し、北京にとどまった。

次の日、段祺瑞[6]は、辺防軍など安徽派部隊に動員令を出した。

直隷・安徽戦争が始まる。

七月七日夜、張作霖は、団河での宴会に呼ばれた。段祺瑞、徐樹錚とテーブルを囲む作霖は、通常の宴にはない違和感を覚えていた。

そう、殺気だ。かつて遼西の大匪賊・杜立三《とりつさん》をおびき出して謀殺したときと同じ空気である。違うのは、あのときは自分が殺す側で、今度は自分が殺される側ということだ。

しばらくして、徐樹錚が席を外した。戻ってきたかと思うと、電話が入ったといって、段祺瑞を呼びにきた。部屋を出ると、徐は段にささやいた。

「今すぐ彼を拘束してください」

しかし、段祺瑞は思いとどまった。張作霖を殺害すれば、関内にいる部隊を含め、奉天軍が黙っていまい。大乱だ。段と徐樹錚の関係では、徐の異才が段を支えてきただけではなく、段の強靱な倫理と常識が徐の破滅を防いできたという側面もある。

戻ってきた段祺瑞の表情から異常を察知した張作霖は、手洗いに立ち、そのまま護衛とともに館を出て、駅に向かった。

史書によっては、張作霖が酔いつぶれたときに、徐樹錚がその場で段祺瑞に、「私が一声かければ、すぐに殺せます」と話しかけたとも記している。その説でもやはり、張作霖は手洗いから逃げている。

張作霖が脱出したと知った徐樹錚は、「大事は去れり」と慨嘆したという。

張作霖が天津に向かう列車に乗ったのは、翌八日午前一時のことだった。

奉天には九日に到着した。徐樹錚は十数人の秘密工作員を奉天に派遣したが、たちまち逮捕された。十二万元の資金を所持しており、自供によると、匪賊暴動も企図していたという。奉天側は張作霖をねらった「暗殺団」と認定しているものの、後方攪乱によって奉天軍の関内出動を牽制しようとしていたのかもしれない。

張作霖は段祺瑞に、「国に禍をもたらす障害を除き、民の苦しみを解く」と、徐樹錚排斥への決意を示す電文を送った。曹錕には、「危急存亡のときには、全力で助け合わないわけにはいかない」と打電した。在奉天の日本陸軍少将に、「段祺瑞に恨みはありませんが、大総統を支援し、安徽派を討つのは、天下のためです」とも述べている。

直隷軍と共同して安徽軍を討つ、という張作霖の意思が、ここに明らかになった。第二十七、二十八師団はじめ、奉天軍部隊も続々関内に移動しはじめた。

「奉天が中立を維持すれば、勝てる」という安徽派の希望的な見通しは崩れた。安徽派が、北京周辺の決戦場において、直隷派との戦争に動員できる兵力は、辺防第一、第三師団、元は馮国璋の部隊であった第十五師団を基幹とする約五万七千だ。直隷軍も、呉佩孚の第三師団を中核とする五万七千程度だった。ほぼ同兵力の激突であり、圧倒的な装備の質と量を誇る辺防軍と、湖南などで豊富な実戦経験を積んだ呉佩孚軍との勝負となる。

ところが、ここに近距離から大兵力を動員できる奉天軍が加わると、天秤が一気に傾く。北京で奉天を敵に回すとは、そういうことだ。かつて袁世凱は、張作霖の懐柔に腐心した。馮国璋が、奉天軍に包囲されたのも記憶に新しい。このときは、安徽派が仕組んだ策だったが、今度は安徽派の方に、奉天軍の重圧がかかる。

駐北京公使の小幡酉吉は七月十二日、外相・内田康哉に、張作霖が直隷側につくと表明した後の安徽系の状況について、こう打電している。

　段派の策戦計画に多大の頓挫を来たし、予定の総攻撃令を差し控え、狼狽恐慌の極み、目下、ほとんど、いかに善後を処置ししかるべきか途方に暮れおる趣なり。

だが、戦争はもう止まらない。

炎天下、北京南方に広がる平原の西、中央、東で、安徽、直隷軍がにらみ合っていた。安徽軍の主力は、辺防第一師団、第十五師団からなる西路軍で、京漢線沿いに、直隷の本拠・保定をめざす。指揮官は、段芝貴《だんしき》だ。辺防第三師団をはじめとする中路軍は、まっすぐ南下し、中央突破を図る。東路は、辺防軍第三師団の一部、同軍混成旅団からなり、天津方面の直隷軍を撃破する。奉天軍の攻勢にも備えなければならず、ここは徐樹錚が指揮をとる。

直隷軍の呉佩孚は、中路の要衝・固安《こあん》におり、中央と西を見る。ここで、安徽軍の主力を撃破する構えだ。東路は守勢をとり、曹錕の弟、曹鋭《そうえい》が指揮する。歴戦の将である呉は、実戦経験のない辺防軍を柱とする安徽軍について、「すぐにつぶれる」と見ており、「私の部隊だけで全安徽軍を相手にしても余りがある」と豪語していた。


七月十四日、段祺瑞は総攻撃令を出した。夜八時、西、中路で、安徽軍が前進を開始した。西路では、砲兵の援護のもと、辺防第一師団と第十五師団が前進、涿州《たくしゅう》を占領した。装備で劣る直隷軍は、機関銃による待ち伏せや地雷で損害を強要しながら収縮し、整然と後退した。未熟な安徽軍は、遠距離から射撃を始め、血を流しながら進む。

中路・固安では、直隷軍三個旅団が鉄壁のスクラムを組み、一歩も後退しない。呉佩孚は、中央で戦線を維持し、東西で突出する安徽軍を孤軍にしようとしている。

十五日も、安徽軍は西路で前進を続け、中路では進めなかった。東路では、徐樹錚が、一万五千の兵で楊村《ようそん》を攻撃した。

十六日夜、旱魃が一転して激しい雷雨になった。この日、河南に駐留していた奉天軍の一個旅団が呉佩孚のもとに到着した。呉は天恵と見た。奉天軍を中路の防衛線に配置し、浮いた直隷軍部隊とともに、西路に回った。

「安徽軍を討て」

雷鳴のもと、呉佩孚は下令した。歴戦の直隷軍歩兵が躍動し、横たわる巨獣の神経をかみちぎる猟犬のように、南北に延びた安徽軍主力の急所に襲いかかった。段芝貴が司令部を置く列車に突然銃弾が浴びせられ、驚愕した段は後退する。機関車は、逃げることを想定して、北京方向に向けられていたという。各地で指揮系統が混乱した。直隷軍は、辺防第一師団と第十五師団の分断を図った。安徽軍が優位にあった砲は、暗闇とぬかるみの中で、正確な射撃ができない。そればかりか、辺防第一師団の砲兵が、味方の第十五師団を誤射、同士撃ちが始まった。もともと直隷派の馮国璋の部隊だった第十五師団は、指揮が乱れた途端に投降した。

十七日、辺防第一師団は最後の前進を試みるが、地雷による待ち伏せ攻撃で大損害を受けただけに終わった。

東路ではこの日、楊村を占領した徐樹錚軍が東進を続けようとしていた。だが、そこで、第二十七、二十八師団を基幹とする奉天軍数千が参戦した。最初の部隊が戦場に到着したとき、直隷軍の士気は大いに振るったという。直隷、奉天連合軍の逆襲が始まった。

このとき、一個連隊で安徽軍二個旅団を潰走させたとの評判をとった奉天軍の将がいる。講武堂教官だった郭松齢だ。

西路の直隷軍は、辺防第一師団司令部に突入、師団長の曲同豊《きょくどうほう》以下を丸ごと捕虜にした。段芝貴はとっくに北京に逃げ帰っていた。

西路主力の崩壊で、東路の命運も定まり、徐樹錚は変装して北京に逃れた。

十九日、段祺瑞は下野を宣言した。段芝貴や徐樹錚は、日本公使館に保護を求め、日本政府は人道上の措置として受け入れた。

戦争は、あっけなく終わった。

張作霖は、北方二強の一角を占めることになった。これから、勝者として、北京で曹錕と権力の分配を行わなければならない。

その前に、奉天でやるべきことがあった。二十三日、張作霖は王永江を呼んだ。三年前に王を財政庁長に抜擢してから、奉天省の財政収入は倍増していた。すべての外債を返却し、一千万元以上の余剰金も生み出した。省が独自発行する貨幣・奉天票も安定して流通していた。信じられぬ成果である。作霖は、単刀直入に言った。

「私に代わって、省長をやってもらえないか」

王永江は驚いた。位が高すぎる。禍を招くのではないかと恐れた。警察庁長就任時も、湯玉麟離反という大事件を招いている。

「財政庁のことで手いっぱいです」と固辞しても、張作霖は許さない。「君に任せられれば、私は今後、省の行政を見ない」と言って迫る。

王永江は断り切れないと思い、「事務はやりましょう。ただ、省長の名をいただくわけにはまいりません」と頭を下げた。張作霖は、王を省長代理に任じ、天津に向かった。

二十五日に張作霖は天津で、総理に復帰した靳雲鵬と会談し、「一師団長にすぎない呉佩孚とは話し合わない。彼は政治に干渉してはならない」と強調した。直隷派で話し合える相手は曹錕だけだ、という宣言である。だが、直隷派は、呉という傑出した武人なくして存立し得ない集団だ。

張作霖をあえて刺激するかのように、呉佩孚は八月一日、国民大会開催を呼びかける声明を出した。作霖は、やはり天津にいた曹錕に伝えた。

「あなたは呉子玉の声明を読みましたか。私は、事前にはまったく知らなかった。もしあなたが彼の主張に賛成するなら、私は反対の声明を出しましょう」

そんなことになれば、今度は、無傷の奉天軍との戦争になる。曹錕は慌てて、「自分は賛成していない。子玉にはこの主張を捨てるよう話します」と応じた。

八月四日、曹錕、張作霖が天津からそろって北京入りした。北京の駅のホームには、皇帝を迎えるごとく、黄色い砂が敷かれた。

同じ日、大総統・徐世昌との三者会談で、直隷長官・曹錕を「直隷・山東・河南巡閲使」に、呉佩孚を同地の巡閲副使にすることを決めた。直隷派が中原の支配者ということだ。職制としては、曹は、東三省巡閲使の張作霖と対等の立場であった。

総理・靳雲鵬も交えた四者会談では、今後の政治方針に関する六項目の合意が成立した。

一、重大な事件については、曹錕、張作霖の意見を求める。
二、東三省および直隷・山東・河南の省官吏を任命する際には、曹錕、張作霖の意見を取り入れる。
三、政府がほかの各機関の人員を任命する際には、曹錕、張作霖は反対しない。
四、中央政府の命に従わない者があれば、曹錕、張作霖が勧告する。
五、段祺瑞の安全を保障する。
六、新内閣に動揺が生じたときは、曹錕、張作霖に事前通知する。

わかりやすく言えば、曹錕と張作霖という二人の勝利者による支配が始まるということだ。ただ、二人のトップが同じ権力を持って並び立つ、という双頭政治の状態は不安定極まりない。早晩、覇権争いが起こるのは目に見えていた。

実際、安徽軍から押さえた戦利品をめぐって、早くも摩擦が起こっていた。奉天軍は戦後も兵を関内に入れつづけ、一帯の兵力は約七万にも達していた。

直隷、奉天両軍ともに、安徽軍の装備の鹵獲《ろかく》に忙しかったが、奉天軍の手のほうが早い。張作霖が南《なん》苑《えん》の飛行場にあった航空機十二機を奪って関外に運び去ったと聞いた曹錕、呉佩孚は、「張雨亭のやつめ。根っからの賊だ」とののしった。

安徽派の扱いでも差があった。呉佩孚が、徹底的な厳罰主義で臨もうとしたのに対し、張作霖は、将来の安徽派との連合を見越して、寛容な処分で済ませようとしていた。

「そもそも奉天軍は、直隷軍と安徽軍の戦争の勝敗が決まってから参戦し、いいところをとっただけではないか」

呉佩孚はそう思っている。張作霖が曹錕と並び立っていること自体が、我慢ならない。

これに対して、張作霖は「もし奉天軍が参戦していなかったら、直隷軍は勝てなかった」と考えていた。何かと言えば、「一介の師団長が何を言うか」という態度をとった。

呉佩孚は、やがて来るであろう奉天軍との決戦に備え、中原の中心とも言うべき河南省洛陽で、直隷軍の練兵に専念することを決めた。呉は、曹錕に告げた。

「二年もすれば、戦わなくてはならないでしょう」

曹錕は「遅いほうがいい。われわれは戦いが終わったばかりだ」と答えた。

戦うな、とは言わない。

第六章

中原の宿敵

傾いた天秤

一九二〇年九月三十日、張作霖は、奉天の日本総領事・赤塚正助と会った。今や、北京政府を支配する立場となった作霖は、大きな話を口にした。

「まず北方の団結を強固にしてから、南北の統一を図りたいと思います。そもそも、中国が始まって以来、南北が対峙して、南によって征服された例はありません」

赤塚は「貴巡閲使《じゅんえつし》が勢力を拡張されたことは喜びにたえない次第です」と外交的な世辞を最初に置いて、本題を続けた。

「排日行動の取り締まりを励行し、この風潮を壊滅させていただきたい」

長江以北の軍政長官に働きかけるか、北京政府を直接動かしてほしいという。前年の五四運動以来、赤塚が話すように、反日は「風潮」になっていた。日本には頭の痛い問題だ。

赤塚は別の問題も提起した。

「満洲と朝鮮の国境地方で不逞鮮人に対する徹底的な討伐を断行し、日中両国の将来の禍根を取り除いていただきたい」

五四運動直前の一九一九年三月一日、朝鮮半島では、「三一事件」(1)と呼ばれる大規模な民族独立運動が発生、日本当局が鎮圧した。民族蔑視の語感が強い「不逞鮮人」という言葉は、「反日闘争に携わる朝鮮人」を意味し、日本は中朝国境地帯がその根拠地になっていると見ていた。とくに、国境河川・図《と》們江《もんこう》の西岸、現在の吉林省延辺《えんぺん》朝鮮族自治州に当たる間島《かんとう》一帯には、多数の朝鮮族が居住し、同じ民族が国境を越えて行き来している。

張作霖は、排日行動については、「徐世昌《じょせいしょう》総統を動かして、禁止の命令を出させましょう。各省に使者を派遣してみます」と答えた。「不逞鮮人」討伐に関しては、「馬賊ならびにロシア過激派(赤軍を指す)との連絡をさせず、大禍を未然に防ぐという見地から、当然これを断行する決意です」と表明、さらに、匪賊討伐のため、奉天から一個旅団を吉林に急派すると明らかにした。

その二日後の十月二日朝、間島・琿春《こんしゅん》の日本領事館が襲撃された。現地から東京に送られた電文が緊張した状況を伝えている。

中国人、不逞鮮人(ロシア人をも含む)四百名よりなる馬賊襲来、領事館全焼、……判明せる分即死七名、重傷危篤者十名以上に達し……やむを得ず在慶源(図們江対岸の朝鮮側)守備隊の一個中隊出兵方《かた》を要求せる……。

朝鮮から、日本陸軍第十九師団の部隊が間島に入った。奉天総領事経験者はのちに記している。

間島事件で、朝鮮人威嚇のために、日本軍が示威行軍をしたことがあったが、張(作霖)はこの行為を許した。このようなことは、一人張においてのみ見られる大胆な行為で、一般の中国人にはできないことである。

九日、張学良率いる親衛旅団が、吉林の長春に到着した。参謀長として郭松齢《かくしょうれい》が付いている。張作霖が赤塚に語った匪賊討伐の旅団派遣は、士官教育を終えた学良の初陣でもあり、作霖は「おまえの出番だ。行け」と言って、長男を送り出していた。

戦闘力で言えば、正規軍の一個旅団と匪賊集団では比較にならない。しかし、根拠地の襲撃や正面からぶつかり合う戦いばかりではない。疲労と飢え、渇きに耐えて山に分け入る掃討もある。ゲリラ戦と同じく、誤認逮捕による民間人殺害の影がつきまとう。軍紀を保つのは難しい。虚を突かれて思わぬ敗北を喫することがないとも限らない。

ここまで匪賊討伐総司令を務めてきた奉天軍第二混成旅団長・闞朝璽《かんちょうじ》は、心を病んでいたという。一九二〇年初めに着任、戦闘で見事な勝利を挙げ、多くの土匪《どひ》を捕らえた。そこまではいい。だが、闞は、威風を示すために賊を殺した。脅されて無理矢理仲間にされていた農民や、投降者も容赦しなかった。処刑には、秣《まぐさ》の裁断機を使い、藁《わら》の束を切るように、人の首を切った。更正の機会も、生きる希望も与えず、残酷に殺すやり方は、憎しみを再生産するばかりで、賊は消えることなく、ますます凶暴化した。民衆感情も悪化した。

「首切り」と呼ばれた闞朝璽の頬はこけ、毎晩、幻影を見るようになった。数知れぬ霊が「命を返せ」と叫ぶ。声に向けて銃を撃ってみても、首の合唱は消えない。

張学良は十月末、山砲を携行した部隊を自ら率いて土匪と戦い、八十人以上の賊を捕らえる戦果を挙げた。連戦連勝だった。郭松齢は、容赦なく銃殺した。匪賊を、ではない。民の財物を奪った自軍の中隊長をだ。民は、郭を歓迎した。兵もまた、郭を信じた。郭が兵とともに、自分の足で歩いていたからだ。

そこから約一年に及ぶ張学良、郭松齢の匪賊討伐戦は成功を収める。

十一月十四日、直隷《ちょくれい》・安徽《あんき》戦争で敗れ、北京の日本公使館に逃げ込んでいた徐樹錚《じょじゅそう》が、天津に脱出した。無論、日本の支援下の行動だが、公使・小幡酉吉は中国外相に、「十四日夜まで確かに兵営内にありしも、翌十五日朝に至り、同氏のあらざることを発見したる旨、護衛隊長より報告に接し候。単身脱出したると認むるのほか、これなきに候」との文書を送った。子供騙しのような文面だ。

同月二十四日、日本通で、日本語が堪能な于冲漢《うちゅうかん》が、張作霖の特使として訪日し、総理・原敬と会談した。于が、日本は作霖を支援する意思があるかと問うたのに対し、原は「懸念には及ばない」と返した。原は会談に先立ち、当時陸相になっていた田中義一らと対応を話し合った末、作霖に「相当の待遇」を与えることを閣議で決めていた。于との会談について、原は日記に、「張は日本を背景として勢力を張らんとするものなるが、我においてもまた、東三省《とうさんしょう》において発展せんには、張を好遇するの必要あるより、双方の利益は期せずして融和を得る事情あるなり」と記している。

もっとも、日本政府は、張作霖を完全には信用していない。作霖は、日本の支援を得たいとき、困ったときには、日本との協力を口にする。今は、于冲漢を送り込んできている。だが、この東北王は、満洲で日本が権益を拡大しようとすると、表面では笑顔を見せながら、のらりくらりと、裏では頑強に抵抗していた。満洲では、外国人への土地家屋貸借などを禁じる条例、訓令が次々に施行されていた。

張作霖にすれば、自身をねらった暗殺未遂事件や、武力衝突事件など危険な行為を繰り返し、何かと口実を設けては権益を拡大しようとする日本にフリーハンドを与えるわけにはいかない。加えて、対華二十一カ条要求や五四運動を経て、中国では、親日的であることが「売国」行為と見なされつつあった。義侠を誇る作霖にとって、売国奴呼ばわりされることは、耐えられない屈辱である。安徽派の「売国」を攻撃する世論戦を仕掛けて成功した直隷派の呉佩孚《ごはいふ》の動向も警戒しなければならなかった。

ロシアの内戦は、一九二〇年の後半になると、赤軍の勝利が明らかになりつつあった。極東、シベリアの領土、利権を取り戻す見通しが立つや、ボリシェビキ政権は対中政策であっさりと手のひらを返した。外務人民委員代理カラハンは九月二十七日、第二次対中宣言を出し、前年七月に言明した不平等条約撤廃をほごにした。約束した中東鉄道返還も白紙に戻した。

一九二一年一月、バイカル湖東岸のザバイカル地方で、白軍将領セミョーノフが赤軍に敗れて沿海州に後退した。その際、幕僚の一人、ウンゲルンが数千人の部隊を率いて外モンゴルの庫倫《クーロン》(現ウランバートル)になだれ込み、モンゴルに駐留していた中国軍は駆逐された。徐樹錚が自治を取り消させたモンゴルは、二月、ふたたび独立を宣言した。

四月、極度に深刻化していた中央政府の財政問題を協議するため、天津で「四巨頭会議」が開かれることになった。

十六日午前三時、張作霖は、機関銃四挺を携行した護衛部隊計四百人を従え、天津入りした。

このころ、張作霖にインタビューした米国の女性ジャーナリスト、エドナ・リー・ブッカーは、作霖の身辺警備に関する興味深い記述を残している。

彼は、いつもは森厳とした警備の帥府の高い壁の内に身を隠し、中国でもっとも会うことの難しい人物である。一生のうち無数の暗殺計画に遭遇したことから、平時であっても、客に会うことは非常に少なかった。外出のときは大陣容だ。通過十五分前にはルート上の人びとを排除しなければならない。その後、彼は、特殊な改造が施され、両側に機関銃を取り付けた防弾車両に乗り、時速六十マイル（約百キロ）の速度で疾走していく。

ブッカーは、張作霖の印象については、「目の前にいる男性は、小柄で、生き生きと輝く褐色の眼を持つ。笑顔は慈悲深く、挙措は穏やかだ。これがあの名声天を震わす伝説の奉天の虎なのであろうか」と書いた。

張作霖が天津入りした十六日の午後七時、保定《ほてい》から曹錕《そうこん》が到着した。午後九時、作霖と曹は早速会談に入る。曹が作霖の宿舎に着くと、作霖は親しげに握手して声をかけた。

「どうですか。親戚と部下とどちらが近しいですかな」

張作霖の四男と曹錕の六女は、婚約していた。作霖は、この縁を大事にするのか、部下の呉佩孚を大事にするのか、と問うたのだ。追い詰めるでもなく、作霖は続けた。

「私は、あなたを大事にする」

十八日、総理の靳雲鵬《きんうんほう》が北京から到着。二十五日には、湖南《こなん》・湖北《こほく》巡閲使になったばかりの湖北軍政長官、王占元《おうせんげん》が着いた。王も直隷派だ。これで「四巨頭」がそろった。

二十七、二十八両日開かれた会議では、兵への給与未払いが半年以上に達していた直隷派が、政府にもっと金を出すよう迫った。奉天軍への未払いは、二カ月分だったという。だが、この年の歳入は四億五千万元、支出は六億五千万元という状況だ。金がないと繰り返す靳雲鵬に対し、同席した曹錕の弟・曹鋭《そうえい》が、湯飲みの水を投げつけ、怒鳴り合いになる始末だった。

四巨頭は、その後北京に向かい、大総統・徐世昌とともに、モンゴル問題について協議、張作霖にモンゴル平定の全権を与えることで合意した。

五月三十日、徐世昌は、張作霖を「蒙疆経略使《もうきょうけいりゃくし》」に任命した。複数の省を管轄する巡閲使と似て、熱河《ねっか》、チャハル、綏遠《すいえん》の三特別行政区(2)に対する指揮統括権を持つポストであり、作霖は、東三省に加え、内モンゴル地域も支配下に置く権限を手にした。

この間の五月十七日、原敬内閣は、中央政界に権勢を伸張させようとする張作霖への対応方針について、閣議決定した。

大体において張作霖が東三省の内政および軍備を整理充実し、牢固なる勢力をこの地方に確立するに対し、帝国は直接間接これを援助すべしといえども、中央政界に野心を遂ぐるがため帝国の助力を求むるに対しては、進んでこれを助くるの態度をとらざること、適切なる対策なり。

続く「折衝上の心得」には、こうある。

帝国が張を援助するの主旨は、張個人に対するにあらずして、満蒙の実権を掌握せる彼を援助し、もって満蒙に対するわが特種(殊)の位置を確実にするにあり。ゆえに、帝国は、何人といえども、満蒙において張と同様の地位に立つ者に対しては、これと提携し、彼我ともにその利益を享受するに勉めざるべからず。

満蒙を安定させ、日本の特殊権益を守り得る者であれば、誰であれ、支援するという冷徹な決定だ。張作霖が失敗すれば、その首をすげ替えることに、ためらいはない。

閣議決定について、原敬は日記に「畢竟《ひっきょう》彼（張作霖）は中央に出ずる考えあるも成功の望みなきことなればなり」と記している。

七月、ロシア赤軍が、モンゴル・庫倫からウンゲルン軍を駆逐し、モンゴル人民政府が成立した。モンゴル情勢はいよいよ緊迫した。

ところが、同月二十三日、張作霖はモンゴル出征延期を決定する。南方情勢の混迷が理由だ。

一週間前、南の覇者だった陸栄廷《りくえいてい》が下野宣言した。広東《カントン》の陳炯明《ちんけいめい》軍に撃破されたのだ。陳は、アメリカ合衆国のような連邦国家「中華合衆国」の理想を掲げ、まず広東において自治を行い、模範となる省を建設しようとしていた。

湖北では兵乱が相次ぎ、二十八日、湖南軍が、人民支援を名目に、湖北に侵攻、四川《しせん》軍も呼応して西から湖北に迫った。「湖北支援（援鄂《がく》）戦争」だ。湖北軍政長官は、四巨頭会議に出席したばかりの王占元である。直隷派の支配下にある湖北の危機に、曹錕は常勝将軍・呉佩孚に南下を命じた。

呉佩孚は、八月から九月にかけて、難しい二正面戦争で完全勝利を収める。まず王占元を見殺しにし、王を逃亡させた後、戦いを仕掛けた。直隷軍主力が湖南軍正面に強烈な圧力をかけ、その間に、長江海軍で兵を輸送、敵司令部のある後方の岳州《がくしゅう》に上陸させた。懸命にこらえていた湖南軍は、後ろからアキレス腱を切られた力士のように崩れ落ちた。

呉佩孚は深傷を負わせた湖南と和議を結ぶと、一転して西方に転進し、四川軍に痛撃を加えた。四川軍が、蜀《しょく》と呼ばれた時代からの要害である山岳地帯で迎撃態勢をとると、呉は深追いはせず、戦闘をやめた。見事な戦《いくさ》である。

終わってみれば、湖北支援戦争は、呉佩孚の一人勝ちで終わった。湖北に進入した湖南、四川軍は当面立ち上がれないほどの打撃を受けた。呉は、王占元に代わって両湖巡閲使に任命された。湖北長官ポストには、呉麾下の蕭耀南《しょうようなん》が就いた。呉とその上司、曹錕は、直隷・山東・河南《かなん》のうえに、湖北を新たな版図に加え、中原から長江流域にかけて巨大な土地を支配するに至った。

前年の直隷・安徽戦争後に生まれた政治体制は、直隷派の曹錕と、奉天の張作霖が、対等の立場で国政に責任を負うというものだった。しかし、湖北支援戦争によって、両者の力の天秤は大きく傾いた。憤る張作霖は、すでにモンゴル支援に向かっていた部隊を引き揚げさせ、蒙疆経略使ポストの返上も願い出た。

張学良は、こう回想している。

父は大いに憤った。東北軍がモンゴル征伐に向かった機に、曹錕が地盤を奪ったからだ。父は征蒙の中止を決意し、軍を反転させ、関内に集中させた。もし征伐が実現していたら、父は庫倫を奪回していただろう。

なお、張作霖が奉天で軍事会議を開き、モンゴル遠征延期を決定した七月二十三日には、上海のフランス租界で、中国共産党の創設を決定する第一回全国代表大会が始まっている。十三人の出席者の中には、湖南・長沙《ちょうさ》の毛沢東もいた。

八月二十三日、張作霖は奉天の日本総領事館に赤塚正助を訪ね、武器支援を要請した。作霖は、見る見る大きくなる呉佩孚の脅威に備える必要性を強調し、「『張作霖は日本の傀儡《かいらい》、売国奴だ』といった世論の攻撃も恐れません」とまで話した。だが、日本政府には、張作霖個人の野望を手助けするつもりはない。また、国際連盟常任理事国として、国際協調を重視してもいた。

当時の日本は、軍人らによる小規模な暴走はしばしばあったとはいえ、全体としては、なお政治の制御が働いていたと言える。

しかし、十一月四日、暗い近未来を予感させる大事件が起きた。総理・原敬が、東京駅で「斬奸状《ざんかんじょう》」を持った十九才の少年に刺殺された。

二つの個性

呉佩孚は、張作霖と同世代である。作霖より一年早い一八七四年、山東・蓬萊《ほうらい》の商家に生まれた。六歳から四書五経を学び、二十歳すぎには地方の科挙予備試験に受かって秀才の称号を得た。学のない作霖とは違う。

身体的な特徴と言えば、何といっても、その大きな眼だろう。戦のときに際立って輝く眼には、「神が宿る」とさえ言われた。徐樹錚が参謀としての天才であったとすれば、呉佩孚は実戦の天才だった。なにしろ、負けない。雲南《うんなん》で蔡鍔《さいがく》の精兵と死闘を演じ、張勲《ちょうくん》の復辟《ふくへき》軍を一蹴。湖南では南軍を山岳地帯に敗走させた。最強の評判があった安徽派の辺防軍を数日間で壊滅させ、湖北支援戦争では、腹背の敵をなぎ倒した。

呉佩孚は日露戦争当時、日本軍に協力するために袁世凱が派遣した情報将校の一人に選抜された。営《えい》口《こう》付近で活動、物売りや占い師に成り済ましてロシア軍の動静を命懸けで探り、旅順攻囲戦などに貢献したという。この戦争は、海陸で鋼鉄が激しくぶつかり合う、二十世紀初の大規模な近代戦だった。呉はそこで、戦場における情報の重要性を認識したに違いない。戦後、北洋第三鎮が吉林で匪賊討伐に当たった際、呉は除夜に出撃し、新春の朝に二十数人を捕らえて戻ってきた。情報での勝利というほかない。

戦場で、呉佩孚は常に、偵察に全力を注いだ。直隷軍兵士は農民や商人に変装し、敵情を徹底的に探った。呉自身は常に前線を駆け回っていた。その大きな眼で戦況を見極め、集めた情報と総合しながら、戦場に一瞬だけ吹くチャンスの風をつかんだ。日本軍にも劣らないと言われた厳しい訓練を受けた歴戦の兵たちは、呉の命に反応し、頑強に、柔軟に戦線を維持しつつ、攻撃に回れば、敵を力で押しつぶし、中枢をかみちぎった。

まさに、無敵であった。「常勝将軍」の呼び名は、誇張ではなかった。奉天軍の最高司令官と、一線部隊の将領という立場の違いはあるが、戦闘指揮能力という点で言えば、張作霖とは比較にならない。

呉佩孚

高級将領が作霖に、部隊をどこまで進めるかと訊くと、よく「まっすぐ進め、まっすぐ進め」という答えが返ってきたという。

呉佩孚はまた、政治的に、「四不主義」と呼ばれる態度をとった。出国せず、租界に入らず、外国から借金せず、私財を蓄えず、というものだ。ナショナリズムが高まっていた中国では、民衆受けする態度だった。

ただ、呉佩孚には、天才ゆえの致命的な弱点もあった。徐樹錚と同じく、傲然として、人を人として見ないのだ。同僚や部下は、他人など眼中にない将を恐れ、ねたみ、憎んだ。

張作霖の麾下には一九二一年の初めから、軍閥混戦の時代で、おそらくもっとも悪しざまに言われる将領の一人が加わっていた。

張宗昌《ちょうそうしょう》という。山東生まれの巨漢だ。実家は貧しく、一年だけ私塾に通った。十八歳のころ、一人で満洲に来て、石炭掘り、砂金とり、道路工事など何でもやった。武侠小説が好きで、任侠の気風を重んじ、同郷人や仕事仲間から大いに声望を得たという。ロシア極東のウラジオストクで、華僑商人が雇う保険隊の頭目となり、ロシア語を少し覚えた。辛亥《しんがい》革命では兵を率いて上海に入り、馮国璋《ひょうこくしょう》の傘下に入る。上海では、革命派の大物・陳其美《ちんきび》の暗殺にもかかわったとされる。一時は師団を率いたが、一九一九年に馮が死んだ後は落ち目になり、部隊を失った。部隊の規律で悪評があったこともあり、同じ直隷派とはいえ、曹錕、呉佩孚は相手にもしなかった。

張宗昌は、一度会ったことがある張学良を頼り、奉天に行った。当時、直隷・安徽戦争で敗れた安徽派の高級将領らが奉天に投じてきていた。張作霖は、張宗昌とも会った。

張宗昌は、空の籠を持って張作霖の前に歩み寄り、「遠路参上いたしました。贈り物を捧げます。お納めください」と差し出したという。捧げるのは、この一身しかない、という意味だろう。作霖は黙っていた。この悪評高い大男のどこを見込んだのか、作霖は周囲の反対の声を抑えて受け入れた。

張宗昌には、「犬肉将軍」との異名がある。賭博狂いを「犬肉食い」と呼ぶことからきているとされる。

あるとき、張宗昌は、奉天軍将領たちと博打をやり、一晩で十数万元負けた。食客には一生かかっても返せない金だ。

次の日、張作霖が、張宗昌に勝った将領らを博打に誘った。誰も断れないし、鬼気迫る作霖を相手に、誰も勝とうとしない。夜中にもならないうちに、作霖は十数万元勝った。

張作霖は、その金を張宗昌の前に置いた。

「昨日は派手に負けたな。利子をつけて勝ったぞ。取っておけ」

張宗昌は、鼻をすすり、涙を落とした。この後、張は、奉天軍の一員として奮戦し、のちに、奉天の本軍に次ぐ大兵力を擁し、山東に盤踞《ばんきょ》するに至る。呉佩孚の「四不主義」に対抗するかのように、「自分は三不知主義だ」と笑った。


兵がどれだけいるか、知らない。

金がどれだけあるか、知らない。

女がどれだけいるか、知らない。


後年になっても、兵の規律は相変わらず悪かった。そもそも張宗昌自身が、美人とみればすぐに手を出し、飽きたら部下に与えた。

人間性を嘲笑される張宗昌。彼が寝返れば、奉天軍はいつでも崩壊しただろう。だが、この犬肉将軍は、どこまでも張作霖のために戦った。やがてくる落日の光景の中で、大男の姿が最後まで見える。

十一月十五日、楊宇霆《ようてい》が奉天に帰ってきた。楊は、一九一八年、徐樹錚が奉天軍の予算を流用し、奉天軍副司令を解任されたとき、連座して職を解かれた。その後、奉天には戻れず、北京で総統府侍従武官などを務めていた。軍人としての輝かしい将来は、消えたかに見えた。だが、張作霖は、日本の陸軍士官学校出の楊の才を忘れてはおらず、三年たって、奉天に呼び戻す電報を打ったのだった。

十七日、張作霖は、楊宇霆を吉林・黒龍江《こくりゅうこう》の匪賊討伐総司令部の参謀長に任じ、即日、黒龍江ハルビンに向かわせた。湯玉麟《とうぎょくりん》と同じく、楊も許されたのだ。

軍事的才能という意味では、張作霖は呉佩孚に及びもつかない。だが、作霖は呉とは比較にならないほどの包容力、度量を備えていた。周囲の者が作霖のために懸命に戦った。中原の宿敵となりつつあった軍神に、作霖は底知れぬ器量で対抗していたと言える。

楊宇霆は、張作霖という人間について、「政治家である。軍事家ではない」と評している。呉佩孚について言えば、希有な軍人ではあったが、政治家にはなれなかった。

十二月、財政難にあえいでいた靳雲鵬内閣が行き詰まった。大総統・徐世昌、直隷派の曹錕、そして張作霖のすべてが、靳を見限った。全国各地の軍閥からは、半年以上滞る軍費の支給を求める要求が相次いでいた。しかし、靳内閣には払えない。中央政府機関の職員給与までが未払いになる事態に陥っていた。公立学校の授業も止まった。

張作霖は十四日、北京に入り、自ら主導して次の内閣を発足させようとした。掌中の候補はいる。袁世凱統治期から安徽派全盛期にかけて活躍、交通銀行などを通じて海外、とくに日本から多額の借款を引き出し、「財神」とも呼ばれた梁士詒《りょうしい》だ。作霖には、財政を握ることで、直隷派に対して優位に立ちたいという思惑がある。曹錕、呉佩孚は当然警戒したが、梁が、内閣発足後、直隷派のために軍費三百万元を用意すると約束したため、「やらせてみよう」となった。

十八日に靳雲鵬が辞職、二十四日に梁士詒が後継総理に就任した。

張作霖がキングメーカーとなって誕生した梁士詒内閣は、いきなり、反日色が強い直隷派を刺激する策をとった。段芝貴《だんしき》ほか逮捕令が出ていた安徽派大物の赦免令を出したほか、山東の鉄道敷設に関する日本との合弁に合意し、日本から借款を受けるめどをつけた。一方で、直隷派に約束した三百万元は、払わなかった。

呉佩孚は激怒した。

一九二二年は、呉佩孚の梁士詒非難声明で幕を開けた。

「害の大なること、売国に勝るものはない。奸の甚だしきこと、外国への媚びに勝るものはない」

これを手始めに、呉佩孚の執拗な梁士詒攻撃が続く。

「梁士詒の売国行為を調べよ。証拠は明らかである」

「梁士詒内閣との関係を断絶する」

中国最強の軍人の脅しに梁士詒は震え上がり、内閣を運営していく自信を喪失した。総理に就任してわずかひと月の一月二十五日、梁は、病気を理由に辞職し、天津に逃れた。

呉佩孚の圧力によって、張作霖の推す総理が辞任した。ここに至って、作霖と呉の対決は不可避となった。面子を大きく傷つけられた作霖は、対直隷戦の本格的な準備に入る。

陳炯明が割拠する広東には、孫文《そんぶん》がいた。この革命の元勲は、定足数にはまったく足りないシンパの国会議員を引き連れて「非常国会」を組織し、その議決をもとに、自らを中華民国の元首と称してきた。手持ちの武力は貧弱だったが、軍を北上させて北京政権を打倒する「北伐《ほくばつ》」を常に唱えている。その武力革命路線は、中国での連邦国家樹立をめざす陳の穏健改革路線とは、根本から異なっていた。

一月十八日、この当時、孫文が「北伐軍大本営」を置いていた広西《こうせい》・桂林《けいりん》に、珍しい客人が来た。細い眼が、鋭い光を放つ。

徐樹錚だ。日本公使館から脱出してからも、段祺瑞復権のために動きつづけていた。

孫文、段祺瑞、張作霖の三者連合で、呉佩孚を討つ。徐樹錚の遊説の核心は、その一点にある。実際、呉を倒すには、合従連衡しかない。段祺瑞の安徽派には、なお最後の虎の子というべき戦力が残っていた。中国でもっとも豊かな地・上海と浙江《せっこう》省を支配する軍政長官・盧永祥《ろえいしょう》の部隊で、二個師団を基幹としている。孫文の北伐軍、安徽派の浙江軍と、奉天軍が結べば、戦える。

これまでも、この三者は連絡をとりつづけてきてはいたが、梁士詒内閣の問題で直奉の戦争が避けられなくなったとき、徐樹錚が、北伐にはやる孫文の前に現れたのだ。軍師としての徐の動きは、常に急所を捉えていた。

「参謀長として残らないか」

会見の終わりに、孫文は問うた。だが、徐樹錚は、「北方で段先生をお助けすることのほうが、孫先生の身辺でお助けするよりお役に立てます」と答え、飄然と桂林を去った。

二月六日、前年からアメリカ合衆国の首都ワシントンで開かれている国際会議で、日本のほか、米、英、仏、伊、オランダ、ベルギー、ポルトガル、中華民国の代表が、中国に関する九カ国条約に調印した。中国の主権と独立、領土保全の尊重や、商工業に対する機会均等主義を列強が確認した。第一次大戦以来、中国での権益を拡大させてきた日本にとっては、対中政策について国際協調に軸足を置いたと宣言する重要な条約でもあった。(3)

これに対し、中国国内は、迫り来る戦火の予感に緊張が高まりつつあった。九カ国条約調印と同じ日、張作霖は奉天で高級将官を集めた会議を開き、戦闘準備令を出した。

二月十一日、天津発のニュースが全国を驚かせた。北京の自宅で監視下にあったはずの段祺瑞が、突如、天津の日本租界に現れたのだ。

日本の在天津総領事代理が外相・内田康哉に宛てた電文によると、段祺瑞は十日夜、北京の自宅を自動車で脱出し、楊《よう》村で馬車に乗り換え、十一日午前九時に日本租界内の親戚宅に入った。日本軍人一人、中国人一人が同行していた。脱出の目的について、電文は記す。

孫文と連絡し、再挙を計らんとするにあるがごとし。

安徽派の首領が自由を得たことで、奉天―安徽―孫文の三者連合は大きく前進した。

ただ、呉佩孚軍の主力を引き受けられるのは、張作霖しかいない。浙江・盧永祥軍は、長江流域の直隷軍は牽制できても、呉の心胆を寒からしめる中原への突進は不可能だ。実際、直隷、奉天両軍の戦雲が濃くなっても、盧は動こうとしない。孫文は二月に入って北伐令を出したが、広東軍の主力を握っていたのは、戦乱の拡大を望まない陳炯明だ。孫が国家元首を自称して陳に北伐への協力を命じても、陳は頑として拒否した。行くなら一人で行け、という態度である。

直隷派の総帥・曹錕は、主戦論の呉佩孚とは違い、できれば奉天との戦いを避けたいと考えていた。三月八日、曹は、張作霖の誕生祝いの名目で実弟の曹鋭を奉天に派遣した。十日は旧暦で作霖四十七歳の誕生日に当たっていた。

張作霖は今までどおり、親しく曹鋭をもてなした。しかし、核心である政治問題の話題には乗ってこず、曹鋭など自分の協議相手ではない、という態度を露骨に示した。曹はやむなく、奉天軍副将格の孫《そん》烈臣《れっしん》と話した。孫はこのとき、鮑貴卿《ほうきけい》の後任の吉林軍政長官になっているが、奉天に滞在していることが多い。

両眉がつり上がり、口ひげを生やした孫烈臣は、曹鋭に問う。

「大帥は聞きたがっております。部下のほうが近しいのか、それとも親戚のほうが近しいのか、と」

曹錕に対する例の問いかけだ。部下の呉佩孚を重んじるのか、それとも縁戚の張作霖を重んじるのかという選択を迫っている。

曹鋭は「われわれは、親戚に不利になるようなことはけっしていたしません」と答えた。

和平のための張作霖の条件は三つあった。

一、呉佩孚を両湖巡閲使専任とし、直隷・山東・河南の巡閲副使兼任をやめさせる。

二、直隷軍は京漢《けいかん》線の北側から退く。

三、梁士詒を総理に復職させ、梁本人の意思で下野させる。

一は、北京中央に対する呉佩孚の影響力を消すという意味だ。二は、それを軍事的に保証する措置である。三は、梁士詒が呉佩孚に引きずり下ろされ、張作霖の面子を傷つけたことを帳消しにする原状回復措置と言える。

張作霖は、曹錕はともかく、呉佩孚がこの条件をのめないことを知っていた。

奉天でも、呉佩孚との戦争に慎重な声はあった。大局を見る能力がある張景恵《ちょうけいけい》は、張作霖に進言した。

「われわれの兵の数は多い。ですが、直隷軍のように戦慣れしていない。万一負ければ、東北さえ保てないかもしれません。慎重になるべきでしょう」

産業振興による発展と安定をめざす省長代理・王永江《おうえいこう》も、戦争には強く反対していた。だが、戦争を決意している張作霖は耳を貸さず、ついに関内出撃に動き出した。三月二十九日、連隊長以上を集めた会議を開き、関内出兵を決定。三十一日には、北京の陸軍省に対し、「近畿防衛」のため第二十七師団を関内に派遣すると通告した。四月一日には、先に復帰させておいた楊宇霆を、東三省巡閲使公署の総参議に就任させた。

張作霖は、帥府にある関帝廟に一人で入って香を焚き、関羽《かんう》像に長い間ぬかずいた。

第一次直隷・奉天戦争

張作霖は、奉天全軍の名称を「鎮威軍」と定めた。二十五両編成という、歩兵二個大隊を運べる長蛇のごとき列車が続々と山海関から華北に入っていく。

四月十九日、張作霖は、「軍人は、中央の政治に干渉してはならない」とする声明を出した。敵は、中原・洛陽《らくよう》の呉佩孚だ。

「部下のほうが近しいか、親戚のほうが近しいか」——張作霖にそう迫られつづけてきた呉佩孚の上司・曹錕は、呉に電報を送った。

「兄弟は近しいとはいえ、自分自身ほどではない。おまえは私であり、私はおまえだ」

自分より近しい者はない。どこか子供じみた論法だが、呉佩孚にすべてを委ねたという意思は、これ以上ないほどに伝わる。天津の布売りから身を起こした曹錕は、酒と女と肉が大好きなのを隠すでもない。字も満足に読めず、臆病で戦を好まない。だが、中華民国を代表する外交官・顧維鈞《こいきん》は、曹についても、「天性の指導者だ」と語っていた。その根拠は、呉への信頼だった。いつの世も、傑出したナンバ

―2に己を委ねられるトップは、多くはない。

奉天軍は、山海関を通過した後、華北平原に広く展開した。総兵力は約十二万。西から東に細くつながる一本の線が、直隷軍を包囲する態勢をとっている。

張作霖は、京漢線に位置する保定を北から直撃する西路に、二個師団、二個混成旅団、二個騎兵師団という大兵力を配した。指揮官は張景恵だ。天津方面から西に向かって保定をめざす東路の司令は張作相。配下には、張学良、郭松齢ら新世代の部隊がいる。

これに対して、直隷軍は約十万。兵の数は劣勢だが、呉佩孚自らが率いる第三師団をはじめ、歴戦の部隊がそろっていた。呉は、奉天軍が集結する天津近辺は抵抗することなく明け渡し、保定を要に、東と西にコンパクトに布陣する三角陣形をとった。「三角蜘蛛の巣」と呼ばれる構えだ。戦線を縮小し、集中した兵力を蜘蛛のように短時間で重点方面に移動させる。このほか、陝西《せんせい》軍政長官になっていた馮《ひょう》玉祥《ぎょくしょう》の部隊を洛陽の根拠地に入れ、足元の反乱に備えた。

かろうじて砂漠にのみ込まれるのを免れた華北の平原は、黄味を帯びたパウダーのような砂に覆われている。午後の陽光のもとでは白く輝き、風が吹けば黄色い渦ができ、夕刻には大地を赤く染める。春から初夏にかけて、砂とほこりをかぶったような世界に、眼にも鮮やかな緑が無数にもえたってくる。

四月二十八日、張作霖は、天津郊外・軍糧城《ぐんりょうじょう》の司令部に入り、「呉佩孚なる者、民と国に禍をもたらす」とする声明を発表、翌二十九日、総攻撃令を出した。西の長辛店《ちょうしんてん》、東の馬廠《ばしょう》、その中間の固安《こあん》でほぼ同時に戦闘が始まった。

開戦劈頭、奉天軍には早くも、信じられないような失態があった。戦闘が始まったとき、西路の指揮官・張景恵が、長辛店の西路司令部に到着していなかったのだ。戦に反対し、和平への働きかけを続けてきた景恵は、この日午前まで北京にいたという。

戦いは、直隷軍の後退から始まった。奉天軍が前進を始めると、多くの拠点で、直隷軍兵士はかたちばかりの抵抗を見せて退いた。敵情、地形もろくに把握せず、やみくもに前に出る奉天兵を待ち受けていたのは、閃光と轟音だった。地雷だ。部隊が、爆風と礫《れき》に引き裂かれ、瞬時にして阿鼻叫喚の地獄に落ちる。史書は、こう記す。

天が崩れたかのような轟音が起こり、数百人の奉天軍が消滅した。

緑林《りょくりん》の血を受け継ぐ奉天騎兵も、罠《わな》に掛かった獣の群れのように殺戮され、緒戦で大きな損害を受けた。

日露戦争、第一次大戦で、露出した騎兵の突撃は砲、地雷、そして機関銃の格好の餌食となった。それを知らない参謀・楊宇霆ではない。戦前、騎兵部隊には、敵の防衛線を迂回《うかい》して、後方、側面を攪乱するという任務が与えられていた。しかし、昔の戦のように前線で突撃してしまう隊もあった。兵士の命は、関外の駿馬とともに散った。

奉天軍も地雷は仕掛けている。だが、呉佩孚の情報網は、それを捉えていた。

西路・長辛店の奉天軍司令部の襲撃に向かった直隷軍第三師団の第五旅団長・董政国《とうせいこく》は、鉄道線路沿いに地雷が埋められていると聞いて、「母牛陣を取れ」と命じた。牛の群れを前面に歩かせ、兵の触雷を防ぐのだ。

呉佩孚軍は、敏捷で狡猾なキツネのように戦うすべを知っている。偽装人形を作って爆竹を鳴らし、敵の弾薬を浪費させた。昼は待ち伏せし、夜、襲撃した。飛行機を飛ばして、「罪は張作霖一人にある」

との宣伝ビラをまき、奉天兵の戦意を削いだ。

三十日は、激戦となった。平原を運動する歴戦の直隷軍歩兵部隊が、張景恵の司令部がある長辛店に迫る。小銃、機関銃の銃声が鳴りやまない。兵の吶喊《とっかん》が響き、凄愴な白兵戦になる。歩兵の戦いの決着をつけるのは、銃剣だ。

実戦経験で劣る奉天兵をたびたび救ったのは、優勢な砲兵だった。直隷軍に倍する百五十門の野砲が、いっせいに吼えた。今度は轟音とともに、直隷兵の五体が吹き飛ぶ。突撃を止められた兵士は、濛々たる爆煙のもとで、両手で頭を抱えて地面に這いつくばった。

奉天軍が反撃に移る。二個旅団規模の敵部隊が後方に迂回しつつあるという情報を得た呉佩孚は、攻撃を中止し、後退を命じた。強い。千変万化する戦況を瞬時につかんで指揮し、部隊もそれに沿って整然と動く。並の軍隊なら、わけのわからないうちに包囲殲滅されているだろう。蜘蛛は無事後退した。

東路では、直隷・大城《だいじょう》で、北洋武備学堂出身の勇将・李景林《りけいりん》が攻勢に出ていた。李は、騎兵をやみくもに突撃させることはなく、機関銃で敵を制圧しながら前進した。ただ、呉佩孚の副将格に当たる王《おう》承斌《しょうひん》率いる第二十三師団の援軍が到着し、李景林は押し返された。

五月一日、正面戦場となった西路は膠着状態が続いた。呉佩孚が自ら督戦し、歩兵による襲撃を繰り返すが、張景恵は砲撃で応じた。奉天軍は、獣のような直隷軍歩兵の夜襲にもなんとか耐えた。

東西の戦場の中間にある中路の焦点は、北京・天安門《てんあんもん》の真南五十キロにある町・固安だ。町の北を永《えい》定河《ていが》が流れる。ここを奉天軍が陥とせば、三角蜘蛛の巣の中央を破ることになり、直隷軍を分断できる。保定攻略も見えてくる。逆に、固安から直隷軍が一気に北上すれば、奉天軍は東西に引き裂かれて

第一次直隷・奉天戦争

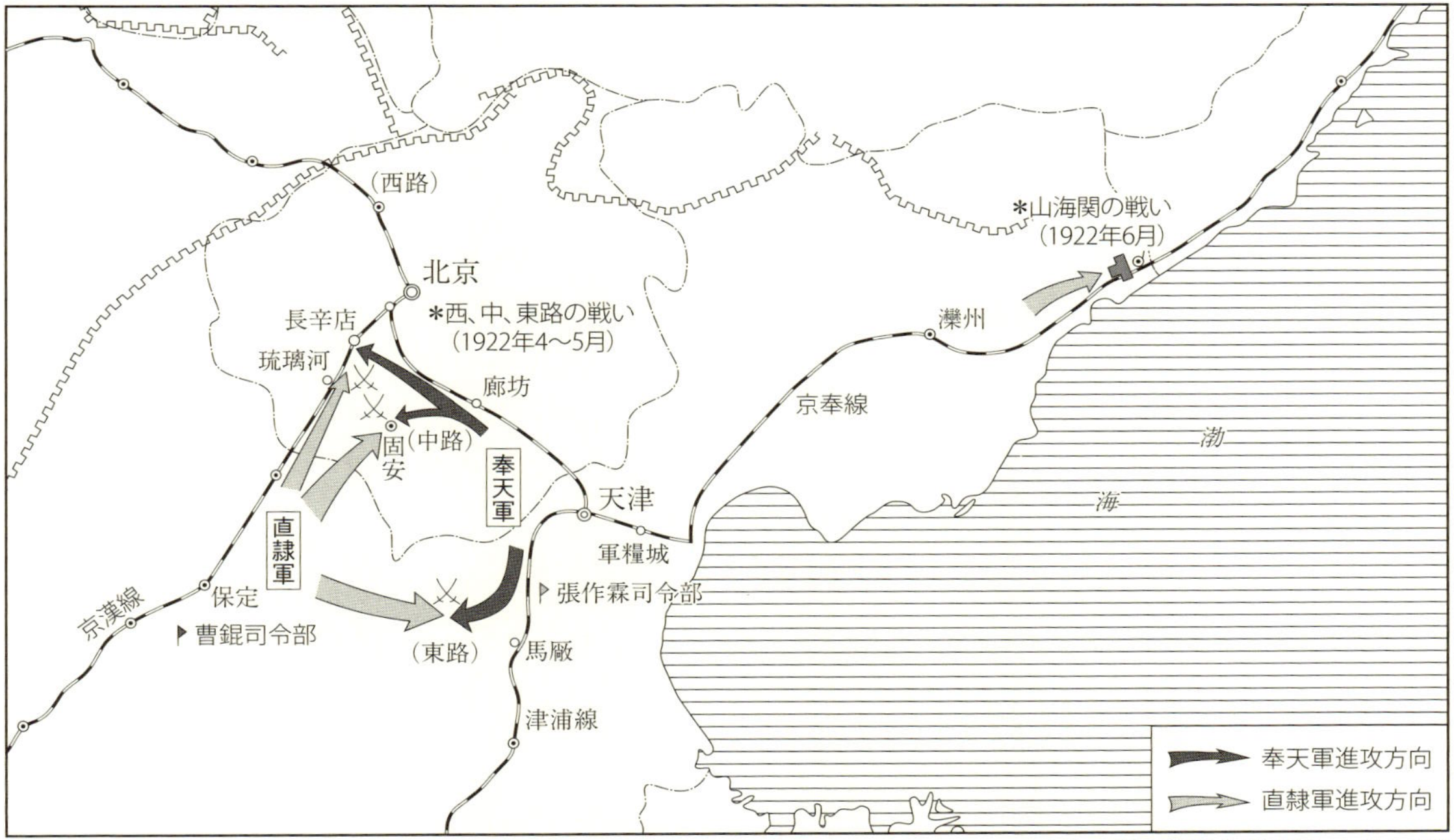

出典:『中国現代史地図集』などを参照

収拾不能となる。

二日は、固安を軸に激戦が展開され、直隷軍が町を確保した。ただ、そこから突出して奉天軍を分断するには至らない。

その後も、固安は、何度も占領者が入れ替わった。

東路の覇《は》県近辺では、激闘が演じられていた。呉佩孚直系の第三師団の一部と、王承斌の第二十三師団が前進を図る。ここが崩れれば、張作霖がいる天津近郊の軍糧城まで一気に走れる。それは、東路軍の崩壊にとどまらない。満洲の覇者の滅亡である。

最強部隊を組み止めたのは、張学良、郭松齢が指揮する第三、第八混成旅団だ。こちらも奉天最強の部隊だ。

「子供をたたけば、母親が出てくる」

呉佩孚は、そう言って督戦したという。張学良を攻め立てれば、張作霖が出てくるという意味だ。だが、簡単ではなかった。この方面の奉天軍は、正式の軍事教育を受けたプロの兵士の集団であり、緑林出身の者たちとは違う。直隷軍の圧力に後退しながらも、崩れない。隣の馬廠では、李景林も、踏みとどまっていた。張学良は一千余人からなる決死隊を組織して反撃に出た。またも銃剣の戦いだ。郭松齢は、最強の敵の動きを最前線で正確に見極め、猛砲撃を浴びせた。

両軍二十万の兵が、初夏の華北平原でわき立っていた。結局、勝敗を決するのは、呉佩孚と張景恵が主力を擁して対峙する西路、京漢線一帯の戦いということになった。

五月三日、呉佩孚は、張景恵が指揮する長辛店に総攻撃をかけた。正面攻撃で圧力を加えて敵を釘づけにし、その間に両翼のからめ手を密かに迂回させ、敵の後方に致命傷を見舞う作戦だ。攻撃を仕掛け、それに耐える敵の急所を一撃して葬る、呉らしい戦いである。前の年、同じような作戦で湖南軍を潰走させた。

問題は、戦場を支配してきた奉天軍砲兵だ。呉佩孚は命じた。

「連隊、大隊規模の突撃はやめよ。中隊、小隊規模で、散開態勢をとれ」

「奉天軍の砲撃が始まったら、林に逃げ込め。ただ、その林にとどまるな」

敵砲弾の消耗をねらった動きだ。

大地を揺るがす突撃ではない。直隷軍の歩兵が、敏捷な羽虫の群のごとく迫ってくる。これまで砲撃で敵を食い止めてきた奉天軍は、今度も、同じように砲弾を浴びせた。外国の観戦武官が驚くほど砲弾を浪費し、夕方には弾薬が欠乏しはじめた。

前線で戦況を見ていた呉佩孚は、奉天軍の砲火が明らかに衰えたのを見て、全軍に突撃を命じた。正面だけでなく、からめ手の部隊が、伸びた奉天軍の脇腹に襲いかかる。

張景恵は、罠にはまったことを知り、全軍撤退を命じた。混乱の中で、かつて馮国璋の部隊、つまり直隷派だった第十六師団は、あっさり投降した。直隷・安徽戦争でも、同じように第十五師団が降伏している。奉天軍は自壊、その戦いを支えてきた砲は、沈黙したまま直隷軍の手に落ちた。

四日明け方には、残る部隊が、われ先に逃げはじめた。緑林出身の者たちで作った部隊は、崩れはじめると、たちまち雲散霧消する。北京に逃げる軍用列車には兵が群がり、数十人が轢死したという。

西路の崩壊は、全軍の崩壊に等しい。放置すれば、呉佩孚が直隷西路軍を率いて、東路軍と協同しながら、線状に配置されていた奉天軍を、首飾りの珠を一個一個かみ砕くように各個撃破していくだろう。

張作霖は、総退却命令を出し、東路の前線にいた跡継ぎの張学良を会議名目で総司令部に呼び戻した。学良は、指揮をすべて郭松齢に委ね、後方に向かった。

退却戦に入ると、東路奉天軍も多くが崩れた。戦闘が激しかったとき、命令を聞かずに動かなかった第六混成旅団長の鮑徳山《ほうとくさん》は、退却の段になって全速で後退しはじめた。

五日、張作霖は、張学良とともに、灤河《らんが》が流れる要害の地、灤州《らんしゅう》に着き、後退してくる部隊、敗残兵の収容にかかった。ただ、前線から入るのは悲報ばかりだ。逃げ遅れた西路軍三万人が包囲されて武装解除された。東路でも、万単位の奉天軍兵士が投降していた。戦わずして戦場を離れた兵が、投入兵力の半数に当たる六万に上ったとする史書もある。戦死傷者は、四千から五千、万に上ったとする記述もある。惨敗だった。大敗を招いた張景恵は、作霖のもとに帰ることができず、ひっそりと北京に隠れた。

そんな中で、張作霖父子を大いに喜ばせたのは、郭松齢が部隊を率いて灤州に戻ってきたことだった。最大の危機は、直隷軍の追撃を受けながら永定河を渡ったときだった。郭は河岸段丘を利用しながら迎撃しつつ、夜間、全軍を無事北岸に渡した。ぼろ雑巾のような姿だったが、眼は炯々《けいけい》と光る。鍛えられた部隊は、なお戦闘力を保っている。李景林も戻った。

十万の兵が消え、この時点で山海関に戻ったのは、約二万にすぎない。だが、その多くは、近代化された精鋭部隊だった。奉天軍はなお、生きていた。

大総統・徐世昌は、呉佩孚の意向を受け、五月十日から翌十一日にかけて、張作霖の兼職を含む職務すべてを解いた。作霖は、奉天軍政長官、東三省巡閲使、蒙疆経略使といった東北王の肩書きを剝奪された。

張作霖に代わる奉天長官として、北京が任命したのは、黒龍江長官の呉俊陞《ごしゅんしょう》だ。奉天にいた呉はすぐに、灤州に向かった。呉の意に背いて任命受諾の声明を勝手に発表した奉天の軍政長官署秘書長は、刺客から頭に銃弾を撃ち込まれ、死体となった。

専用列車を降りると、呉俊陞は、そのまま張作霖に面会に行った。宿舎の前を散歩していた作霖は、呉の姿を認めると、身をひるがして家屋に入った。

張作霖は呉俊陞を部屋に招き入れ、親しく声をかけた。

「待っていましたよ。私は庶民になる。あなたが行けと言うところに行きましょう」

一回り年長で日ごろは陽気な呉俊陞が、はっとした顔をした。

「なんと、大帥！ 私がどんな人間か、まだおわかりになっていないか！」

呉俊陞は、口ごもりつつ、不器用に、懸命に訴える。呉にとっては一世一代の演説だ。

「大帥なくして、どうして今日の呉俊陞がありましょうや。私は恩義を忘れるような人間ではありません。大帥、あなたの肩幅は、私より広い。大帥が私に、黒龍江の匪賊を討伐し、荒れ地を開墾せよと言われるのでしたら、私はできます。ですが、奉天で外国や各省代表、文やら武やらと交渉せよと言われましたら、一日だってできやしません。あなたが大連《だいれん》に行けば、私も大連に行きます。どこに行こうと、私はついていきます」

呉俊陞の眼から涙が溢れていた。張作霖は、声を押し殺し、「ですが」と言った。

「政府の命に従うべきではないでしょうか」

呉俊陞は頬をふくらませて答えた。

「そんなもん、くそ食らえだ！」

徐世昌は、呉俊陞のほか、袁金鎧《えんきんがい》を奉天省長に、馮徳麟を黒龍江軍政長官に任命する人事を発令していたが、誰一人受けなかった。張作霖のファミリーは、びくともしない。

五月十二日、張作霖は、東三省の独立を宣言し、中央政府との関係を断絶した。のちの満洲国のような別の国家ではなく、外交交渉は引き続き中央が行うとした。関税、塩税、鉄道や郵便などの収入はすべて東三省で徴収し、中央には上納しない。十八日には奉天に戒厳令を敷いた。二十日、東三省の議会は「連省自治」[4]を議決した。

五月二十六日、ロシア沿海州に接する黒龍江省・綏芬河《すいふんが》で、三年前に吉林を追われた元吉林第一師団長・高士儐《こうしひん》と、その部下だった盧永貴《ろえいき》が武装蜂起した。満洲内部から作霖を揺さぶる呉佩孚の策略と言われる。当初二千人ほどの遊撃隊だったが、「張作霖の時代はもう終わり」とみた匪賊らを糾合して、大勢力にふくらんだ。放置しておけば大事になる。だが、灤州、山海関方面から兵は割けない。

「今こそお役に立てます」と張作霖の前に進み出た者がいる。

張宗昌だ。古代の食客のように張作霖の幕営の中にあった巨漢は、かつて綏芬河近辺やウラジオストクで働いたことがあり、地理はわかる。知り合いも多い。張作霖は旧式銃二百挺と一個大隊を与えた。それしか出せなかった。張宗昌は、黒龍江で山砲一門と若干の小銃も受け取ったが、貧弱な戦力であることに変わりはない。

だが、驚くべきことに、張宗昌は、それで勝った。高士儐、盧永貴のもとにいた匪賊らの多くが、張宗昌のかつての仲間だったのだ。張宗昌がやってきたと聞いて、一緒に鉄道工事のつるはしを振るった連中や、悪さをした者どもが、次々に寝返った。ロシア語が少しできる張宗昌は、中国領内に多数紛れ込んでいるロシア白軍兵も雇った。

素行面で悪評高い張宗昌は、実は、張作霖にも予想できなかったほどの将器だった。強い熱帯低気圧のように、人間の群れが集まってくる。

反乱軍は、しょせんは、張作霖体制崩壊のどさくさに紛れて甘い汁を吸おうとした匪賊集団にすぎない。略奪はしても、戦争などやる気はない。交戦が始まると、逃げた。

高士儐、盧永貴は、琿春付近で、旧部下に裏切られて捕らえられ、あえなく処刑された。

張宗昌は、敗残兵や土地の匪賊を受け入れた。飢えたロシア白軍も養うことにした。ロシアの兵器だけでも、小銃が六千から八千、機関銃五十挺前後、大砲が十五から十七門があったとされる。数百人で奉天を出発した張宗昌は、あっという間に、奉天軍でも有数の大軍の指揮官になった。

呉の恥を忘れず

五月三十日、張作霖は奉天に戻った。入れ替わりに奉天軍副司令の孫烈臣が、南に向かった。満洲に迫る直隷軍を迎撃するためだ。直隷軍を相手に互角の戦いを演じ、しかも難しい退却をやってのけた郭松齢、李景林の部隊が、要害・山海関に布陣していた。

六月八日、彭寿莘《ほうじゅしん》を指揮官とする直隷の大軍が山海関への攻撃を始めた。本隊は、海岸線の突破を図り、からめ手は、西に連なる山脈を走る万里の長城の線を食い破ろうとした。

直隷軍を待っていたのは、強烈な待ち伏せだ。満洲に侵入しようとする者を機関銃がなぎ倒す。塹壕《ざんごう》や岩陰から狙撃する小銃弾が直隷兵の頭を撃ち抜いた。直隷部隊が後退すると、奉天兵が死力を尽くして突撃し、致命傷を与えようとする。歴戦の直隷兵も強い。白兵戦を避けない。華北と満洲を隔てる狭い地峡は血で染まった。郭松齢麾下の連隊長も戦死した。

万里の長城線をめぐる戦いでは、九門口《きゅうもんこう》の攻防が激しくなった。この関門を突破されたら、山海関正面の背後になだれ込まれる。孫烈臣自ら九門口で督戦した。ほぼ十日間にわたる激闘で、孫はこの要衝を守り抜いた。

華北平原での戦いとは違い、直隷軍の損害が見る見るふくらんだ。双方は三千人以上の戦死傷者を出したという。

曹錕、呉佩孚は、満洲侵攻をあきらめた。速戦即決で張作霖を打倒しようと考えていたが、奉天軍の死闘を見て、それは不可能だと知った。強引に攻めれば、奉天軍を殲滅できるかもしれない。だが、そのときには、もう一つの戦争を覚悟しなければならない。満洲を勢力圏とする日本の関東軍との戦いだ。日本は、直隷・奉天戦争で「絶対中立」の立場をとっていたが、満洲が戦場になることは座視しない。関東軍だけでなく、朝鮮駐留、内地の日本軍も来援するだろう。世界有数の大戦力を持つ日本海軍が山海関を封鎖したら、直隷軍は袋のネズミになるしかない。満洲で張作霖と戦うということは、日本と戦うことを意味した。

六月十七日午前零時、秦皇島《しんのうとう》のイギリス軍艦艇上で、直隷軍代表・王承斌と、奉天軍代表・張学良が停戦条約に調印した。

戦争は河南の地図も変えた。奉天軍の宣伝を信じて呉佩孚に反旗をひるがえした軍政長官・趙倜《ちょうてき》が、馮玉祥の第十一師団に粉砕され、馮はそのまま河南長官となった。

より大きな動きがあったのは、広東だ。

孫文は、張作霖の敗北が決まった後、ようやく北伐に乗り出したものの、陳炯明の支援もなく、すぐに挫折した。

山海関の停戦条約が締結される前日の六月十六日、陳炯明麾下の部隊が、広州《こうしゅう》の「総統府」に戻っていた孫文を武力で追放した。孫は軍艦・永豊艦《えいほう》に逃れた。同月二十九日には、一時孫のもとを離れていた革命派の青年将校が、危機を聞いて駆けつけた。

名を蔣介石《しょうかいせき》という。

ただ、劣勢は覆うべくもなく、孫文は上海に逃れた。

孫文は、直隷・奉天戦争にはなんら貢献することもできなかったが、張作霖は、それでも行動を起こした孫文に親しみの情を抱いた。のちに、「孫先生は文人であり、兵を率いるのは難しい。国家の大計について考えてくれればいい」と話している。

張作霖は書家に頼んで、扇子に「毋忘呉恥《ウーワンウーチー》」と書かせた。呉佩孚に完敗した恥辱を忘れるな、という意味である。奉天は、臥薪嘗胆の日々に入っていた。

張作霖は七月十六日、東三省巡閲使、奉天軍政長官の両署を廃止して東三省保安司令部を設置、自ら総司令となり、三省内の軍政、行政をすべて統括した。

再生の第一歩は、軍の立て直しだ。張作霖は、高級指揮官から士官、下士官、兵に至るまで近代化し、軍の血を総入れ替えするために、陸軍整理処を新設した。呉佩孚との戦いで崩れなかったのは、郭松齢や李景林ら、新世代の軍人だけだった。緑林的な体質を引きずる部隊は、崩れに崩れた。

軍の整理では、まず、先の戦いで抗命した者、敵前逃亡した者、略奪強姦などに手を染めた者を処分した。戦わずに逃げた第六混成旅団長の鮑徳山のほか、連隊長二人が銃殺された。

実戦部隊指揮官の人事では、新しい軍教育を受けた者を重用した。張学良、郭松齢のコンビは、統一指揮下で、第二、第六の二個混成旅団を与えられた。この「二六旅団」は、直隷派における呉佩孚の第三師団同様、最精鋭の称号を得て、ほかの部隊の水準を引っ張り上げる教導部隊の役割も受け持った。

軍改革の柱となる士官教育では、日本の陸軍士官学校、北洋武備学堂、保定軍官学校などを出た軍人を好待遇で招いた。

兵の入れ替えは大がかりだ。年齢は十七歳から四十歳までに制限され、高齢者、病人、障害者、アヘン吸飲者、身元が不確かな流れ者らは、金を与えて離隊させた。戦功のあった老兵には、後方勤務、輜《し》重《ちょう》兵のポストを与えた。新兵には、命令が理解できる小学校卒業以上の学歴を持つ者を採用した。奉天軍の総戦力は数のうえでは、大きく減少したものの、部隊の戦闘力は格段に向上した。

装備の近代化にも全面的に着手した。張学良には空軍建設の加速を命じ、海外からの航空機輸入と航空兵養成を急いだ。選抜されたパイロットはフランスに派遣され、機械、操縦、戦闘、爆弾投下、空中戦、無線電信などについて学んだ。

海軍も必要だ。直隷軍との戦争では、渤海《ぼっかい》に遊弋《ゆうよく》する直隷軍艦艇の艦砲射撃に苦しめられた。張作霖自身が乗る列車も被弾しそうになったという。作霖は、商船を購入して戦闘艦に改造するよう命じた。

もっとも重要な陸戦兵器については、奉天軍需工場を大拡充して増強した。小銃、機関銃、各種砲、弾薬など、増産に次ぐ増産を行った。たとえば、一九二〇年の日産銃弾数は約一万発だったが、二三年には十万発になった。

張作霖は若いころから、ためらうことなく新兵器を採用する。

張作霖が第二十七師団長になった翌年の一九一三年七月の年表を開くと、興味深い記述がある。二十九日午後五時、三十八歳だった作霖は、北大営《ほくだいえい》を訪れ、ドイツから購入した機関銃の試射を行った。作霖はこのときすでに、機関銃二千挺を買い入れ、全歩兵大隊に機関銃中隊を配備しようとする構想を持っていたという。

日露戦争で日本は、この新兵器のすさまじい威力を身をもって知ったが、世界的にそれが知れ渡るのは、一九一四年に始まる第一次大戦からだ。張作霖の情報収集力と先見性を示すエピソードだろう。

第一次直隷・奉天戦争の後も、張作霖が心酔した兵器があった。

迫撃砲だ。上方に発射する砲弾が、高い放物線を描き、近くの敵機関銃座や塹壕に直接飛び込む。携行も簡単で、近接歩兵戦闘で絶大な威力を発揮し、第二次大戦では、陸戦の主力兵器の一つとなった。

張作霖は、ロシアから迫撃砲十数門を購入、ある日、奉天城の城壁付近で試射を行った。張学良、楊宇霆、呉俊陞、郭松齢ら主立った軍人のほか、大帥府の夫人らも見物に来た。何せ持ち運べる筒のような砲だ。花火大会のような趣である。

試射が始まろうかというころ、于鳳至《うほうし》が、夫の張学良に、城壁近くの家や店の人びとは知っているのかと心配げに訊いた。学良は確かにそうだと思い、張作霖にまず民衆に伝えましょうと言った。作霖は「こんな小さな砲が、そんな大きな音を出すのか」といぶかりつつ、急いで皆に知らせるよう命じた。

周知が終わったとの連絡があり、十数門の迫撃砲が同時に発射された。「大きな音」どころではない。轟音、爆発で地面が揺れ、土煙が立ち込めた。城壁のれんがが破壊されている。通知を受けたとはいえ、民衆はあまりのことに大騒ぎになった。

張作霖は、演習を中止させた。帥府に戻ると、張学良を呼んで言った。

「あんなちっぽけな砲が、あれほど強力とはな。けが人がいなかったか、見てきてくれ。壊れたものがあれば、弁償だ」

張作霖は、兵器工場に、迫撃砲の大量生産を命じた。自前で製造できる技術がなかった砲身は、「水道管」の名目で外国から輸入させた。

一連の軍改革を可能にしたのは、省長代理・王永江の手腕だろう。驚くべきことに、二三年の省収入は三千万元を超え、八百二十万元の黒字が出たという。王は、「独立」で増えた収入を軍備増強ではなく、実業新興、交通や都市整備、民生や教育の向上に充てたいと思い、張作霖にたびたび進言した。

張作霖も、民生や教育への理解は、ほかの軍閥よりはるかに深い。とくに、東北大学創設には熱意を注ぎ、「私は学問をしたことがない。東北の人間が、深く研究する機会を持たないなどということになってはならない。五万の兵力を減らしても、大学はやる」と話していた。大学は二三年に実際に開学する。ただ、作霖にとって、最大の目標は、呉佩孚を倒すことだ。経済振興を図れと訴える王永江と作霖の関係は、しばしば緊張した。

王永江は、できる範囲で改革を進めた。省立小学校を母体にして、貧しい人びとのための夜間学校を設立した。優秀な人材を確保するために、一般に開かれた高等文官試験を実施し、受験した四百二十人のうち十人を採用した。一次試験のテーマは、「奉天の統治政策は、いかにあるべきか」だった。

張作霖と安徽派、孫文の反直隷三角同盟の動きもふたたび活発になった。一九二二年後半、三者の代表は、孫が滞在する上海のフランス租界に代表事務所を作った。奉天の代表は、日本留学組で、同盟会員だった姜登選《きょうとうせん》だった。

九月二十七日、孫文の代表である汪兆銘《おうちょうめい》が奉天を訪問した。清末、摂政王暗殺未遂事件を起こした革命派の重要人物として、その名は全国に轟いている。日中戦争時、抗日を続ける重慶の蔣介石に対抗し、南京に親日政権を樹立、死後も漢奸《かんかん》（民族の裏切り者）と罵倒されつづける自身の運命を、このときの汪は知らない。

二十八日、帥府に招かれた汪兆銘は、張作霖に提案した。

「南方の革命政府は、曹錕、呉佩孚を討伐する北伐を行います。奉天軍が関内に出兵し、北京を直撃すれば、南北挟撃となります」

張作霖は、挟撃には賛成したが、「各自で行動しましょう」と付け加えた。奉天軍が孫文の指揮下に入るわけではないという意味だ。双方は打倒・直隷での協力を約し、作霖は、孫に十万元の生活費を出してやった。支援額は数十万元に上ったとする史書もある。

広東を追放され、失意に沈んだ孫文は、奪権を成し遂げたロシアのボリシェビキ政権と手を組んで、陳炯明に復讐し、北伐を遂行すると決意した。

そのロシアでは、十二月三十日、新たな連邦国家が成立した。ソビエト社会主義共和国連邦——ソ連である。

一九二三年一月十五日、広西・雲南連合軍に敗れた広東の陳炯明が下野を宣言、広州を離れて恵州《けいしゅう》に退くと、孫文は、さっそく動いた。

二十六日、孫文は、ソ連政府特使として上海を訪問したヨッフェと共同宣言を出した。中国のもっとも差し迫った課題は統一との認識で一致し、ソ連は孫を支援する姿勢を示した。孫は、モンゴルからソ連軍が撤退する必要はないと表明した。

二月、孫文は広州に戻り、「大元帥」に就任する。孫がこの地で国家元首を称するのは、三度目だ。配下の国民党軍は、広東、広西、雲南といった南方の大軍閥に利用され、ときに蹂躙されてきた。だが、これからは違う。孫文の後ろには、ソ連がいた。革命を世界に輸出しようとする専制国家は、孫を橋頭堡《ほ》に、中国を社会主義化し、赤い帝国の版図に加えようとした。国民党は、ソ連の兵器、資金援助で急速に巨大化していく。党、軍組織には、ソ連人顧問、中国共産党員が公然と加わり、内部から国民党を操縦しようとした。孫の革命理論の核を成す三民主義[5]も、社会主義路線に沿うかたちに変質した。

史書『走進大帥府《ゾウジンダーシュアイフー》 走近張作霖《ゾウジンジャンズオリン》』によると、この年の端午の節句、大事な客を迎えるため、奉天

張作霖の娘たち。右から２人目が懐英。張作霖には八男六女がいた。

の大帥府には提灯が懸かり、門には花が飾られ、祝いの太鼓が空に響いていた。

　正午、帥府前に車列が到着した。張作霖が出迎えに行く。だが、作霖が着かないうちに、車のドアが開き、大男が飛び出してきた。あわや転びそうになった男は、モンゴルの民族服を着て、両眼をぎらつかせ、興奮した顔でわめき出した。

「どこだ？　どれが花嫁だ？」

　モンゴル地域の達爾罕《ダルハン》王の息子、包布《バオブー》だ。今日の賓客である。張作霖と第二夫人・盧氏の間に生まれた娘との婚約の日だった。包布を迎えに行った呉俊陞が車から下りてきて言う。

「王子、さあ、父君に挨拶なさい」

　包布は、よだれを拭いながら、張作霖を見て、「あんたがおれの父さんかい」と言った。赤絨毯が敷かれた帥府に招き入れられた包布は、花嫁の母の盧氏を見て、「父さん、花嫁は、この老けたのじゃないだろ」と訊いた。

　張作霖の命で、満十五歳の張懐英《ちょうかいえい》が、部屋に入ってきた。美しく、気立てがよく、帥府の誰もに好かれていた。下女の髪もよくすいてやった。懐英は、包布を見て倒れ込みそうになった。

「いい、いい。子羊ちゃん」と舌なめずりした包布が、「さあ、寝室に行こう」とわめき出したのを見て、張作霖は「食事だ」と言った。

包布には先天性の知的障害があった。張作霖は、それを知ったうえで、達爾罕王に婚約を持ちかけていたのだ。今なお満洲で続くモンゴル騎兵の騒擾を抑えてもらうための政略結婚だった。呉佩孚との再戦を控える今、後方の火種は消しておく必要があった。そのための貢ぎ物が、十五の娘だった。

婚約の宴が終わった後で、盧氏は泣いて夫にすがった。張作霖は「まかれた水を戻すことはできない」と嘆いた。盧氏が、「この話はおしまいにしましょう」と訴えると、作霖は怒鳴った。

「おれは、息子や娘をオオカミの巣に送りたくてたまらない！　それでいいか。畜生め。これはもう決まったことなんだ！」

盧氏は黙った。娘に訴えられても、泣くことしかできない。娘が自殺を図ったと聞いて、張作霖はその部屋に行った。涙に暮れる娘を前になすすべもなく立っていたが、やがてぽつんと言った。

「娘よ、運命だとあきらめてくれ」

張懐英は十月、嫁入りする。五年後、張作霖が爆殺された後、張学良が呼び寄せ、離婚の手続きをとらせた。

第七章

天下、夢のごとし

出兵命令

あの惨敗から一年以上がたった。

一九二三年八月二十五日、張作霖は、奉天市内の万泉河《ばんせんが》に建てた小屋にこもり、直隷軍との戦で死んだ将兵たちの冥福を祈った。灯籠流しが三日間続いた。

九月一日、関東大震災が発生、張作霖は、日本に救援物資を送り、在日留学生の安否調査のため、二人を被災地に派遣した。

このころ、天下を取ったはずの直隷派に、分裂の兆しが見えはじめていた。

第一次直隷・奉天戦争後、曹錕《そうこん》は、次は自分が大総統になると信じて疑わなかった。ところが、呉佩《ごはい》孚《ふ》は、まず政治を原状回復させて法的正統性を取り戻すよう主張し、一七年の復辟《ふくへき》事件で張勲《ちょうくん》に解散させられた国会を再招集、黎元洪《れいげんこう》を大総統の地位に戻した。曹錕の実弟、曹鋭《そうえい》らは、呉には野心があると、兄に吹き込んだ。

六十歳を過ぎて年齢的な焦りもあった曹錕は、黎元洪の在任期間がほぼ一年になったとき、待ちきれない子供のように、馮玉祥《ひょうぎょくしょう》ら軍人を使って黎を脅し、天津《てんしん》に追い出した。曹は、力と金に任せて衆参両院議員を一人当たり五千元の賄賂で買収し、十月五日、念願の大総統に選出された。選挙は「曹錕賄選」と呼ばれる。直隷派の信望は地に落ち、曹と呉佩孚の間に、すき間風が吹いた。

呉佩孚と部下たちの間には、さらに深刻な亀裂が生じていた。戦に勝ったというのに、直隷軍高級将領は、呉からはまるで奉公人のように扱われ、屈辱と失望をかみしめた。

もっとも強烈な恨みを抱いたのは、馮玉祥だろう。馮は一八八二年、直隷の貧しい下級官吏の家に生まれた。十二歳のとき、母親は医者にもかかれず病死し、社会を恨んだ。利を得るためには、人を簡単に裏切り、殺す。ミッション系病院で手術を受けて以来、クリスチャンとなったが、無神論のソ連共産党とも手を結んでいた。あまりの冷酷さに、「心に化け物が棲む山犬」と蔑まれたこともある。

対奉天戦で、馮玉祥は、呉佩孚に背いた河南《かなん》軍政長官の趙倜《ちょうてき》を追い出し、論功行賞で後任となった。ところが、呉は、馮に河南内部の人事権を与えなかったばかりか、すぐに八十万元の上納金を要求、その後も毎月二十万元を納めるよう命じた。「呉佩孚はわが軍の餓死、瓦解をねらっている」と感じた馮は、泣く泣く地盤を捨て、陸軍検閲使という有名無実の肩書きをもらい、その年のうちに兵を率いて北京に逃れた。

張作霖の諜報網が、馮玉祥の恨みにからみつき、参謀スタッフが、馮軍と接触した。北京駐在の奉天軍将校は、馮軍将校から「馮玉祥の状況は苦しい。奉天軍と連絡したい思いは非常に強い」という言葉を聞き込んできた。

十一月のある日、張景恵《ちょうけいけい》の母親が死んだ。秘書の報告を聞いて張作霖は驚き、呉俊陞《ごしゅんしょう》と湯玉麟《とうぎょくりん》を呼んだ。昔日、作霖に不信感を抱かれていた呉、一度離反して戻った湯はともに、許してほしいと訴えた。そのとき、門衛から連絡が入った。張景恵の第四夫人が門前で泣いているという。作霖が招き入れると、涙顔の夫人はひざまずき、床に額を打ち付けた。

「大帥、どうか景恵をお許しください。母を送らせてあげてください。このとおりです」

張作霖は慌てて助け起こし、兄弟たちを見回して言った。

「わかった、わかった。われわれは皆、兄弟だ」

第一次直隷・奉天戦争で惨敗した後、北京でひっそり暮らしていた張景恵は、母親の訃報を受け取ってから、家に引きこもっていた。奉天には帰れない。だが、帰らなければ、大恩ある母に顔向けできない。心は、暗く乱れるばかりである。そんなときに来客があり、誰かと思えば、呉俊陞だった。

「雨亭《うてい》の使いで来た。奉天に迎えに」

張景恵には信じられない。

「本当に雨亭が?」

「嘘などつくものか。別の用事で何日か後に来ようと思ってたんだが、雨亭がうるさい。早く行け、早く行けって」

張景恵の胸に詰まった泥のような思いが込み上げてきた。

「曹錕は、本当に攻撃したりしないと言っていたのに……」

開戦直前まで行っていた和平工作について話そうとした。呉俊陞は笑い飛ばした。

「雨亭からの伝言だがな、戦場には勝ちと負けがある。過ぎたことは、過ぎたこと。誰も、兄弟の情を引き裂けない。われわれの母親が亡くなった。あなたの帰りを待っている」

張景恵は、すぐに使用人に荷物をまとめさせ、北に向かう列車に乗った。奉天に着くと、張景恵は、その足で大帥府に向かった。張作霖、孫烈臣《そんれっしん》、湯玉麟らが待っていた。作霖の前にくると、床に崩れ落ちて泣いた。

「私は、ろくでなしでした……」

張作霖は、遠い昔、八角台《はっかくだい》で保険隊頭領の座を譲ってくれた義兄を抱き起こした。

「そのことはいい。われわれの母さんが亡くなったんだ。あなたが葬ってくれるのを待っています。先に行きなさい。われわれも後から行くから」

張景恵は、また泣いた。


一九二三年の秋、張作霖は、生涯最後の夫人となる第六夫人をめとっている。

その前に、第五夫人にふれておこう。第五夫人の名は、寿懿《じゅい》。かつての黒龍江《こくりゅうこう》将軍の娘で、張作霖より二十三歳若い。品行、学業成績とも抜きん出た軽やかな美女だ。一七年の中学卒業式で、全校生徒を代表して答辞を読み、来賓として出席していた軍政長官の作霖が見初めた。

寿氏は、張作霖の寵愛を独占する。かといって、鼻にかけるでもなく、ほかの夫人の悪口を言うこともない。閨房の事務処理、経費管理も任されるようになり、男児ももうけた。正妻・趙春桂はすでに亡く、第五夫人は、ごく自然に、夫人たちの中で抜きん出た地位に立った。大帥府には、作霖の執務場所であるゴチック調の大建築の正面に、瀟洒な二階建て洋館がある。作霖が、「小五《シャオウー》」、つまり第五夫人のために建てたものだ。

第六夫人・馬岳清《ばがくせい》も、大帥府に入ったときには、二十歳前だった。天津の芸妓だ。普通の愛情とは少し違う。いつもほほ笑みをたたえているかのような丸顔を見て、張作霖は、「これは福相だ。必ず男に運をもたらす」と心から思い、そばに置いておきたくなったのだ。

この福娘を抱いて、張作霖は、一九二四年を迎えた。

張作霖の日常の食事は質素だった。毎食、コーリャン飯が出た。トウモロコシの蒸し饅頭も主食だった。四菜だったという副菜で多かったのは、大根やハクサイ。小ネギのしょうゆ漬けを欲しがるときもあった。

長男の張学良が、幼少時の食事について、口述で回想している。

父のもっとも恐ろしかったところ、それは食事だった。彼はまず、自分が好きなおかずを、人に取ってあげる。カイコのさなぎ、食べたか？ 彼はそれが一番の好物だったのだ。これはどうしても食べられなかった。もう一つ。飯粒を卓にこぼしたら、拾って食べなくてはいけなかった。

奉天滞在経験のある日本軍人は、「豆腐料理が何よりも好きだった。それもハイカラのではなく、田舎豆腐料理だ。濃い油で炒めたやつを好んだ。浅漬けはこの上もない好物であった」と語っている。反直隷三角同盟の協議で奉天を訪れた孫文の長男・孫科《そんか》は、朝、作霖とともにコーリャンがゆをすすった。しかし、客人をもてなすときは、金に糸目はつけない。

一九二四年三月、張作霖は、数えで五十歳という大きな区切りの誕生日を迎えた。祝いの宴は三日間連続で行われ、作霖は奉天で最高の料理人を招いた。大帥府の各建物には計七、八十卓が並んだ。新しく料理が出るたびに軍楽隊が陽気な音楽を奏でた。史書が晩餐のメニューを紹介している。

誕生祝いの酒

四種のドライフルーツ、菓子――ハシバミの実、クッキー、桃仁《とうにん》、植物の種

四種の果物――バナナ、オレンジ、パイナップル、クワイ
四種の冷菜――シカの尾の蒸し物、伊勢エビのサラダ、ハムとピータン、鮑とアスパラガス
十二種の温かい料理――ツバメの巣、白キクラゲ、カニみそとフカヒレ、ナマコとネギの煮込み、ハトの卵、コイ……

三月の奉天である。外は厳寒、土の色と残雪の世界だ。テーブルに置かれた熱帯果実や山海の珍味の鮮やかさが眼に浮かぶ。

張作霖は「顔をほころばせて上座に座っていた」という。作霖への長寿祝いも豪華だった。モンゴルの王公は水晶の灯籠、米国の客は宝刀、日本人は甲冑だ。孫文の代表で来た汪兆銘《おうちょうめい》は、玉の桃を。宣統帝溥儀からは康熙帝《こうきてい》の書画、曹錕からも宝珠が届いた。

誕生日の夜には、北京から招かれた京劇一代の名優、梅蘭芳《メイランファン》が、「覇王別姫《はおうべっき》」(1)を演じた。梅は虞姫《ぐき》を見事に演じ切り、拍手と「好《ハオ》」のかけ声がやむことはなかった。張作霖も立ち上がって喝采を送った。

このころ、奉天は、中心部の定住人口だけでも約二十三万人という大都市だった。「覇王別姫」の模様は、街頭の特設スピーカーで実況された。

翌月、思いもかけない大きな悲しみが待っていた。

吉林長官の孫烈臣が死んだ。満洲の屋台骨の一人だった。若き日、モンゴル兵を追って大興安嶺《だいこうあんれい》に踏み込んでいった。張作霖が中原をめざせば、留守の満洲を守り抜いた。呉佩孚軍が満洲に迫るや、山海関に向かった。前年から体調を崩していたが、年が明けてだいぶ回復、作霖には吉林に戻って仕事ができると話し、少し酒も飲んでいた。ところが、四月二十四日の夜、公邸で孫烈臣は心臓を押さえ、たち

まち知覚を失った。夫人らにかすかにうなずいたが、まもなく痙攣を起こし、そのまま死亡。五十二歳だった。

張作霖は、転がるように孫烈臣の館に来た。作霖は、遺体を抱きしめ、そのままの姿で半時間も痛哭《つうこく》しつづけた。

後任の吉林長官には、張作相が就いた。

日本では、五月、清浦奎吾内閣が対中国政策のガイドライン（対支政策綱領）をまとめ、「格別な考慮を払うこと」の注意書きの中で、張作霖にも言及した。

「引き続き好意的援助を与え、かつその地位を擁護すること」とする一方、「常に張に対し適当なる指導を与え、彼をしてその実権なるものは畢竟、満蒙に対する帝国の実力を背景とするものなることを自覚し、常に好意的態度をもって我が国を迎えしむること」と記した。満洲に君臨する日本が、現地代理人たる張作霖を動かすという図を描いている。

しかし、清浦内閣は、翌六月に倒れ、加藤高明率いる護憲三派内閣が発足した。七月一日、帝国議会で演説した外相・幣原喜重郎は、「中国の内政上の事柄につきましては、もとより我々の関与すべき限りではありません」と、一転して内政不干渉を宣言した。

反直隷の同盟者、広州《こうしゅう》の孫文は、ソ連の政治顧問ボロディンの指導下で、国民党の改造を進めていた。国民党はこの年の一月、第一回全国代表大会で、「連ソ、容共、工農扶助」の基本路線を定めた。ソ連、共産党と連携し、労働者と農民を支援するという、モスクワ路線だ。共産党員が国民党に加入し、党運営にかかわることも認められ、毛沢東はこのとき、国民党の中央執行委員候補になった。「国共合作」と呼ばれる両党の協力とはいえ、実質的には、共産党が国民党に寄生し、中国革命を推進するための重要なステップだった。

ソ連の支援で軍事力も急速に強化されつつあった。ソ連式教育で士官を育成する黄埔《こうほ》軍官学校が設立され、蒋介石が校長に就任した。

広東《カントン》の財界にとって、北伐をぶち上げては重税を課し、新紙幣を刷って経済を破壊する孫文は、仇敵とも言える存在だった。今やその孫は共産化しつつあり、より危険度が高まっている。八月、広州財界人が結集した商団が、兵器を輸入しようとして当局に発見され、兵器は押収された。これを機に、商団と当局が武力衝突した。

九月三日、反直隷三角同盟の一角である安徽《あんき》派・盧永祥《ろえいしょう》が支配する浙江《せっこう》に、直隷派の江蘇《こうそ》長官・斉《せい》燮元《しょうげん》の軍が侵入した。ねらいは、富が集中する上海である。大総統・袁世凱のころ、袁は帝政に反対した江蘇の馮国璋《ひょうこくしょう》から、上海の管轄権を剝奪した。以来、上海奪還は、江蘇の悲願になっている。張作霖をにらむ呉佩孚は、対浙江戦を許さなかったが、斉は聞かずに走り出した。これも呉への不服従の一つだった。

兵力は江蘇軍約八万に対し、浙江軍約九万。だが、浙江の南隣、福建《ふっけん》では、やはり直隷派の孫伝芳《そんでんほう》の部隊が轡《くつわ》を並べ、浙江に進撃しようとしていた。孫もまた、「広東に向かえ」という呉佩孚の指示を守らず、より確実に果実を得られそうな浙江に眼を向けていた。

張作霖は四日、奉天の大帥府に旅団長以上の高級軍人を集めた。浙江支援の出兵は、華北《かほく》を支配する曹錕、呉佩孚との戦争を意味する。将領たちは、「軍備整理計画は完成しておりません」と口々に言う。二年前に徹底的にたたかれた記憶は生々しい。常勝将軍と戦うには、まだ力が足りないと思っていた。

ここで張作霖が口を開いた。

「即刻行動に移る」

出兵の命令である。

「浙江を支援し、広東と協力する。同盟を裏切ってはならない。それに、もし直隷派が全土を得て、東三省《とうさんしょう》が孤立したら、軍備が完成したとしても、用いる場はない」

盧永祥を見殺しにすれば、浙江、上海は間違いなく直隷派にのみ込まれる。孫文の国民党軍は、羽が生えそろっておらず、広東も呉佩孚の手に落ちるだろう。そうなれば、満洲は戦わずして呉に屈するしかない。賭場で育った張作霖は、ここで全軍を賭けに投じた。

「軍は神速を貴しとする。すべて、速ければ速いほどいい」

すぐに戦争だ。これから先、ふたたび会えるかわからない。整列した将領たちは死を決意し、その眼には涙がにじんでいたという。

張作霖は出師の声明を出した。決戦場は必然的に、奉天、直隷両軍が接する山海関になる。

翌五日、広州で孫文も、曹錕、呉佩孚の討伐令を出した。ただ、孫は、商団との対立に足を取られている。

第二次直隷・奉天戦争

奉天軍の兵力は約二十五万である。前線には六個軍が向かう。軍長と副軍長、兵力は次のとおりだ。

第一軍　姜登選《きょうとうせん》　韓麟春《かんりんしゅん》　一万六千
第二軍　李景林《りけいりん》　張宗昌《ちょうそうしょう》　二万六千
第三軍　張学良　郭松齢《かくしょうれい》　二万六千
第四軍　張作相　丁超《ていちょう》　一万八千
第五軍　呉俊陞　　一万余
第六軍　許蘭洲《きょらんしゅう》　呉光新《ごこうしん》　八千余

主力決戦が宿命づけられるのは、山海関だ。ここには、張学良と郭松齢が組んだ最強の第三軍と、日本の陸軍士官学校出の姜登選、韓麟春が指揮する近代的な第一軍が配置された。

山海関の戦況が膠着すれば、万里の長城がうねる山地で戦うからめ手の勝負になる。先に敵の後方に回りこんだほうが勝つ。李景林と張宗昌の第二軍が、この重要な役割を担当、熱河《ねっか》方面から直隷軍主力の側面、後方に向かう。

第四軍は戦況に応じて動く総予備隊。第五軍は後方警戒を担当する。第六軍の騎兵集団は、内モンゴルから長駆、北京の北方に出現するという任務を与えられている。

空軍兵力は格段に強化されていた。二年前、爆撃、偵察、宣伝などで航空機の威力を直隷軍に見せつけられたことから、搭乗員養成を急ぎながら、欧州列強から航空機の輸入を進めた。今回の決戦を前に、二百五十から三百機を保有していたとも言われる。

九月十七日、洛陽《らくよう》の呉佩孚が北京に到着した。戦となれば、曹錕も呉にすがるしかない。翌日夜、呉は高級将校六十人以上を中南海に集め、配置を告げた。各軍の正副司令、兵力は以下のとおりだ。

第一軍　彭寿莘《ほうじゅしん》　王維城《おういじょう》　董政国《とうせいこく》　四万余
第二軍　王懐慶《おうかいけい》　米振標《まいしんひょう》　二万五千
第三軍　馮玉祥　二万五千
独立騎兵隊など　一万
援軍総司令　張福来《ちょうふくらい》

江蘇、湖北《こほく》、福建の直隷軍は、浙江との戦争、孫文の北伐軍への迎撃準備に割かれており、対奉天戦に投入できる兵力は、奉天軍とほぼ同数の二十万強である。

第一軍は山海関正面に配置される。彭寿莘は、棘《とげ》将軍の異名を持つ名将だ。第二軍は、奉天軍の側背《そくはい》を衝くからめ手だが、王懐慶軍の戦闘力は弱い。馮玉祥の第三軍は、土漠地帯を行軍し、奉天の心臓部を脅かす任務が与えられていた。

空軍は七、八十機で、奉天軍には遠く及ばない。

呉佩孚は、記者団に対して「二カ月もあれば、奉天を平定できるだろう」と強気の発言を繰り返していた。秘策があった。山海関で彭寿莘の棘が、奉天軍主力の強烈な波状攻撃を受け止めている間に、奉天軍の背後に、中国最強の第三師団を基幹とする部隊を渤海《ぼっかい》から上陸させるのだ。三年前、岳州《がくしゅう》上陸作戦で湖南《こなん》軍を包囲殲滅した。今度は、袋に入る獲物が比較にならないほど大きくなる。

だが、呉佩孚は内心、不安を覚えている。自身の求心力は衰えていた。急な戦争で軍費、軍需物資の蓄えがない。冬期戦用の防寒着もない。山海関や、その西の山岳地帯にはすぐに寒波が来る。軽装で出陣していく兵士たちが凍えることになれば、戦は負けだ。奉天軍に敗れる前に、冬に敗北する。呉は、北京で金策に走り回った。

熱河などで散発的な戦闘が始まり、第二次直隷・奉天戦争は、静かに滑り出した。

二十三日、奉天軍機が、山海関の直隷軍陣地上空に現れ、爆弾八発を投下した。この戦いは、陸海空の三軍が投入された中国初の本格的な立体戦でもある。二十七日には、早朝六時前と午後三時前の二回、奉天機が山海関を空襲した。各機は高度千五百から二千メートルで侵入し、彭寿莘の司令部などをねらって爆弾を五発落とす。爆撃は、連日続いた。

爆撃そのものの精度は低い。だが、航空機の偵察能力は圧倒的だった。過去、多くの軍閥が、神出鬼没の呉佩孚軍に蹂躙されてきた。情報収集能力に屈してきたと言っていい。いま、奉天軍機は、直隷軍の動きを見逃さない。海軍艦艇、輸送船も航空攻撃の対象となり、上陸作戦の機をうかがう直隷軍艦船を釘づけにした。輸送船なら、爆弾を命中させなくとも、機関銃で大きな損傷を与えられる。

二十九日、山海関の正面で、奉天軍の砲撃が本格化した。直隷第一軍の彭寿莘は、地峡平地部に堅固な防御工事を施し、二個師団を守備につかせていた。地雷原、張り巡らされた電線の奥には、二重の塹壕が掘られ、要所の堡塁《ほうるい》は鋼板の天蓋で覆われていた。砲煙のもと、ほぼ百メートルに一挺という密度で配備された機関銃の黒い銃口が、トーチカの銃眼や、土嚢の奥から奉天軍の突撃を待っている。

三十日、熱河に回った李景林、張宗昌の第二軍が凌源を占領し、この方面の戦いは早くも山場を越えた。直隷軍の指揮官・王懐慶に、戦意はなかった。王もまた、呉佩孚に不満を持つ将領の一人だった。奉天第二軍は左に折れ、進撃ルートを海岸に向けた。山海関正面に集結する直隷軍の背後をめざして山岳地帯をひた走る。

十月七日、張作霖は総攻撃を命じた。

午前四時、山海関正面。準備砲撃の砲声が轟々と鳴り響き、直隷軍陣地は煙に包まれる。前進した奉天兵が直隷軍陣地の外周に張られた電線網を爆薬で破壊、その切れ目から突撃に移る。高密度の機関銃の連射音。直撃弾を受けた兵が次々に吹き飛ばされる。地面に這いつくばった兵が、暁の空のもとで明滅する銃口の位置を確認する。すぐに、短い乾いた発射音が響く。重く、遠い野砲の発射音とは違う。上空から空気を裂く落下音がしたかと思うと、直隷軍の銃座付近に爆煙が上がる。迫撃砲だ。砲手が発射角度と方角を微修正し、ふたたび発射。弾着が銃座に迫っていき、やがて銃手が吹き飛ぶ。すさまじい威力だ。機関銃が沈黙すれば、また突撃だ。だが、すぐに別の機関銃の火網に入る。小銃弾も飛び交う。走る奉天兵がなぎ倒される。肉薄すれば手榴弾、そして最後は銃剣の戦いになる。砲煙と銃声と吶喊が山海関を覆った。赤黒い世界には、兵が振るう白刃の閃光が光る。その中に、鬼神のごとき将領の姿も見える。郭松齢だ。ひときわ大きな爆発は、野戦砲兵の射撃だろう。直隷軍の砲兵連隊四十門も火を噴いている。空中からは、奉天軍機が爆弾を投下している。突撃、突撃、突撃。張学良が「後退は許さぬ」と叫ぶ。奉天軍はこの日、四十回の突撃を繰り返した。

奉天軍は、十七機による航空支援を受け、午後五時、渤海岸近くの直隷軍前線拠点・姜女廟《きょうじょびょう》を占領した。だが、直隷軍が突撃で奪還。ふたたび奉天軍が奪い返して追撃に移ったとき、大爆発があった。地雷原だった。

奉天軍の攻撃は、彭寿莘が突き出す棘で大損害を出して止まった。「私の一個連隊がほとんど全滅した」と張学良はのちに語っている。直隷軍も深手を負った。奉天軍の迫撃砲の威力は絶大で、鋼板の天蓋のない壕では死傷者が続出した。直隷軍は、敵野砲の正確な照準にも驚愕した。奉天軍には、フランスやロシアから輸入した高性能の砲が多かった。航空機の偵察もあった。そして、砲兵は照準用の座標に、日本製の精巧な二万五千分の一の地図を使っていた。

九門口の長城

大興安嶺の山々がうねる長城線の地形は険しい。山海関から北に十五キロほどの位置にある九門口《きゅうもんこう》は、山脈を走る万里の長城に開いた大門で、姜登選、韓麟春が指揮する奉天第一軍は、この要衝に激しく攻撃を加えた。九門口を突破すれば、山海関後方の秦皇島《しんのうとう》への道が開ける。直隷軍の背後に回り込める。正面攻撃のほか、周辺の山々によじ登った小部隊も隘路を襲撃した。

しかし、直隷軍もこの地に馮《ひょう(ふう)》玉栄《ぎょくえい》が指揮する一個旅団を配し、頑強に抵抗していた。

ところが、八日早朝、驚くべきことが起こった。奉天軍が九門口北側の黄土嶺《こうどれい》長城への攻撃を再開すると、抵抗がない。守備していた直隷一個大隊が丸ごと逃走していたのだ。

アリの列のように、奉天兵が続々と長城を越えていく。九門口正面の守備を担当していた直隷軍連隊は、後方で戦闘が始まったことに動揺し、独断で退却を始めた。岩陰にへばりついて

第二次直隷・奉天戦争

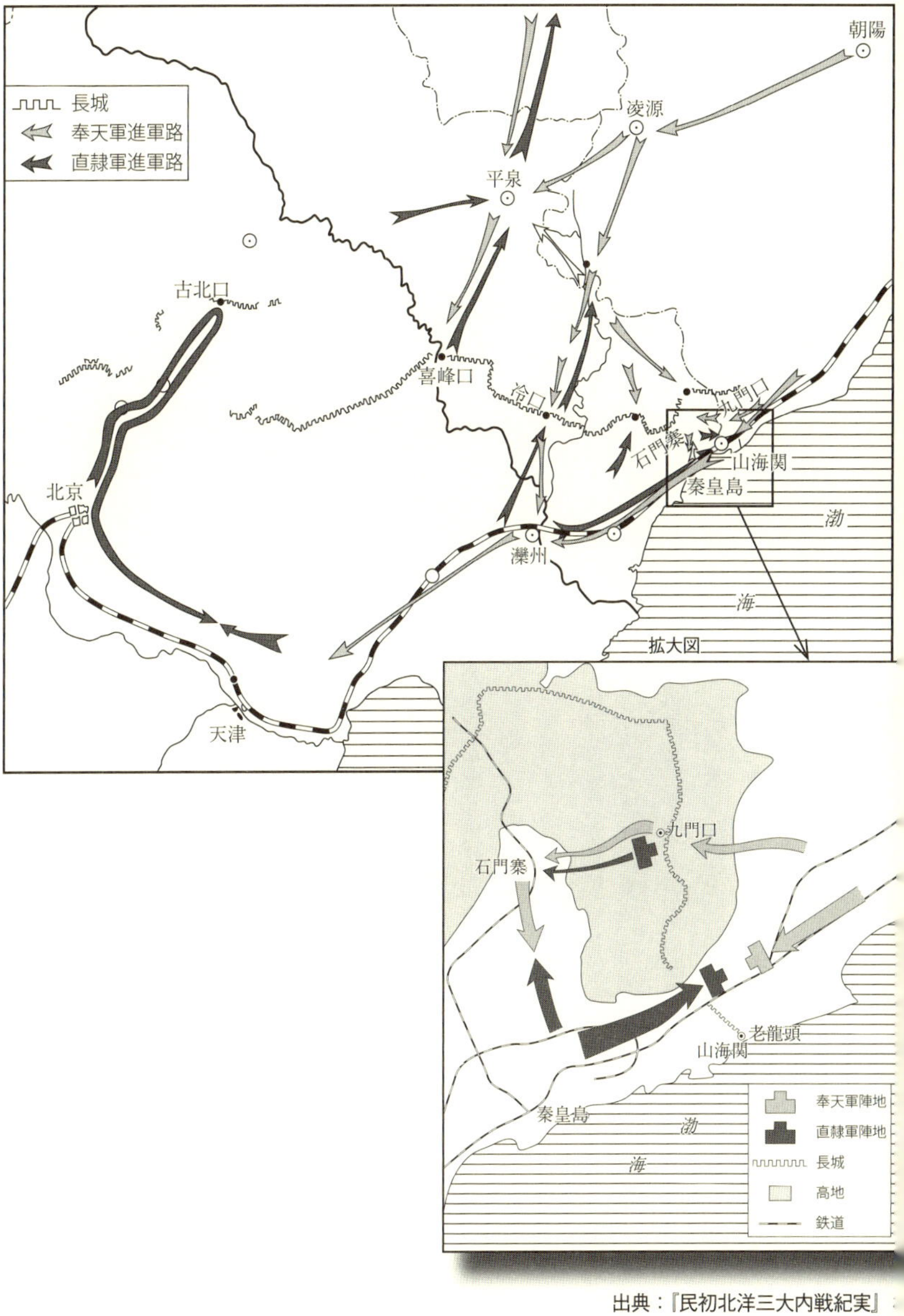

出典：『民初北洋三大内戦紀実』

いた直隷兵が、われ先に山を下りていく。撤退はほかの部隊も巻き込み、旅団長・馮玉栄が知ったときには、押しとどめようもなくなっていた。結局、旅団ごと潰走し、山地の入り口にある城壁の町・石門《せきもん》寨《さい》まで逃れた。追撃する奉天軍は、すぐに石門寨に迫る。

直隷第一軍司令の彭寿莘は、九門口失陥の知らせに驚愕し、馮玉栄に命じた。

「三日以内に九門口を奪回せよ。さもなければ軍法会議にかける」

山を逃げ下った旅団に、長城を奪還できるわけがない。斬首は免れないと観念した馮玉栄は、アヘンを飲んで自殺した。

彭寿莘は、山海関から石門寨方面に回った。ここが破られれば破局だ。陝西第二師団などの予備兵力を急遽投入した。

張作霖は八日、全軍に対し、「九門口を攻略し、敵の側背に出た」と誇らしげに告げた。まだ北京で金策に駆けずり回っていた呉佩孚は、九門口が陥ちた後、ようやく列車で山海関に向かった。秦皇島に到着したのは、十二日朝だった。

奉天軍後方への上陸作戦は、やはりうまくいかない。足の遅い輸送船では、出航しても、すぐに奉天機の攻撃を受ける。これまで幾多の敵を倒してきた後方への一撃が出せない。直隷軍は、敵の優勢な砲兵、航空兵力のもと、山海関と石門寨で、苦しい陣地戦を強いられている。しかも、十月も中旬に入って、恐れていた寒さが厳しくなってきた。防寒着のない直隷兵が体温を奪われていく。食糧も乏しい。

十三日、今度の戦争の発端となった浙江での戦争が終わった。浙江の安徽派・盧永祥は敗れ、日本に亡命した。江蘇と戦っている間に、福建から北上してきた孫伝芳軍に蹂躙されたのだった。浙江は、孫の手に落ちた。

十六日早朝、石門寨で、奉天第一軍の大部隊が、直隷軍の陝西第二師団の防衛線を突破した。呉佩孚は、ここで上陸作戦を捨てた。海を渡るはずだった第三師団第六旅団を中核とする最精鋭部隊が出撃、石門寨から突進してくる奉天軍を組み止めた。陣地戦でもなく、直隷軍が得意とする機動戦でもない。スクラムのような力勝負だ。銃砲声が山峡に満ち、城壁の町・石門寨は、兵士の肉体をすりつぶす石臼になった。呉はこのまま、奉天軍を九門口の外に押し出すつもりだった。奉天の予備軍長・張作相も、全力を石門寨に投入した。

　山海関でも凄惨な戦いが続いている。夜も戦闘はやまない。奉天軍の探照灯が直隷軍陣地を照らし、銃弾を浴びせる。

　二十一日は山海関で直隷軍が攻撃に出たが、集合地点を砲撃され、頓挫した。両軍の死闘は、いつ果てるとも知れない様相を呈した。

　しかし、戦局は大転換する。

　二十二日午前、張作霖は、天津の段祺瑞《だんきずい》から一通の電報を受け取った。

馮玉祥が北京に向かった！　北京の北方で動きを止めていた直隷第三軍が寝返ったのだ。

　張作霖と馮玉祥は、前年春に接触を始め、使者を通じて反呉佩孚共闘を密かに確認、今度の戦争では馮が反旗をひるがえし、作霖が百万円を支援することで合意していた。支援額について「二百万元」、あるいは「三百万元」とする中国の史書もある。中国で特務工作に当たっていた陸軍中佐・土肥原賢二が関与したとも言われる。金は作霖が出し、連絡や金の受け渡しで段祺瑞、日本軍将校が協力した。裏切りが表面化する前から、日本の天津軍司令官[2]・吉岡顕作は東京の参謀次長・武藤信義に、馮玉祥の計画が着々と進んでいると打電していた。

馮玉祥は、北京近郊にいる直隷軍の反呉佩孚勢力を糾合してもいた。師団を取り上げられた副司令の王承斌《おうしょうひん》、第一次直隷・奉天戦争での動きを批判され、一人昇進できなかった北京警備司令の孫岳《そんがく》、軍費不払いで恨みを抱く援軍司令の胡景翼《こけいよく》。こうした将領たちが、馮に従い、あるいは馮の行動を黙認した。

厳しい行軍訓練を積んできた馮玉祥軍が、一昼夜七十キロとも言われる最大速度で北京に向けて走りつづけている。

楊宇霆《よううてい》から馮玉祥寝返りの連絡を受けた奉天軍将領たちは、石門寨に集まり、張学良発案の新たな作戦計画を定めた。山海関から主力八個連隊と砲兵隊を引き抜いて石門寨に兵力を集中し、郭松齢の指揮で直隷軍の防衛線を突破、山海関背後の秦皇島を一気に衝く。

このとき、奮い立つ郭松齢の面前で、第一軍副軍長の韓麟春が、痛烈な皮肉を口にした。

「これで、皆が手柄を立てられる」

馮玉祥

第一軍が九門口攻略という大功を挙げたのに対し、郭松齢は、山海関で彭寿莘の壁に何度も跳ね返されていた。嘲りを含んだ言い方をしたのは、楊宇霆―姜登選―韓麟春という日本の陸軍士官学校出を中心とした派閥・陸士派と、中国の陸軍大学を出た郭を中心とする陸大派が日ごろから対立していたからだ。エリートの陸士派は、郭らを軽く見ている。戦功がない、という心の急所を衝かれ、郭は青ざめた。

「私は人の手柄の分け前にあずかろうと思ったことなどない。やはり、山海関から打って出よう」

郭松齢はそう言い捨てて、部屋を出た。分裂した直隷軍に歩調を合わせるかのように、奉天軍も分裂の危機に陥った。

張学良は、郭松齢が、石門寨に入っていた自身の旅団を引き連れて本当に去ったと知り、馬に乗った。冷たい夜の底、両側に崖が迫る隘路を走り、郭の後を追った。学良が郭の姿を見つけたのは、翌二十三日の明け方だった。小さな店で眠っていた郭を起こし、石門寨に戻るよう上官として命令した。

「軍を連れて行くなら、私を殺してからにしろ」と言う。郭松齢は、「死にたい」と言って泣いた。「死ぬなら、前線で死んでくれ」と学良。陸軍講武堂《こうぶどう》以来、一心同体の戦いを続けてきた二人だ。郭は学良に従い、ふたたび石門寨に向かった。

そのころ、馮玉祥軍はすでに北京に入城し、総統府、電報・電話局、駅など要所を押さえていた。大総統・曹錕は、一時、オランダ公館に逃れたが、家族の生命、財産の安全は保障できないと脅されて引きずり出され、中南海に監禁された。

山海関の呉佩孚は、七千の兵力を自ら率いて馮玉祥討伐に向かうことを決めた。冷静さを欠いた最悪の選択だった。均衡を保っていた奉天軍との戦闘正面が薄くなったばかりか、わずか七千では、いかに精兵とはいえ、その数倍の兵力を持つ馮軍に勝つ見込みもない。

馮玉祥謀反の至急電は、北京の公使館を通じて東京に届いた。外相・幣原喜重郎は、総理・加藤高明に臨時閣議開催を要請した。以下、幣原の文章である。

臨時閣議の席上、私はこの電報を報告し、これで満洲が戦禍を被る心配はなくなった、と述べた。すると高橋（是清）農商務大臣は、卓を隔てて私の真向かいにいたが、突然立って、わざわざ卓を一巡りして私のところへ来た。そして両手で私の手を握りしめて、「よかった。よかった。君が頑張ってくれたので、日本は救われた。もし我々が主張したように、張作霖を秘密に援助していたら、大変なことになって、列国にも顔向けができず、我々は進退に窮せざるを得なかったろう。これで日本の利権は保全され、日本の信用は維持される。こんな愉快なことはない」といって、心から喜んでくれた。

中立不干渉を墨守していた幣原は、陸軍が秘密裏に動いていたことを知らない。陸相・宇垣一成《かずしげ》は、「新局面の開展をもって一種の天祐なりしがごとく考えている目出度き連中も世間には多数存するがごとく、また世の中はそれでよろしいのである、結構なのであるよ!!」と日記に書き残している。

実際、幣原らは喜んでいる場合ではなかった。宇垣の皮肉はともかく、軍部、軍人の独断による秘密工作の成功は、当面の危機を救ったにせよ、将来より大きな危機を生み出す土壌を作った。

二十四日、馮玉祥は北京北郊で軍事会議を開き、自軍を「国民軍」と改称することを決定、自身が総司令に就任した。国民軍という名は、広東の国民党と通じるものであり、会議では、ソ連に傾倒した広州の孫文の北京入りを要請することも決めた。

二十八日、直隷軍に破局が訪れた。奉天第二軍の張宗昌の部隊が、山海関のはるか後方の要衝・灤《らん》州《しゅう》を占領したのだ。熱河から南下した李景林、張宗昌は、直隷軍二個師団を粉砕し、牧童に案内させて冷口《れいこう》で長城線を越えた。山海関の直隷軍主力は、大包囲網に落ち、補給ルートと退路を同時に失った。北京方面に出撃した呉佩孚も小さな孤軍となった。

山海関では、郭松齢軍が石門寨から突進、指揮系統が崩壊した直隷軍は部隊番号も関係ない烏合《うごう》の衆と化し、ただひたすら秦皇島の駅と港をめざして逃げた。その秦皇島駅も、奉天軍の砲撃に見舞われた。一部は、港から船で脱出したが、ほとんどは投降した。

十一月二日、呉佩孚軍は、楊《よう》村で馮玉祥軍に大敗、呉は翌日、数千の兵とともに、輸送船で天津から南方に逃れた。

無敵を誇った呉佩孚軍が殲滅され、第二次直隷・奉天戦争は終わった。

離れた指

十一月十日、張作霖、馮玉祥、段祺瑞は、天津の日本租界内にある段邸に集まり、段を元首とする国家体制を作ることを確認した。地盤の分割では、基本的に、海沿いの豊かな地域は作霖が押さえ、馮玉祥には貧しい内陸部が与えられた。

馮玉祥は不満である。直隷軍部隊、装備の分捕り合戦でも、主戦場が山海関だっただけに、奉天側が優位に進めている。

張作霖は張作霖で、内心、馮玉祥を軽蔑していた。勝つために利用はしたが、勝ってしまえば、目の前の大男は、主を売って出世を求める裏切り者にすぎない。

二十四日、段祺瑞が、中華民国臨時執政(3)に就任した。紙の上の規定では、これまでの大総統と首相を合わせたような強大な権力を付与されたものの、現実には、張作霖、馮玉祥の同意がなければ何もできない「元首」だった。

この日、張作霖は、張学良らとともに北京入りした。いつものように大警衛部隊を引き連れていたばかりでなく、天津から北京にかけて、実に六万人もの部隊を配置していた。事あれば、いつでも戦える態勢を、馮玉祥に見せたのである。この用心深さは、作霖を救っていた。馮の部下が作霖父子の暗殺を強硬に主張したものの、奉天軍に勝ち目はないと見た馮が許さなかったことが、のちに判明した。

二十九日、宣統帝溥儀が、北京の日本公使館に駆け込んだ。馮玉祥は、清朝滅亡後も紫禁城で暮らしていた溥儀を追い出した。溥儀は父邸に逃れたものの、馮にいつ害されるかわからないとおびえ、家庭教師の英国人ジョンストンを通じて日本に庇護を求めた。溥儀の満洲国皇帝への道は、この一歩から始まる。

溥儀の保護については、旧臣である張作霖も約束していた。日本公使館への避難で、作霖は面子をつぶされたかたちとなり、ジョンストンに怒りをぶつけた。だが、馮玉祥の勢力圏下の北京はまさに虎口であり、実際には作霖自身の神経さえ休まらない。

十二月二日、張作霖は、慌ただしく天津に戻った。北京に入れた奉天軍にも撤収を命じた。馮玉祥が秘密会議で作霖打倒を決めた、という情報が流れたためだった。

十二月四日、馮玉祥から招かれた孫文が、日本経由で天津に到着した。午後二時ごろ、孫は、汪兆銘、李烈鈞《りれつきん》らの側近、長男の孫科を連れて、張作霖が滞在する曹家花園《そうかかえん》を訪ねた。二人は同盟関係にあり、作霖は金銭面でも孫を支援してきたが、直接対面するのは初めてである。

孫文は、張作霖が呉佩孚を破ったことへの祝意を伝えた。作霖は「同じ国民に勝ってもうれしくはありません」と硬い顔を崩さず、孫の側近が慌ててとりなした。作霖は、民国の元勲であるにもかかわらず、呉佩孚との二度の戦争で盟を守っていずれも兵を挙げた孫を尊敬している。ただ、孫に、どうしても言いたいことがあった。

翌日、張作霖は孫文の宿所・張園《ちょうえん》を答礼訪問した。前夜、孫は体調を崩し、応対に出た孫科が面会を断ったが、作霖はかまわず入った。孫は、ベッドに横になっていた。

「今日は私が話があります。先生はお休みになっていてください。お返事には及びません」

張作霖は、そう言ってから思いを口にした。

「連ソ容共をやめてください」

ソ連と国境を接し、その力や冷酷さ、詐謀を目にしてきた張作霖は、ソ連、共産党を恐れ、心底嫌悪している。作霖は、各国公使が反対していると話し、「共産を実行するなら、流血も辞しません」とも言った。すでにソ連と手を携えての革命路線を進んでいた孫文は、静かに笑みを浮かべるばかりである。

一九二五年三月十二日、孫文は、肝臓がんのため、北京で死去した。満五十八歳。「革命いまだ成功せず」の遺嘱を残し、後代に革命の成就を託した。

孫文を使って中国で革命を進めようとしてきたソ連は、翌日、馮玉祥への援助を決定した。海への出口を持たず、兵器の生産設備もほとんどなく、金も乏しい馮は、モンゴル経由で接触できるソ連の支援を欲した。ソ連も大軍閥に成長した馮の利用価値を認めた。この先、馮の国民軍には、ソ連の軍事顧問が入り、小銃、弾薬、手榴弾、大砲、軽戦車などの物資が続々と流れ込む。北方の国民軍は、南方の国民党とともに、中国を赤く染めようとするソ連の橋頭堡となった。

張作霖とソ連は前年の九月二十日、中東鉄道の共同管理を確認、ソ連側の経営期限を、政府間で取りきめた八十年から六十年に短縮する独自協定を結んだ。作霖の外交得点に見えるが、カラハン宣言で一度、中東鉄道放棄を表明したソ連に、あらためて経営権、共同管理を認めたもので、実質的には譲歩である。作霖は、呉佩孚との決戦を前に、対ソ関係を安定させておきたかっただけだ。作霖とソ連の間に信頼関係はない。

張作霖の勢力は、一九二五年夏、長江まで伸びた。各地に奉天派軍政長官がいる。

直隷　李景林
山東　張宗昌
江蘇　楊宇霆
安徽　姜登選

山東長官はもともと、段祺瑞に近い鄭士琦《ていしき》だったが、安徽への国替えを迫られ、その安徽も追い出された。

盧永祥の浙江に戦争を仕掛け、第二次直隷・奉天戦争のきっかけを作った江蘇長官の斉燮元は、武力で追放された。その後、一時は、盧が江蘇長官となったが、兵を持たぬ軍人は、お飾りでしかない。結局、南京を抱える大省を握ったのは、この地を希望した楊宇霆だった。浙江を占領し、強力な兵を持つ孫伝芳の地位は保全された。

奉天軍は、呉佩孚軍の多くを吸収、新たな地盤も獲得し、その兵力は、戦前よりずっと多い約三十七万人に達していた。天津に司令部を置く張学良・郭松齢の最強部隊が約七万五千、直隷の李景林のもとに六万余、山東には九万三千、江蘇には三万三千、東三省に九万以上……など、中国北方には、張作霖麾下の軍が各地に満ち満ちていた。

中国最強の大帥となった張作霖は、この時期、部下に語っている。

「三年から五年のうちに、自分から人を攻めることはない。人が私を攻めることなど、絶対にない」

五十歳の張作霖は、天下に片手をかけていた。


このころ、世情は騒然としている。各地に浸透した国民党、共産党勢力の指導のもと、山東・青島《チンタオ》、上海などでストライキの大波が荒れ狂い、警官隊との衝突で多数が死亡した。とくに、日系企業での労働者射殺に、中国国民は激昂した。

五月三十日、上海で大規模デモが発生、租界を防衛するイギリス警察が群衆に発砲し、数十人が死傷した。反日、反帝国主義運動は、全国に燎原の火のごとく広がった。五・三〇事件という。国民党・共産党員は、労働者と資本家、農民と地主、中国人と外国人の憎悪と対立をあおり、衝突と混乱を拡大させては、その陰で勢力を伸ばした。

ソ連の最大の根拠地である広州では、七月一日、国民党が、「国民政府」の樹立を宣言、汪兆銘が主席に就任した。軍事委員会には、孫文の宿敵・陳炯明《ちんけいめい》を打倒した黄埔軍官学校長・蔣介石も加わっていた。八月、国民政府は、その軍を、「国民革命軍」に改編し、蔣は第一軍長となった。


都市部では西洋風のモダンな文化が花開いていた長江一帯で、満洲から来た軍が歓迎されるはずもない。南下した奉天軍を待ち受けていたのは、匪賊を見るかのような、冷たく、おびえた民衆の眼だった。「略奪、麻薬、密輸、姦淫などがはびこり、奉天軍があるところ、民の恨みが沸騰した」と史書は記す。

長江一帯の軍人たちも、奉天軍を駆逐する機会をうかがった。反奉天の力をまとめたのが、浙江の孫伝芳だ。十月七日、孫は、江蘇、安徽、江西《こうせい》、福建の地元軍人の代表者を集め、反奉天を誓う同盟を結成した。「五省連合軍」という。兵力は約五個師団に達し、孫が総司令となった。

孫伝芳は、「太湖《たいこ》での秋の演習」を名目に軍を動員した。幕僚を北京の北方・張家口《ちょうかこう》に派遣し、馮玉祥から、孫が攻勢に出れば、協同歩調をとるとの約束も取りつけた。

革命記念日の十月十日、孫伝芳の五省連合軍が、上海、南京への進撃を開始した。

江蘇の楊宇霆は、前月、南京に着任したばかりである。奉天軍は津浦《しんぽ》線に沿って線状に展開している段階で、一丸となって急戦を挑んできた強力な地元軍を相手に、本格的な戦闘ができる状況ではない。怪しい動きを見せる馮玉祥軍の側面、後方攻撃も警戒しなければならなかった。張作霖は後退を決意した。

十六日、五省連合軍は上海を無血占領した。十九日には楊宇霆が南京を脱出、二十三日、将棋倒しのように、安徽の姜登選が、北に逃れた。

張作霖より十歳若い孫伝芳は、反奉天の機運をつかんだ神速の行動で、東南五省に上海という中国でもっとも豊かな一帯を支配する大軍閥となった。孫は山東の極貧の家に育ち、清軍に入隊。成績抜群で日本の陸軍士官学校に留学している。湖北支援戦争の際、湖北駐留の第二師団長として、侵入してきた湖南軍に痛撃を与え、呉佩孚軍勝利の立役者の一人となった。そこから福建、浙江を平らげてきた。孫もまた、時代の風雲児である。

大成功を収めた孫伝芳には、許せないことが一つだけあった。馮玉祥が、五省連合軍に呼応して出撃するとの約束をほごにし、模様眺めに終始したのだ。首尾良く速攻が決まったから事なきを得たものの、奉天軍が本格的に反撃したら、勝敗の行方はわからなかった。

張作霖はいら立っていた。一瞬、天下にかかった指が、また離れた。作霖は、馮玉祥と孫伝芳を討とうと決意した。

日本軍の演習視察のため訪日していた郭松齢は、宮城県の松島海岸に滞在中、張作霖から帰国命令を受け取り、十月二十一日夜十時四十分の仙台発上り急行列車に、慌ただしく乗り込んだ。馮玉祥、孫伝芳をたたきつぶす主力は、奉天軍最強の張学良・郭松齢軍にしか務まらない。

仙台の宿舎で郭松齢は、陸相・宇垣一成とも会談している。宇垣が「奉天派は分不相応に勢力圏を拡張しすぎている。江蘇での楊宇霆の失敗など、前哨の一角が崩れたくらいなものだ。張作霖に軽挙妄動をさせないよう努力してほしい」と語ったのに対し、郭は同意を示し、軍人の枠を越え、「やむを得なければ、直隷を捨ててもいい」と答えた。

郭松齢は、重大な決意を胸に秘めている。この旅行で東京・帝国ホテルに滞在中、同じ視察団に加わっていた国民軍将官・韓復榘《かんふくく》に、張作霖がもし馮玉祥を討つなら、馮と協力すると密かに伝えていた。謀反である。

第二次直隷・奉天戦争で、最後に敵の山海関主力を殲滅した郭松齢は、地盤をもらえなかった。当初、安徽長官になるという情報があったが、楊宇霆が急に江蘇に割り込み、玉突きで姜登選が安徽に回った。直隷軍の背後を突破する大功を挙げた張宗昌、李景林は、それぞれ出身地の山東、直隷にどっかりと座った。最強軍のナンバー2という座に据え置かれた郭の胸には、楊宇霆と、同じ派閥の姜登選、そして張作霖への憎しみが燃えていた。

直接の上司である張学良には、「私はついていない」と訴えた。学良の部下であるがゆえに、何ももらえない、と言う。学良は、父の張作霖に電話をかけ、郭松齢を軍政長官にするよう頼んだ。だが、作霖は拒否した。作霖は「将来、私のポストは小六子《シャオリュウズ》（張学良）のものだ。小六子が大権を執るのに、郭はポストがないと不安になるのか」と思っている。楊宇霆と姜登選が逃げ出して捨てた地盤を奪い返せと命じられる郭の心の屈折は見えていない。

若いころから革命を志していた郭松齢には、ソ連の援助を受けて北京から西北一帯で大勢力を張った馮玉祥が、まぶしくもあっただろう。


十月二十二日、奉天の日本総領事館に、新しい総領事が着任した。天津から横滑りしてきた吉田茂だ。王永江《おうえいこう》のような合理主義者を好む吉田は、寝業師的な張作霖とは馬が合わない。評伝によれば、作霖が豪勢な羊料理を振る舞い、中華料理での客への礼として皿に取り分けてやったが、吉田は「汚いから」と一口も食べなかったという。

このころ、張作霖に対する日本の反感と不信が膨張している。呉佩孚を破ったのはいい。だが、中原に手を広げ、たたかれ、ふたたび大きな戦争を起こそうとしている。満洲を安定させ、権益をいっそう固め、対ソ連の最前線となる北満に力を伸ばそうとする日本の大陸戦略からすれば、危うく、余計な行動でしかない。

満洲統治でも、反感を買っていた。吉田の着任前月、奉天総領事館は、幣原喜重郎に、張作霖の排日政策について報告している。たとえば、多くの県で、日本人の借家契約延長を認めず、契約満了とともに追い出される日本人が続出した。借地も許さない。日本人家宅に対する官憲の恣意的な捜索が行われた。報告は、「二十余年来の既得権の奪回を図るもの」と警鐘を鳴らしている。中国の史書は「張作霖は常に、日本人に画餅《がべい》を与えた」と記す。

吉田茂が、日本の権益確保に関して、「日本側にも方法がある」と迫ったとき、張作霖はこう答えたという。

「出兵か？　やってみればいい。待っていますよ」

奉天軍三十万が動けば、関東軍一万数千などどれほどのものか。なんで日本鬼子《グイズ》を恐れるか。満鉄など、地方警察に命じれば三日間で線路をはぎ取れる。張作霖はそう思っている。

満鉄の経営を脅かす大問題も表面化しつつあった。

張作霖は、満洲内での軍の移動を、ソ連の中東鉄道や、日本の満鉄ではなく、自前の鉄道で行わねばならぬと思い、鉄道建設を大々的に進めてきた。鉄道網の整備が進むとともに、日中協定で禁じられていた満鉄の並行線(4)が姿を現そうとしていた。

九月、奉天省が、新立屯《しんりつとん》から彰武《しょうぶ》を経て通遼《つうりょう》に至る鉄道建設計画を発表した。有名な打虎山《だこざん》(のちに「大虎山」と改名)―通遼間の鉄道(打通《だつう》線)の一区間だ。打通線の計画は一九二二年、吉林長官の孫烈臣、黒龍江長官の呉俊陞が発案したという。石炭運搬用に京奉《けいほう》線の打虎山から建設されていた短い支線を徐々に延長し、他線と連結していくのだ。新立屯までの支線延長はすでに決定しており、新立屯と通遼がつながれば、満鉄の西を走る並行線となる。それだけにとどまらない。打通線はやがて、鄭家屯《ていかとん》、洮南《とうなん》を経て、黒龍江省都・チチハルも結ぶことになる。黒龍江と吉林の兵、人、物資を、満鉄を経由せずに奉天、関内に送り出せる。渤海の胡蘆島《ころとう》港を整備すれば海への道ともなるだろう。

日本は、無論、抗議した。だが、張作霖の意思は固い。

満鉄線の東でも、並行線が動いていた。奉天から海龍《かいりゅう》、吉林を結ぶ線で、楊宇霆の提案による。奉天―海龍間の区間は、二五年七月に起工された。

のちに外相となる外交官・有田八郎は、作霖の鉄道建設について記している。

当初日本側では、張作霖は金がないから、外国から鉄道資材も輸入できず、並行線などといっても、そうやすやすとできるものではないと高をくくっていたのであったが、間もなくそうでないことがわかってきた。……地ならしをしただけの土地の上にレールを敷き、河川には別に鉄橋を架けるでもなく、材木を井ゲタに組んだ上にレールを載せていくといった、まことに乱暴でお粗末極まるものであった。……これが年を経るにしたがい、だんだん整備されていく……

東三省の鉄道営業距離数は、二〇年時点で満鉄や中東鉄道、中国国有の京奉線など全部で三千六百五十一キロ。東三省官民が運営する路線は、わずか〇・八パーセントにすぎなかった。ところが、張作霖と張学良父子によって建設された線は最終的に千五百二十一キロに達したという。すさまじい数字である。

郭松齢の乱

郭松齢は日本から天津に戻ると、病と称してイタリア病院に入院した。

十一月十三日、張学良が天津に来て軍事会議を招集、郭松齢も出席した。席上、郭と直隷長官の李景林は、馮玉祥や孫伝芳との戦争に強硬に反対し、満洲での「保境安民《バオジンアンミン》（境を守って民を安んじる）」を主張した。会議後、学良が病院を見舞うと、郭は憤りをぶつけた。

「全部、楊宇霆が台無しにしました。負けて戻ってきたら、また老将（張作霖）を囲い込み、われわれに命を懸けさせる。彼らのために地盤を切り取る戦など引き受けるわけにはいきません」

抗命の危機を察知した張学良は、張作霖に報告した。作霖は、郭松齢に奉天への帰還命令を出した。帰ればどうなるかわからない。郭松齢は、事態の切迫を感じ、直ちに参謀長と実弟に密書を持たせ、馮玉祥のもとに派した。東京から戻った韓復榘から事前に郭の決意を聞いていた馮玉祥は同意する。驚くべきことに、同盟の密約文書には李景林の名もあった。

密約によると、郭松齢は、東三省を開発、改造する。李景林は、直隷、熱河を治め、馮玉祥は、直隷の保定《ほてい》、大名《だいめい》、京漢《けいかん》線、天津港に自由に出入りできる。郭と李は張作霖を倒して地盤を分割し、馮は海への道を開くということだ。馮の署名がある密約書が戻ってくるや、郭は病院を引き払い、麾下の部隊が集結している灤州に向かった。

二十二日夜、郭松齢は、張学良を奉じて張作霖に下野を促し、楊宇霆を討伐するとの声明を出した。学良の名を掲げたのは、部隊の離反を防ぐためだ。奉天軍では、少帥・学良と郭松齢は一心同体とみられており、挙兵は学良による作霖への兵諌《へいかん》と思わせたのだ。楊打倒には賛同者が多い。それでも造反に反対した四人の師団長は拘束された。

五個軍に編制された最精鋭七万五千の大部隊が、奉天の喉元に当たる灤州から進発した。奉天を根こそぎ覆そうとする反乱だ。張作霖は大帥府で、将領たちに力なく話した。

郭松齢

「一人の将を育てるというのは、本当に簡単じゃない。やっと育ったと思ったら、そいつは謀反を起こす。寒々しいことだ。自分の功は大きいのに恩賞が足りないと考えて造反する。嘆かわしいことだ」

張作霖は、郭松齢の求めに応じ、楊宇霆を解任した。だが、郭は、引き返せない状況を自ら作り出す。二十四日、奉天に戻るため列車で灤州を通過しようとした前安徽長官の姜登選を拘束し、銃殺したのだ。謹厳にして勇敢、戦でも勝ってきた郭は、誰もが認めるすぐれた将だったが、他人に対しても厳しく、度量は狭いと言われていた。他人を疑い、部下を疑う。この乱でも、張作霖に不満を持つ騎兵部隊などの合力《ごうりき》申し出を断ったという。

同じ日、奉天に戒厳令が敷かれた。

二十五日、馮玉祥が張作霖討伐の声明を出した。

張学良は郭松齢の説得に向かい、使者を立てたが失敗した。

張作霖の身を凍らせる知らせが、北からも来た。二十八日、ソ連の中東鉄道管理局長イワノフが、十二月一日以降、現金払いでなければ中国兵を輸送しないと通告してきたのだ。奉天の危急を救うため南下を急ぐ黒龍江軍の行動を妨害するもので、郭軍を支援しようとする意図は明らかだった。

ソ連に呼応するかのように、郭松齢は三十日、自軍を「東北国民軍」と改称し、声明から張学良の名を消した。「国民軍」は、ソ連の支援を受けた馮玉祥軍の名称だ。張作霖は、反乱の目的を、「赤化主義の実行」と見定めた。少帥の兵諫ではないことが明らかになり、郭軍内に動揺が走った。

そのとき、郭松齢の後方で、重大事が発生する。なんと、馮玉祥が、同盟を結んだ李景林の直隷に侵攻したのだ。張作霖と郭松齢の戦争が不可避になったのを見て、馮は直隷に牙をむいた。ソ連人顧問が加わった国民軍は、天津に向けて突進する。憤激した李景林は、ふたたび寝返って張作霖への帰順を表明、国民軍との本格的戦闘に入るとともに、郭軍との関係を断った。天津の倉庫に保管され、郭軍に送られるはずだった六万着もの防寒着や食糧、弾薬などの補給物資を押収した。

渤海に沿って進撃する郭松齢軍は、後方を失い、漂流する巨大な孤軍となった。郭の司令部列車でさえ、食糧が欠乏した。張学良との連絡役として郭に会った日本人医師には、郭軍は、上層部を除き、何のために故郷に弓を引くかわかっていないように見えた。

十二月二日から三日にかけて、百年に一度と言われる大雪が降り、気温は零下二十度にまで下がった。防寒着を持たぬ七万の大軍は、守備隊を蹴散らし、雪原に点在する村を略奪しながら進む。食糧、家畜、家禽《かきん》を残らず奪って食うばかりではない。暖をとるために、柴や薪も奪う。家に火をつける。村への道案内を拒んだ十七歳の少年が射殺されたという。

苦難の行軍を続ける郭松齢軍に、民は恨みの視線を投げかけていた。

「郭鬼子《グオグイズ》が餓鬼を引き連れ、おれたちの一年分の食糧を食い尽くし、一年分の柴を燃し尽くしていく」

という当時の民の言葉がある。

五日、郭松齢軍は、遼西の要衝・錦州《きんしゅう》を攻略した。知らせを受けた張作霖の顔が土気色に変わった。作霖は、いざというときに大帥府を焼くために、十台以上のガソリン車と柴を用意させた。そのときは、専用自動車で大連まで逃げるつもりだった。現金も用意した。

かねては来客が引きも切らない大帥府を訪れる者はほとんどない。張作霖は、「小六子のばかめが」と一人ののしりつつ、オンドルの上でアヘンを吸っている。ときに半狂乱になったとの史書の記述もある。

防水布を掛けた大八車数十台が馬に牽かれ、大帥府から満鉄の奉天駅に向かった。城内に噂と動揺が広がる。財産を守ろうとする人びとが、日本の銀行に殺到した。日本のホテル、旅館には、金持ちや高官が逃れはじめた。郭松齢に密かに通じ、次の「郭体制」下でも生き残ろうとする高官が多かった。

奉天陥落の危機が迫ったこのとき、もっとも精力的だったのは、省長代理の王永江だった。いつもどおりに執務室で公文書に目を通し、各県に電文を送り、固唾《かたず》をのむ地方幹部を落ち着かせた。毎日午前十時と夕食後、必ず張作霖に報告に行った。王は、冷静な姿を見せることで人心を落ち着かせようとしていた。

すでに大連への逃亡を決めている張作霖は、王永江に告げた。

「ここを去る。後は君に任せる。家を焼き払って、郭のやつが住めないようにする」

王永江は笑い出した。

「まだ、そんなときではありません。去るなら、一緒に去りましょう」

王永江は、続いて断言した。

「郭松齢は終わりです」

防寒服もない郭松齢軍が、冬の満洲で長期間戦えるはずがないと、正確に見通している。王は、もう一つ安心材料を与えた。

「黒龍江の騎兵に、夜に昼を継いで来るよう求めています。まず問題ないでしょう」

中東鉄道での輸送をソ連が拒んでから、戦力外となった黒龍江軍。だが、彼らが来る。率いるのは、呉俊陞だ。張作霖の顔に生気が戻った。

王永江はまた、日本総領事の吉田茂に、警察官不足を理由に、治安維持面での日本の協力を要請した。吉田は了承し、軍と調整した。次の日、日本兵が城門を守備していた。当時、日本軍の強さを疑う者はない。日本兵が奉天を守る姿を見せただけで、人心は落ち着いた。

郭松齢軍は、参謀長・鄒作華《すうさくか》の提案により、錦州で三日間の休養に入った。飢えと寒さに苦しむ兵に、休養は不可欠だっただろう。郭自身も、重い胃病と肺炎を患い、毎夜煩悶し、睡眠剤を服用していた。だが、奉天の防衛態勢が整っていない今、何より貴重なのは、時間だった。客観的軍事情勢からすれば、この三日間は張作霖を利した。郭は知らなかっただろうが、鄒は、本来の上官である作霖、張学良と密かに通じていた。

加藤高明内閣は八日、満鉄付属地およびその付近での戦闘、騒乱は黙視できないとする閣議決定を行った。関東軍司令官・白川義則は、張作霖、郭松齢の両者に決定内容を伝え、さらに、付属地から約十二キロ以内での戦闘、付属地の治安を乱す恐れのある軍事行動は禁じると警告した。平等な対応に見えるが、実質的に行動を制限されるのは、奉天への侵入を図る郭軍である。満鉄線は、突如、郭軍の前進を阻む巨大な長城となった。作霖は愁眉《しゅうび》を開いた。

郭松齢は、奉天北西の新民《しんみん》と、南の営口《えいこう》からの挟撃を図っていたが、十三日、渤海沿いの営口で渡河しようとした部隊が、日本軍に阻止された。郭は、攻撃側が握る攻勢場所の選択権を奪われた。

張作霖軍には、日本の砲兵出身者十数名も、傭兵として加わっていた。作霖の顧問・菊池武夫は、未熟な砲兵が火砲を効果的に使うための集中射撃法を指導した。

日本にとっても、ここは急場だ。張作霖への不満より、郭松齢の満洲支配を阻むことを優先しなければならない。郭が成功すればどうなるか。満鉄社長の安広伴一郎は、「東三省はただ、赤化運動の蹂躙に委ねられ、そこに満鉄なく、関東州なき自由地帯を出現させるのではないか」と懸念していた。陸相・宇垣一成は、北満に第二の馮玉祥が生まれれば、ソ連の勢力が伸長し、日本の発展が阻止されると日記に記した。そのうえで、「張作霖が存在することは、わが邦の対満政策ことに北満政策において必要なりと信ずる」と指摘、作霖支持が得策と書き加えている。

中国の史書は、日本の支援を受けるに当たり、張作霖は、関東軍参謀長・斎藤恒《ひさし》と密約を結んだと記している。内容については諸説ある。基本的には、日本人の居住と商租権の承認、間島《かんとう》での領事館の新設、吉林と朝鮮の鉄道連結などだ。追い詰められたときには口約束でしのぐ、作霖らしい行動である。

張作霖は、占い師に見てもらい、「凶に逢って吉と化す」というお告げをもらった。「黒雲が月を遮ること久しくはなし」だったともいう。逆転勝ちを告げる最高の天の声である。作霖は、完全に自信を取り戻し、郭軍の進攻ルートとなった新民方面に、奉天の残留部隊を送り出し、前線から後退してきた部隊と合流させた。待ちかねた吉林軍、そして、黒龍江軍も続々奉天に入り、進発していく。

張作霖は、「今度の決戦で後退はない。進むのみだ」と督励した。

決戦場は、新民の凍れる大河・巨流河《きょりゅうが》(5)である。


張作霖がかき集めた八万の兵が、巨流河東岸に布陣した。中央に張学良軍三万、左翼には、騎兵が主力の呉俊陞軍三万がいる。右翼は、吉林、熱河の兵を中心とした張作相軍二万だ。張作相のもとには、郭松齢軍に打ちのめされ、ここまで後退してきた部隊が多い。張作相は、誰も責めなかった。苦しい冬の戦いを続けてきた将兵に深く感謝し、ねぎらい、兵の凍傷に涙した。この指揮官を見た敗残兵たちは生気を取り戻し、士気は一気に高まったという。

二十日、郭松齢軍約六万が新民に進出してきた。張作霖、張学良親子と戦いたくないと思う者は多い。布陣の段階で、早速、二人の連隊長が逃亡した。

二十一日夜半、郭松齢は総攻撃令を出した。攻撃方向は、張作霖軍左翼の呉俊陞軍に向けられた。騎兵の激しい待ち伏せ攻撃を排除しながら、郭軍は、翌二十二日の明け方には大民屯《だいみんとん》を占領する。しかし、急を聞いて応援に駆けつけた作霖軍が猛反撃に出て奪還した。湯玉麟の部隊だった。

巨流河正面で前進した郭松齢軍は、張学良軍の猛砲撃を浴びた。その正確さは、郭軍の想像を絶するものだった。

「日本軍だ」

郭松齢軍はそう思った。日本軍重砲隊の砲撃だったと断定的に書く中国史書もある。

二十二日、これまで連敗してきた張作相軍が、新民をにらむ高台子《こうだいし》を奪取する大戦果を挙げた。中央、右翼で前進できず、左翼からは大きな圧力を受けた郭松齢軍は、身動きができない。張作霖軍の航空機による爆撃も受けていた。いや、爆弾以上に効果的だったのは、張学良が上空からまかせたビラだろう。郭軍兵士がビラを拾うと、「張家の者は、張家を攻めず」とある。故郷を攻めているような感覚を持っていた「東北国民軍」将兵は、戦意を失っていった。

二十三日早朝、呉俊陞の騎兵師団が戦場を迂回して、郭松齢軍後方の物資集積地となっていた白旗堡《はくきほ》の駅を襲撃、弾薬庫や食糧車に火をかけた。吉田茂は、幣原喜重郎に宛てた戦況報告で、「目下同地は火災の中にあり」と記している。雪原の炎は、飢えと寒さで弱る郭軍の終末を告げていた。郭軍の兵は、ばらばらのまま、家に帰るように投降していった。

二十四日朝、郭松齢は、妻の韓淑秀《かんしゅくしゅう》らとともに、ラバが牽く大八車で新民を脱出した。郭が離れると、参謀長の鄒作華は、張作霖に連絡をとり、反乱が終わったと告げた。

郭松齢は営口に向かうつもりだったが、すぐに騎兵部隊に見つかった。二百人ほどいた護衛兵は、迫撃砲攻撃になすすべもない。奉天省長に就任予定だったとされる文民の林長民《りんちょうみん》は弾に当たってあえなく落命し、郭松齢夫妻は、戦闘の間に近くの農家の野菜貯蔵蔵に隠れたものの、まもなく発見された。白い戦場で奉天人同士がかみ合った郭松齢の乱は、西洋人のような顔立ちの「郭鬼子」が捕らえられたこのとき、終わった。

新民近くにいた張作相は、真夜中、郭軍司令部に入り、将官らに話した。

「われわれは長年の戦友だ。郭松齢は去った。すべての過ちは彼が背負わなければならない。私は老将に寛恕を請う。私の息があるうちは、もう不幸なことは起こさせはしない」

同士討ちに勝者などいない。皆がぼろぼろになり、身も心も凍えていた。奉天軍最高司令官の張作霖も、これまで郭松齢と生死をともにしてきた張学良も、疲弊しきっていた。大勢の兵士が死に、民は苦しみをなめた。過酷な行軍を続けてきた郭軍では、約七千人が凍傷にかかっていたという。

二十五日午前十時、郭松齢夫妻は遼河河畔で銃殺され、奉天で三日間さらされた。妻の韓淑秀は、馮玉祥の妻とは女学校の同窓で、革命思想に染まり、反乱の首謀者の一人となった。灤州での挙兵の際、将領たちを前に、失敗すれば、自分も死ぬと宣言していた。

第一次直隷・奉天戦争の際、呉佩孚を相手に死力を尽くして奉天を守り抜き、第二次の戦いでは、自ら白刃を振るって山海関の死闘に飛び込み、最終局面で直隷軍を壊滅させた。張作霖の中原進出の道を切り開いた奉天最強の将軍。その最期は、限りなく哀れだった。

わずか三カ月前には、奉天軍の隊列が、上海や南京など、長江流域を行進していた。今では、もう夢のようだ。

第八章
運命の日

北伐開始

郭松齢《かくしょうれい》が銃殺された十二月二十五日、馮玉祥が率いる国民軍は、直隷を制圧した。激しく抵抗した李景林《りけいりん》は、ついに力尽き、麾下の軍とともに山東に逃れた。馮は、裏切りによって郭を骸《むくろ》にし、李の地盤を奪い取って直隷という大省を手に入れた。

四日後の十二月二十九日夜、奉天の大帥府で、態勢の立て直しを図る会議が開かれた。張作霖以下、楊宇霆《ようういてい》、呉俊陞《ごしゅんしょう》、張作相、湯玉麟《とうぎょくりん》、王永江《おうえいこう》ら最高幹部が出席している。かつてはここに郭松齢がいた。郭の上官だった張学良も、この日はいない。作霖は、型どおりに辞意を表明し、慰留された。

深刻な議題は、郭松齢軍に参加した将領たちの処分であった。

呉俊陞、張景恵《ちょうけいけい》らは、「一網打尽にせよ」と言う。郭松齢に名指しで攻撃された楊宇霆は、「主要分子を根絶せよ」と主張した。

結論が出かけたこのとき、「郭松齢はすでに裁かれました」と声を上げた者がいる。張作相だ。続けて、「彼らは皆、この土地の子です。長年の戦友です。これから手柄を立てさせ、罪を償わせましょう」

と訴える。

張作相は、十五年前に義兄弟の契りを結んだ八人の中ではもっとも年少だった。柔和な人柄と頑強な倫理観を備える作相は、皆の尊敬と信頼を集め、郭松齢との戦いでは、その人格によって敗軍を蘇生させた。戦の後、旧郭軍司令部員に、彼らを守る意思を伝えている。

しかし、義兄たちは、故郷と大帥に弓を引いた者を許そうとしない。頼みの張作霖も沈黙していた。このまま血の裁きを下すのか。張作相は「彼らを殺さなければならないのなら――」と、声を振り絞った。

「まず、私を殺してください。惨劇をまた見るよりはいい」

思わず、涙がこぼれた。水に打たれたように、室内が静まった。同士討ちはもうたくさんだとの思いは、誰の胸にもある。裁きを叫ぶ者たちの興奮は消え、許しが決まった。

張作霖は、郭松齢を制御できなかった張学良は銃殺せよ、といきまいた。これも型どおりに制止され、沙汰やみとなった。


大帥府のホールは、文武の高官たちの笑顔で溢れていた。郭松齢の乱を鎮圧した祝賀宴である。

「皆に感謝する。乾杯！」

張作霖の音頭に和して、「乾杯！」の合唱が起こった。

微醺《びくん》を帯びた談笑で宴がたけなわになったころ、ホールの扉が開き、大きなトランクを持った四人が入ってきた。張作霖の副官たちだ。宴とは場違いな厳しい表情で作霖の前に歩み寄り、一人が声を上げた。

「大帥に報告いたします！　このトランクは、郭鬼子軍《グオグイズ》から押収したものであります」

「中身は何だ」という張作霖の問いに、副官は、やはり大声で答えた。

「すべて、城内の者が郭鬼子と交わしていた密書であります」

酔いは一気にさめ、ホールは凍りついた。

「そんなことだろうと思った。大それた賊だ」

怒気をはらんだ張作霖の声が、来場者の胸に突き刺さる。密書を送った者は蒼白となり、そうでない者も連座を恐れ、うつむいて震えた。ここにいた多くが、一時は郭松齢の勝利を疑わず、密かに手を打っていたのだ。これから始まる粛清を予感して、ホールは静まり返った。

そのときだ。張作霖の明るい声が響いた。

「もういい、もういいんだ」

床に落ちていた人びとの視線が、はっとしていっせいに張作霖に戻る。大帥はほほ笑んでいた。

「郭鬼子は死んだんだ。それでいい。何も調べなくていい。トランクは焼き捨てろ！」

皆の心臓を締め付けていた恐怖の鎖が嘘のように解ける。張作霖は宴の再開を宣言した。

「今日はうれしい席じゃないか。皆、大いに食って、飲んでくれ。もう興が冷めるようなことを言うんじゃないぞ」

ホールは、そして奉天は安堵し、笑いを取り戻した。見事な芝居は、約千七百年前の三国志に登場する魏の曹操《そうそう》に学んだものだ。(1) この国では、英雄の物語は、いかに古い時代のものであれ、漢字によって記録され、しばしば後世によみがえる。

かつての奉天軍副司令・徐樹錚《じょじゅそう》は、直隷・安徽《あんき》戦争での敗北後、長く北京を離れ、各地で段祺瑞復権のための工作を続けてきた。このころ、長期の海外視察から帰国し、段、張作霖、孫伝芳《そんでんほう》、そして、中原で再起しつつあった呉佩孚《ごはいふ》による北方勢力の大団結を説いていた。敵は、ソ連に支援された二つの革命勢力、南の国民革命軍と北の国民軍だ。天才軍師は、いま北方が力を合わせれば勝てると見ていた。

徐樹錚は十二月二十七日、北京に入った。

段祺瑞は、徐樹錚の上京を懸命に止めていた。馮玉祥は、自分にとって危険と見れば、たとえ執政側近であれ、殺害をためらう男ではないのだ。だが、徐は制止を聞かずに北京に入り、段と涙の再会を果たし、国務会議で帰朝報告を行い、自分が運営する学校を訪ねた。段は「早く去れ」と言いつづけたが、結局、二十九日夜まで北京にいた。

ひどく寒い月の夜だったという。部下から電話で徐樹錚出発の報告を受けた馮玉祥は、殺害を命じた。三十日午前一時ごろ、徐樹錚は、天津に向かう途中の廊坊《ろうぼう》駅で、列車から連れ出され、表に出てまもなく、二発の銃弾を撃ち込まれて絶命した。

翌日の大みそか、湖北《こほく》・武漢《ぶかん》にいた呉佩孚が、奉天討伐戦争の終結を宣言した。呉は、奉天軍に敗れた後、河南《かなん》、湖北の直隷軍をふたたびまとめていた。もっとも、山海関で滅んだ呉直属の精鋭とは違い、この軍に、呉本来の戦いを体現できる力はない。

呉佩孚は、自分を裏切った馮玉祥への復讐心に凝り固まっていた。郭松齢の乱に際し、呉は張作霖に、こんな電報を送っている。

　前の馮玉祥の裏切りは、私の心を傷つけた。いま、郭松齢の裏切りが、あなたを傷つけているだろう。私がもっとも憎むのは、このような裏切り者である。あなたを手助けしたい。

郭松齢の乱の背後にも、馮玉祥はいた。しかも馮は、郭さえ裏切った。馮は、張作霖にとっても、不倶戴天の敵となっていた。

張作霖と呉佩孚の接近を知った馮玉祥は、一九二六年の元旦、徐樹錚殺害など知らぬ顔で、徐が生涯を捧げた段祺瑞に対し、すべての職を即刻辞任したいと申し出た。

郭松齢の乱の際、張作霖を破滅から救ったのは、奉天省長代理・王永江だったと言っていい。だが、王の本当の戦いは戦後に始まった。ふたたび関内に押し出そうとする作霖を、全力で止めにかかったのだ。王は会議で力説した。


「近年、兵器工場の経費は年二千三百万元、経常軍事費が千八百万元、大帥の個人機密費が一千万元。総額五千百万元です。歳入は二千三百万元しかないのに。民政を行う術はなく、財政破綻は必然です。戦争続きで増税の余地もない。遼西では戦禍に遭った人びとが救いを求めています。二度と関内に手を伸ばしてはなりません。東三省《とうさんしょう》を守り、産業回復を図り、兵器工場を四割縮減し、少なくとも、三、四個師団削減すべきです。個人機密費も廃止しなければなりません」


第二次直隷・奉天戦争での勝利も、健全財政によって強力な軍建設を支えた王永江がもたらしたと言える。奉天軍はその後、長江に進出して孫伝芳軍に敗れ、郭松齢の乱で余力を使い果たした。戦力以上に、財政が一気に傾いた。王の手腕により地方通貨としての信用を維持していた奉天票も、増刷によって急速に価値を失いはじめていた。

張作霖は王永江の言を容れず、一月十一日、郭松齢軍の残党討伐を名目に、関内出兵を宣言した。実際には、馮玉祥の国民党への宣戦布告だ。

また戦争である。奉天軍と、山東にある張宗昌《ちょうそうしょう》と李景林の「直魯《ろ》（直隷と山東）連合軍」が直隷に侵攻する。南の呉佩孚軍も協同行動をとって河南から北進、第二次直隷・奉天戦争から奉天軍陣営についた山西《さんせい》軍政長官・閻錫山《えんしゃくざん》の軍も加わる。総兵力は約五十万。馮に対する復讐の大包囲網だ。

奉天軍は十九日、早くも山海関を占領した。張作霖は王永江に、「われわれはやつらをたたきのめせる。安心してほしい」と話した。

ひと月後の二月十九日、故郷の金州《きんしゅう》に戻っていた王永江が、張作霖に辞職の意を伝えた。「金融が崩壊し、人民が破産すれば、ほかに攻められずとも、奉天はおのずから生存できなくなります。これは自殺の道です。永江は、将軍がいばらの道に入り、人民が水火《すいか》に陥るのを見るに忍びません」と言う。最後の諫言だった。

呉俊陞や張学良らが入れ替わり立ち替わり金州に出向いて慰留に努めたものの、王永江の決意は固い。「関内での戦をやめない限り、話し合うことはない」と受け付けなかった。

張作霖が、兄弟との同士討ちの危険まで冒して、大帥府の正門から招き入れた王永江。強い奉天、豊かな奉天を育て、支えたのは、王だった。王の辞任は、奉天の支柱が倒れるような衝撃である。作霖はこう語ったという。

郭松齢は鉄砲で私を倒そうとし、王永江は筆で私を倒そうとした。

三月十四日、張作霖はついに王永江の辞職を認め、莫徳恵《ばくとくけい》を省長代理に任命した。王が去った後の省財政は、秩序を失った。

馮玉祥が支配する北京で、三月十八日、国民党、共産党員に煽動されたデモ隊が、鉄獅子胡同《フートン》の段祺瑞執政府に押し寄せて警官隊と衝突し、四十七人が死亡した(2)。四月に入ると、馮麾下の部隊が、夜間、段祺瑞邸への突入を図る事件もあった。馮の、というより、馮を背後で操るソ連の動きが活発化していた。南の広州《こうしゅう》では、左派が、国民革命軍最大の実力者となっていた蔣介石の拉致を図ったとされる中山《ちゅうざん》艦《かん》事件も起きている。

張作霖は、そのソ連との対決姿勢を強めていた。一月には、対郭松齢戦から帰還する黒龍江《こくりゅうこう》軍に現金払いを要求し、輸送を拒否した中東鉄道管理局長イワノフを拘束した。中ソ国境が緊張した。その後、兵員輸送費には、中東鉄道での中国側配当金を充てることで合意し、イワノフも釈放されたが、作霖は、東三省におけるソ連系の団体、労働組合に対する弾圧の手をゆるめなかった。

四月十四日、奉天軍が、北京東郊の通州《つうしゅう》を占領、その後、北京に入城した。

国民軍は、北京北方の山岳地帯の入り口に当たる南口《なんこう》に撤退した。広大な西北に通じる要衝で、八達《はったつ》嶺《れい》や居庸関《きょようかん》などの万里の長城が、一帯を走っている。国民軍は、ソ連軍顧問の指導下で、ここに難攻不落の防御工事を施していた。日露戦争の旅順要塞を思い起こせば、ソ連の築城技術の高さは説明するまでもあるまい。南口から山西北部、熱河《ねっか》方面にかけて、国民軍約十六万人が布陣し、奉天軍、呉佩孚軍など五十万の包囲軍と対峙した。敵の砲撃にはじっと耐え、攻撃側の部隊が近づくと、岩の山から集中砲火を浴びせた。

二十日午後七時ごろ、郭松齢の乱の際、郭を支持し、張作霖をののしってきた共産党員の新聞社社長・邵飄萍《しょうひょうへい》が逮捕された。ソ連と結託し、赤化宣伝を行った罪で、二十六日午前五時ごろ、天橋《てんきょう》の処刑場で銃殺された。中華民国の軍閥混戦期は、二十一世紀の現在よりも報道、言論の自由が保障された、百家争鳴の時代だった。だが作霖は、ソ連、共産党のプロパガンダには、銃弾をもって報いた。

邵飄萍逮捕と同じ日、段祺瑞は北京を離れ、天津に去った。第二次直隷・奉天戦争後、張作霖と馮玉祥の調整役として生まれた段執政府は、ここで消滅した。

六月二十八日、張作霖と呉佩孚が北京で会談した。午前九時半、年下の作霖が呉の宿舎を訪ね、二十分ほど話した。正午、呉が作霖の宿舎を答礼訪問した。呉が「これまでのことは話しません。これから協力しましょう」と話しかけると、作霖は「私の部隊は、あなたの部隊だ」と応じた。二人は系譜を交換し、義兄弟の契りを交わした。

ただ、双方とも、完全に心を許しているわけではない。夜、中南海居仁堂《きょじんどう》で開かれた政府主催の宴会のさなかに、突然、ポンという音が響き、張作霖、呉佩孚のボディガードが拳銃を抜く騒ぎになった。調べてみると、外相・顧維鈞《こいきん》の大きな礼帽がハンガーから落ちた音だった。

この月、張作霖は、直魯連合軍の李景林を解任した。独自行動の気配を見せたためという。作霖は、郭松齢、馮玉祥と一度結んだ李に心を許すことはなかった。

七月九日、広州の国民革命軍総司令・蔣介石が、北伐の出陣式を行った。広東、広西を中心にした八個軍計約十万が、北方軍閥打倒のための北上を開始、中国全土を巻き込む北伐戦争の幕が開いた。

当時、北方大軍閥は三派に分かれている。東三省と北京、直隷の大半、山東など北を押さえるのは張作霖だ。上海、江蘇、浙江、安徽、江西、福建という東南一帯は孫伝芳が支配している。その西側の内陸地帯、河南、湖北、湖南北部にかけては、呉佩孚の勢力圏だった。このほか、山西には閻錫山がいる。

戦力でいえば、張作霖麾下の軍が約三十五万、孫伝芳、呉佩孚は各約二十万である。合計七十五万だ。十万の北伐軍に馮玉祥の国民軍を合わせても二十数万でしかない。「南と北」という単純な図式なら、北が負ける兵力ではない。殺された徐樹錚が図った北方勢力統一のねらいは、まさに、内戦の単純化だった。

現実には、張作霖と孫伝芳は敵対関係にあり、呉佩孚と孫の関係も冷たい。しかも、作霖と呉の大軍は南口に引き寄せられていた。

蔣介石の北伐軍は、股から槍を突き刺すように、呉佩孚の版図を縦に貫いた。七月十一日には早くも湖南省都・長沙《ちょうさ》を占領した。湖南から危急を告げる電報が続々届いたが、呉佩孚は南口に執着した。

南口の国民軍は実に、八月中旬まで抵抗を続けた。最後は、内モンゴル地域から迫る呉俊陞の攻撃で後方が崩壊、南口正面陣地も、奉天軍の猛砲撃や新鋭戦車隊につぶされた。

南口の戦いは、北伐の戦略的おとりとして、きわめて重要な価値を持った。八月二十二日、北伐軍は湖南北部の要衝・岳州《がくしゅう》を占領し、湖北に迫った。呉佩孚軍主力が遠い北方にいたからこそ可能になった快進撃だった。岳州陥落という事態に衝撃を受けた呉軍は、疲れ果てたまま南下したが、二十七日、李《り》宗仁《そうじん》の広西軍を基幹とする軍に湖北・汀泗橋《ていしきょう》を突破され、三十日には賀勝橋《がしょうきょう》で主力を粉砕されてしまった。

東に盤踞《ばんきょ》する孫伝芳は、機を見て側面から北伐軍の腰部を切断し、湖南、湖北を手に入れようと思っていたが、呉佩孚を見殺しにしたツケは自ら支払うことになった。

湖南、湖北の呉佩孚軍を破った北伐軍は東進して江西になだれ込んだ。十一月、李宗仁軍が孫伝芳軍主力を撃滅、孫は南京に逃亡、江西省都・南昌《なんしょう》も落ちた。沿海部の福建は、蔣介石側近の何応欽《かおうきん》が率いる第一軍によって蹂躙された。北伐軍は、わずか四カ月ほどの間に、湖南、湖北、江西、福建の四省を占領した。

北伐軍の圧倒的な強さは、ソ連製武器だけでなく、ソ連式の軍隊組織によっても支えられていた。各部隊にいる政治委員は、革命思想を吹き込むと同時に、冷酷な規律監督者となっていた。規律が乱れた並の軍閥軍など、鎧袖《がいしゅう》一触であった。

同時代の記者として詳細な軍閥史を書き残した陶菊隠《とうきくいん》は、このころの張作霖の心情について、こう記している。

呉佩孚、孫伝芳の二大勢力が相次いで失敗し、張作霖はうれしくもあり、恐ろしくもあった。うれしさとは、北方での対抗者が消えたということである。恐れとは、自分が北伐軍と戦う番になったことだった。

陸海軍大元帥

このころ、日本政府には、戦局以外にもう一つの重大関心事があった。打通《だつう》鉄道の工事が進み、満鉄並行線が姿を現しはじめたのだ。八月二十五日、外相・幣原喜重郎は、奉天総領事の吉田茂に計画中止を求めるよう指示した。吉田は九月八日、張作霖と会談して抗議したが、作霖は、「初耳だ。そんな計画など知らない」としらばくれた。日本では、郭松齢の乱で助けられたにもかかわらず、依然として日本に抵抗する作霖を「忘恩の徒」と見なす声が、ますます強まっていた。

ソ連もまた、中国革命の障害となっている張作霖へのいら立ちを強めている。九月二十四日、中ソ国境の駅で変名を使って爆発物の受け渡しを図ったソ連特殊工作員が逮捕された。史書は、ソ連情報機関に張作霖暗殺指令が出ていたと記す。ソ連政府は「中国に移住した者たちが計画したものだ」として、事件への関与を否定したという。

一週間前の十七日には、ソ連を訪問していたとされる馮玉祥が綏遠《すいえん》の五原《ごげん》に現れ、全軍が国民党に参加すると表明、北伐軍との連携を宣言した。馮軍には、ソ連から大量の支援兵器、物資とともに、共産党の顧問団も入ってきた。その中に、鄧希賢《とうきけん》という二十三歳の青年がいた。のちの鄧小平《とうしょうへい》である。

十一月十九日、張作霖以下、奉天軍の高級将領が天津の蔡家花園《さいかかえん》で会議を開いていた。席上、来客の連絡が入った。作霖は、名刺の名前を見て驚いた。

孫伝芳、とある。

一年前、奉天軍を長江から追い出した張本人が、敵地に乗り込んできたのだ。司令部要員二人、護衛二人だけを連れている。張作霖は、懐に飛び込んできた仇敵を招き入れた。長身の孫伝芳は、入室するや、腰を折って頭を下げ、張作霖、そして居並ぶ奉天軍将領に「これまでわれわれには誤解がありました。皆さまにお詫びいたします」と謝罪した。大胆な行動、率直な態度に感じ入った作霖は即座に許し、来意を問う。孫の意図は明快だった。

「いまや北伐軍は燎原の火のごとくです。われわれは生死存亡のときを迎えております。一致団結して敵に対抗しなければなりません。後悔してからでは遅い」

大敗を喫した孫伝芳は、北方大軍閥が互いに抗争し合う愚をようやく悟った。張作霖にも異存はない。

五省連合軍に江蘇を追われ、エリート軍人として言いようのない屈辱を味わった楊宇霆は、後日、張作霖に、孫伝芳処刑について切り出してみた。作霖は叱った。

「度量をもっと大きくしろ。歴史上の人物の多くは、投じてきた兵、降った将を用いることで、初めて大業を成し遂げた。いま、馨遠《けいえん》（孫伝芳の字《あざな》）が失敗し、弱り、われわれを頼ってきた。われわれが古い恨みを持ち出してこれを殺せば、天下の笑いものだ。それだけじゃない。この先、誰がわれわれに従うのか。誰が助けてくれるのか」

十二月一日、張作霖は天津で、「安国軍《あんこく》」総司令に就任したとの声明を発表した。奉天軍、直魯連合軍、五省連合軍、山西の閻錫山軍はすべて、この新たな旗のもとに結集する。発案者は張宗昌だ。作霖を北方軍閥連合軍の唯一の指導者として戴く意図だった。

十二月二十五日、日本で大正天皇が逝去した。元号は、昭和に変わった。この巨大な時代は、満洲の危機という重大局面から始まる。

二十七日、張作霖は、天津から北京に入った。清朝皇帝を迎える儀式に倣い、作霖の到着に合わせて、駅のある前門、天安門、長安街に黄色い砂がまかれた。

一九二七年二月八日、張作霖は、呉佩孚軍が支配していた河南への進攻を命じた。呉は作霖の援助は欲したが、傘下に入るのは拒んでいた。かといって、北伐軍を押し返す力もない。しかも、このとき、ソ連の支援で息を吹き返し、綏遠から陝西《せんせい》に回った馮玉祥軍が、河南に押しだそうとしていた。作霖は、敵に奪われる前に、河南を奪おうとしたのだった。

呉佩孚軍の一部は、奉天軍に抵抗し、黄河では激戦となった。三月までに奉天軍は河南の大半を占領したものの、北伐戦争全体から見れば、同士討ちで北方軍の滅亡が早まったにすぎない。混乱の中で、約十二万の兵力を持つ山西の閻錫山も安国軍から離れていく。

四月六日午前十一時、北京・東交民巷《とうこうみんこう》の外国公館地区に、百五十人以上の警官、百人以上の憲兵が集まり、ソ連大使館の敷地内に突入した。大使館の付属建造物である極東銀行支店、中東鉄道支社の捜索が名目で、外交団主席のオランダ公使をはじめ、日米英などの列国外交団は、密かに事前了承していた。

捜索は、極東銀行などが、共産党による不法活動の拠点になっているとの容疑に基づくもので、警官隊、憲兵隊は、潜んでいた革命活動家ら三十五人を逮捕した。その中には、中国共産党北方地区委員会の委員長として、地下活動を指導していた李大釗《りたいしょう》もいた。捜索を知るや、機密文書を大急ぎで焼却しようとする者がいたが、消防隊に消し止められた。押収品は文書だけで車七台分に上ったとされる。四千人分の名簿、宣伝用のパンフレットやビラ、共産党の赤旗、国民党の青天白日旗、印章のほか、拳銃、小銃、機関銃もあった。コミンテルン(3)から大使館の武官経由で中国共産党に充てた指示書も発見された。


張作霖軍占領地で排外的混乱を引き起こせ。

外国資本主義、帝国主義に雇われた者として、張作霖の権威を失墜させよ。

民衆と外国軍の武力衝突を起こさせよ。そのためには、略奪、虐殺も実行せよ。


ソ連が、張作霖を打倒しようとしているのは明らかだった。略奪、虐殺で民衆と外国軍を衝突させよとの指示は、前月の南京事件と恐ろしいほど符合する。南京を占領した北伐軍部隊が外国人住宅などを略奪、米人ら六人を殺し、米英軍艦の市街地艦砲射撃を招いた(4)。多くの民衆が犠牲になった。

ソ連政府は、捜索は国際法違反であるとして強く抗議し、全押収品の返却などを要求した。しかし、張作霖は、聞く耳を持たない。「外国人と結託して公安を騒擾せる者」を裁く特別軍事法廷が設置され、四月二十八日、李大釗ら逮捕された共産党員十人、国民党員十人に対し、死刑判決が言い渡され、即日、絞首刑が執行された。

ソ連の指示は、国民政府の本拠地となっていた武漢をはじめ、南方の革命軍占領地で、より大規模な混乱をもたらしていた。社会秩序と経済が崩壊し、階級間の殺し合いが起こっている。

南京に入っていた国民革命軍総司令の蔣介石は、破壊と殺戮の革命に背を向け、ソ連を「赤色帝国主義者」として切り捨てた。四月十二日、中国経済の中枢・上海での共産党員一斉逮捕を命令、続いて、十八日、南京で自派の政府を樹立した。これにより、国民政府が武漢と南京に大分裂した。

二日後の二十日、日本でも大きな動きがあった。憲政会の若槻禮次郎内閣が、金融恐慌処理をめぐる失策で倒れ、政友会の田中義一内閣が発足したのだ。中国に対する内政不干渉を貫いた外相・幣原喜重郎は退任し、首相の田中が自ら外相を兼ねた。外相兼摂《けんせつ》体制の要となる外務次官には、大陸積極論者の森恪《つとむ》を配した。

田中は日露戦争の際、参謀長の児玉源太郎を説得し、張作霖の助命に一役買ったと伝えられる。田中は、その作霖を通じて満洲における日本の権益の維持、拡大を図り、華北《かほく》以南の中国全土については、反共に転じた蔣介石による統一を支援する戦略を描いた。幣原の欧米協調外交を「軟弱」と批判してきた田中は、五月二十七日、居留民保護を理由に、山東への出兵を閣議決定し(5)、旅順の歩兵旅団から約二千が派遣された。

五月下旬、陝西から河南に東進してきた馮玉祥軍が、洛陽《らくよう》、鄭州《ていしゅう》を相次いで占領した。張作霖は、戦線を縮小することを決定、六月一日、山東長官の張宗昌に「黄河を堅守せよ」と命じた。救いは、二つの国民政府がにらみ合い、北伐の勢いが鈍っていることだ。

六月八日、蔣介石が張作霖に対し、和平条件を提示してきた。三民主義を信奉し、安国軍を国民革命軍と改称すれば、作霖を「東北国民革命軍」総司令とし、東北の自治を任せるという。山西の閻錫山は、その二日前、自軍名を「北方国民革命軍」と改めていた。

「張作霖は鼻で笑った」という。ただ、作霖も、もはや勝利は見込めないのはわかっている。作霖が望むのは、対等な地位での和議であり、黄河以北の統治の継続だった。

蔣介石が掲げた和平条件の一つ、「三民主義信奉」については、張作霖は、賛同するとともに、三民主義の柱である「民族、民権、民生」に、民族固有の道徳を発揚する「民徳」を加えた「四民主義」とするよう提唱した。

安国軍内には、和戦両論がある。長江流域を支配した孫伝芳や、山東を地盤とする張宗昌が積極論を唱えるのに対し、呉俊陞や張作相ら奉天の古い生え抜きは、関外に退くよう主張していた。

六月十六日午後、張作霖が滞在する北京の順承郡王府で、最高幹部会議が開かれ、主戦論の楊宇霆が、安国軍による政府を組織するよう提案した。政府組織があって初めて全国に号令できるというのだ。元首たる安国軍総司令の肩書きをどうするか、という議論になったとき、張宗昌がすかさず、「大元帥がいい」と提案した。

「敵はもはや、北洋系ではない。戦わなければ、必ず滅びます。座して死を待つより、大いにやってみることです。たとえ関外に退くことになったとしても、大元帥の称号があれば、孫中山《そんちゅうざん》（孫文）が広東でやったように、号令できます」

張宗昌の頭は切れる。先例があり、全国に号令ができ、しかも自らの主戦論を貫ける肩書きをたちまち導き出した。孫伝芳も賛同し、大元帥推戴は全会一致で決まった。張作霖もそれを望んだ。

大元帥就任は、六月十八日だった。午後二時五十分、張作霖は、侍従武官に付き添われ、機関銃で物々しく警備された中南海・懐仁堂《かいじんどう》に入った。軍服姿である。呉俊陞、張作相、張学良、楊宇霆ら奉天の将領たちが居流れる。張宗昌は、帽子をかぶっていなかったが、それでもほかを圧する身長だ。孫伝芳は、長衣の礼装を身につけている。

三時三十分、張作霖は、「中華民国陸海軍大元帥」となった。満洲の草莽から走り出した博徒の子が、国家元首を称して、中南海に立った。

大元帥として最初の命令は、中華民国軍政府組織令だった。第一条で陸海軍大元帥が陸海軍を統率すると定め、第二条では、軍政期において、大元帥は中華民国を代表して統治権を行使すると定めた。もちろん、この組織令自体に、約法《やくほう》上の根拠はない。

就任式を終えた夕刻、外交大楼で、各国使節を招いた茶会が開かれた。外交団は軍政府を承認してはいないことを示すため、申し合わせたうえ、カジュアルな服装で出席した。

大元帥に就任した張作霖

中華民国を代表する外交官・顧維鈞が語ったという、こんな逸話が残っている。

張作霖は、清朝皇帝や歴代の民国大総統と同じように、北京の天壇《てんだん》で祭天の儀式を行った。ところが、酒器を両手で捧げ持ち、祈念しているとき、誤って器を落とし、酒が流れ落ちてしまった。作霖は大いに慌て、どうすればいいかわからない様子だった。参列した人びとは、黄河以北を支配する小さな政府の不吉な前途を思った。

六月二十日、南の勢力図が大きく動いた。南京と武漢が激しい取り込み合戦を続けていた馮玉祥が、蔣介石と徐州《じょしゅう》で会談、反ソ連、反共産党で一致し、南京の優位が決定的になった。馮は今度は、自らの再起を支援したソ連を裏切った。

反共の蔣介石と結び、黄河を挟んだ南北分断統治に持ち込みたいと思っていた張作霖にとっても、致命的な合意である。二十五日には、自分は孫文と長年の友人であったと強調する声明を出したが、武漢を抑える目途が立った蔣介石にはもはや、作霖と結ぶ理由はない。

兼摂外相・田中義一は、二十七日から七月七日にかけて、官邸で、今後の対中路線を定める重要会議を開いた。「東方会議」と呼ばれ、外務次官・森恪ら霞が関官僚のほか、中国からも、駐華公使・芳沢謙吉、奉天総領事の吉田茂、関東庁長官・児玉秀雄、関東軍司令官・武藤信義らが出席した。

会議で決定した八項目の対支政策綱領のうち、非公表とされた第七項は、東三省指導者との関係を定めている。

　三省有力者にして満蒙におけるわが特殊地位を尊重し、真面目に同地方における政情安定の方途を講ずるにおいては、帝国政府は適宜これを支持すべし。

要するに、日本の特殊権益を守り、混乱の危機が迫る満洲の安定を守れる人物であれば、誰でも支持できる、ということである。張作霖であろうがなかろうがかまわない。

第八項は、北伐戦争の混乱が満洲に波及する恐れがある場合の対応方針を示した。

万一動乱満蒙に波及し、治安乱れて、同地方におけるわが特殊の地位権益に対する侵害起こるの恐れあるにおいては、それいずれの方面より来たるを問わず、これを防護し、かつ内外人安住発展の地として保持せらるるよう、機を逸せず適当の措置に出づるの覚悟あるを要す。

「満蒙」を中国本体とは別の特殊地域と見なし、日本の権益に対する侵害は、実力を行使しても防ぐとの意思を示したのである。

会議には、関東軍司令官の武藤に同行して、同軍高級参謀の河本大作も出席していた。河本は後年の口述手記で、次のように献策したと述べている。

北京に出て、大元帥を誇号している張作霖は、三十万の大兵を擁して今は関外(6)にある。この三十万の兵が、ゾロゾロ敗れて流れ込んだら、またまたどんな乱暴をやるかわからない。といって、これを助けたところで、一生恩にきるような節義はない。それはすでに、郭松齢事件で試験済みである。敗退した場合の張作霖の兵三十万は、よろしく山海関でことごとく武装を解除してのみ、入れるべきである。そして武力のない、秩序、軍紀のない、自制のない、暴虐な手兵を持たぬ張作霖を対手に、失われつつあるいっさいの、我が幾千件にわたる権益問題を一気に解決すべきである。

河本は続けてこうも語った。

右の方策は、会議の容れるところとなり、ことに森恪は、この献策に非常な共鳴をした。そしてこれは東方会議の議決となった。

日本軍が山海関で中国兵の武装解除を行うのであれば、関東州や満鉄付属地での軍事行動とは違い、国外出兵となる。天皇の統帥権にかかわる重大な軍方針が、東方会議で決まったわけではない。河本がそう思ったということだ。無論、そう考えたのは、河本一人ではなかっただろう。

満洲は私の家だ

七月二十四日、孫伝芳軍、張宗昌軍が、江蘇北端の要衝・徐州を奪還した。蔣介石は、四個軍のほか、直属の二個師団も加えた大軍で反撃に出た。西方の武漢の脅威はなお存在しており、蔣は徐州攻略を急いだ。

焦る敵には、古典的な兵法が有効だ。孫伝芳は前線の自軍を退かせ、敵の大軍を走らせる。徐州の街が望める地点で、孫は、牛の鼻面をたたくような反撃に出た。思わぬ抵抗に、蔣は予備兵力まで投入し、このまま力攻めで徐州をのみ込もうとした。

戦列が伸びきり、兵が疲れ切ったとき、孫伝芳の右翼軍が、蔣介石軍左翼を側面から急襲した。大混乱に陥った大軍の正面から、孫軍主力が攻撃に出た。蔣軍はばらばらになって転がるように長江まで逃れた。北伐開始以来の大敗だった。蔣は辞意を表明、八月十三日、南京を去り、故郷の浙江奉化《ほうか》に帰った。

張作霖に、最後のチャンスが訪れた。作霖は、孫伝芳に乾坤一擲の攻勢を許した。

八月二十五日夜、孫伝芳軍が、南京東方の長江北岸から渡河、龍潭《りゅうたん》付近で、上海と南京を結ぶ鉄道線を切断した。兵力は約六万。攻勢に投入できる全力と言っていい。南京は窮地に陥った。防衛を指揮したのは、蔣介石が去った後、南京国民政府の中心となっていた李宗仁だ。呉佩孚、孫の主力を砕いてきた広西の精兵が、南京目がけて突進してくる北方軍に立ち向かう。棲霞山《せいかざん》をはじめ、長江南岸に連なる高地で激しい争奪戦が繰り広げられた。野砲が吼え、河岸をたたく。その砲台に向けて孫軍歩兵が突撃していく。真夏の戦いである。地上にはたちまち腐臭が満ちた。

孫伝芳は、武漢で軍を率いる唐生智《とうせいち》と密かに通じていた。孫軍が南京突入に成功し、唐軍と連携すれば、南京国民政府は崩壊だ。しかし、その前に、上海方面にいた蔣介石麾下の軍が、広西出身の白崇禧《はくすうき》の指揮で来援に駆けつけた。蔣不在という好機を捉えたはずの攻勢は、蔣軍の側面攻撃で脾腹《ひばら》を突かれた。孫軍は、長江沿いの橋頭堡に包囲され、三十一日、壊滅した。孫は、再起不能といえる敗北を喫し、天下を動かせる大軍閥としての力を失った。

南京側の戦死傷者は、実に八千人以上とも言われる。短期間の局地戦としては、恐るべき損害だ。だが、「龍潭の戦い」と呼ばれるこの戦闘によって、南京は勢いを盛り返した。蔣介石復権の重要なステップともなった。中国の富を握る上海、浙江、江蘇などの財界では、反共の蔣の復権を望む声が高まっていた。

このころ、ソ連に主導権を握られ、社会秩序と経済が崩壊していた武漢でも、大きな動きがあった。汪兆銘《おうちょうめい》がソ連顧問を解任、共産党員を追放したのだ。共産党は八月一日、朱徳《しゅとく》や賀龍《がりゅう》らが南昌で武装蜂起したものの、国民党軍に敗北し、逃避行に入った。孫伝芳と結ぼうとした唐生智は、その後、李宗仁軍にたたきつぶされた。

九月、南京と武漢の両国民政府が統一を宣言した。

国民革命軍に寝返りながらも、これまで張作霖との決定的対立は慎重に避けていた閻錫山の山西軍

国民革命軍北伐ルート（1926 年 7 月〜 28 年 6 月）

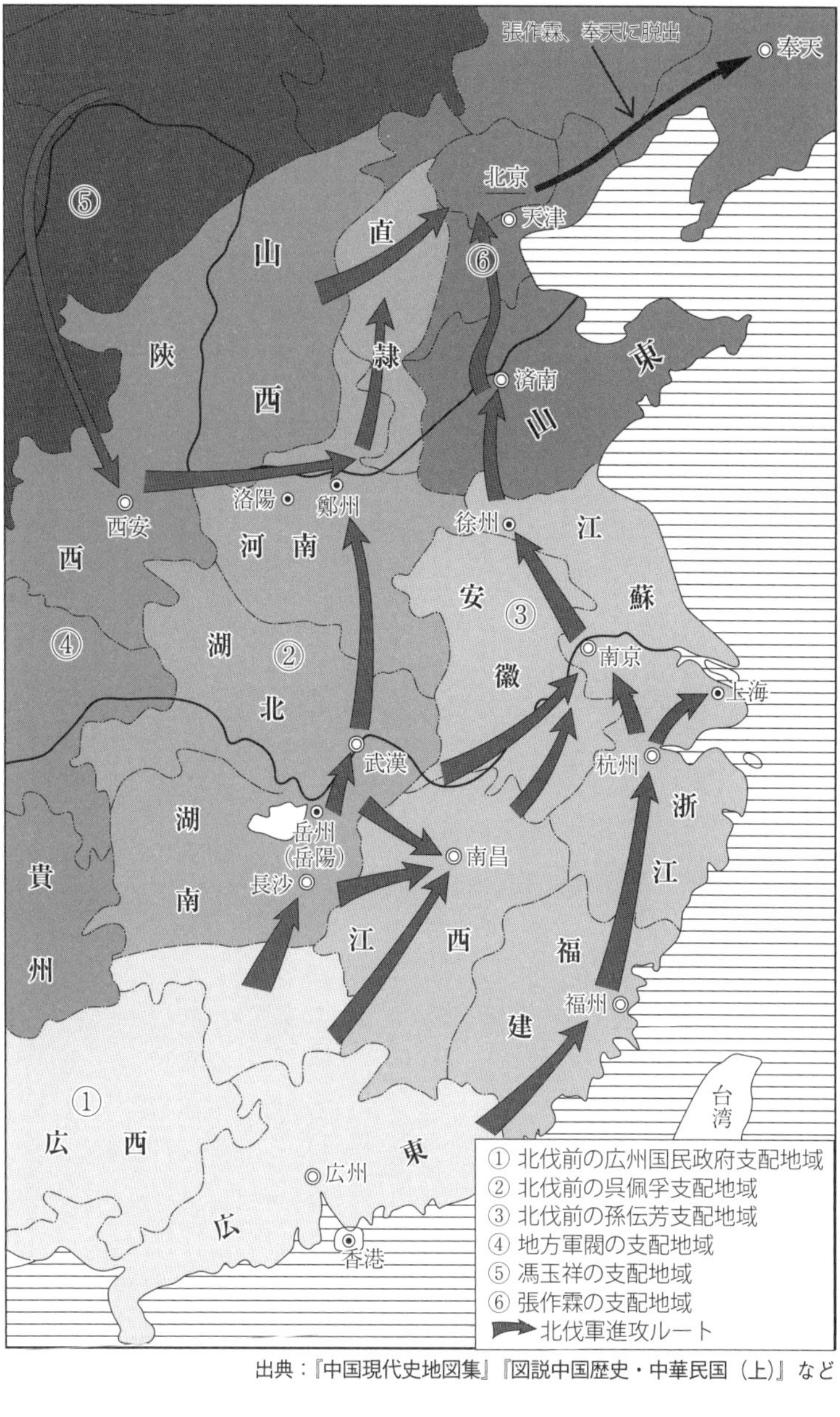

出典：『中国現代史地図集』『図説中国歴史・中華民国（上）』など

が、奉天軍と戦闘状態に入り、北京のすぐ近くで戦火が上がった。山西軍は京漢《けいかん》線と京綏《けいすい》線を切断、十月二日、作霖は、「赤化が蔓延してから、道徳は失われ、理性は消え去り、人の欲は道を外れた」として闇討伐の声明を出した。

安国軍政府の崩壊は、時間の問題となった。日本は、張作霖が「中央政府」を維持しているうちに利権を拡充しようとした。

首相・田中義一は、満鉄社長に任命した山本条太郎に、張作霖と、「満蒙五鉄道」に関する談判を行わせた。ソ連をにらんで、北満洲に向けて長い爪のように延びる五本の戦略鉄道を満鉄が請け負って建設しようというもので、現地公使さえ知らぬ密命である。作霖は、「これは対ソ戦準備の鉄道ではないか」と見抜いた。鉄道延伸で、日本の治外法権地域、軍事力が拡大することも恐れたが、政権崩壊の瀬戸際にあった作霖は、郭松齢の乱の際にそうしたように、またも日本の要求をのんだ。

十月十五日、張作霖は、顧問・町野武馬《たけま》らが持ってきた五鉄道に関する合意文書案を確認し、「閲」と記した。目を通したという意味である。案には、「本協約成立後、両国政府の間に正式に協定をなすこと」との一文も入れた。最終合意ではないということだ。作霖としては、合意に実効性を持たせたくない。

日本公使館付武官の本庄繁が陸相・白川義則に宛てた電報によると、確認された合意案では、満鉄請負による五鉄道建設をうたう一方で、日本側が満鉄並行線として抗議してきた打通線、海龍《かいりゅう》線も条件付きで承認された。日本は、取り引き材料として既成事実を認めたということだろう。

後日、張作霖と山本条太郎のトップ会談が行われた。町野の回想によれば、作霖は約束の時間に一時間遅れ、「張さん、喧嘩のし終わりをやりましょう」と話しかけてきた山本らに対しても、ただ下を向くばかりであった。説明後、町馬に催促された作霖は「よかろう」とだけ言って、後は楊宇霆に任せて部屋を去った。

十月二十四日、打通鉄道の全線が開通し、翌月には臨時営業も始まった。


十一月一日、奉天の金州に退いていた王永江が病死した。五十六歳だった。張作霖は大いに悲しみ、遺族に五千元の葬祭費を送った。

王永江が支えた奉天財政は、もはや見る影もない。増刷に次ぐ増刷を続けた奉天票の価値は、王が手綱をとっていたころの二十五分の一程度にまで下がった。駐華公使・芳沢謙吉が、外相を兼任する田中義一に宛てた公電には、「張作霖中央に乗り出し以来、東三省より送金せる戦費は五千万ドルに達すと称せられ、これがため奉天票の濫発となり、金融界を攪乱せること莫大にして、東三省の破産を伝えらるるも、これがためなり」とある。「破産」の二文字が、王永江が去った奉天に押された烙印のようにも見える。


戦火は首都に近づいている。北京の南にある涿州《たくしゅう》は山西軍に占領され、張学良軍による包囲攻撃に頑強に抵抗していた。十二月十六日には、北伐軍が徐州を占領した。夏の戦いでは、孫伝芳・張宗昌連合軍が蔣介石の大軍を破ったが、今度は張宗昌軍が潰走した。

北京の民心は動揺している。政府職員もそうだ。このころ、張作霖は政府各部門の幹部を中南海に集め、こんなことを話したという。

「今、何者かが革命だなんだと騒いでいる。ロシアのやつらを中国に引き入れ、共産とか共妻とか叫んでいる。何でもかんでも共有にするなら、女房子供もそうだ。年越しの夜、皆は眠っていていい。この張作霖は眠らずに、香を焚き、ひざまずいて祈る。そして言うのだ。天よ。力をこの張作霖にお貸しください。あの馬鹿者どもを早く消滅させ、早く中国を統一させ、人びとがよき日々を送れるようにしてください、と」

一九二八年、中華民国十七年の新年が明けた。日本では昭和三年に当たる。

外モンゴルを除いた中国の地図は、時《とき》をつくるニワトリの姿に例えられる。張作霖の安国軍政府が支配下に置く東三省、北京、直隷、山東は、ニワトリの首から上にすぎない。中国の大部を占める中原から長江、そのはるか南方は革命軍が制圧していた。六日、張学良軍が涿州をようやく奪還したが、焼け石に水といった状況だ。

一月二十五日、張作霖は最高軍事会議を開き、部隊配置を決定した。総兵力は約五十万から六十万という。まだ十分な戦闘力を維持している張学良、楊宇霆の奉天軍主力は、右翼から突き出す矛となって、河南の馮玉祥軍に向けて進攻、一部は山西の閻錫山軍を攻める。張作相軍は別働隊として山西北部に侵攻する。消耗が激しい張宗昌軍、孫伝芳軍は、左翼の盾となって、山東を固く守り、攻勢には出ないと確認された。

一方、南京では、二月二日から七日まで、国民党の第二期中央委員会第四回総会（四中総会）が開かれ、蔣介石が軍事委員会主席に就任し、完全復活した。蔣を総司令とする国民革命軍、すなわち北伐軍は、四つの集団軍に再編された。各集団軍の指揮官、兵力は次のとおりだ。

第一集団軍　蔣介石　二十九万

第二集団軍　馮玉祥　三十一万

第三集団軍　閻錫山　十一万
第四集団軍　李宗仁　二十万

十万の兵で広東を出発したかつての北伐軍は、巨大な台風に成長していた。兵力、装備ともに充実した蔣介石直属の第一集団軍は、山東方面から北上する。張宗昌、孫伝芳軍が防御配置についている戦域だ。その左隣、河南から直隷へ向かうのは馮玉祥の第二集団軍。閻錫山の第三集団軍は、西方から直隷、北京を脅かす。呉佩孚、孫伝芳軍、武漢の唐生智軍を連破してきた李宗仁の第四集団軍は、強力な予備軍となって後方から押し上げていく。

張作霖の安国軍にほぼ倍する大軍が、勢力を強めながら北上する。革命軍の後方には、北方とは比較にならない人口と富もあった。勝敗の帰趨は、残酷なまでに明らかだった。

張学良軍が、直隷南部の邯鄲《かんたん》から河南・安陽《あんよう》城の馮玉祥軍に猛攻をかけたのは、四月に入ってからだ。学良軍は、砲兵の火力で敵を制圧し、一歩一歩死力を尽くして前進した。

邯鄲の駅で、張作霖の義兄弟ともなっている高級指揮官・褚玉璞《ちょぎょくはく》が、休息のため指揮列車に乗り込んできた。小銃、拳銃、弾薬も自分で携行し、全身武装している。三十キロくらいはある。居合わせた張学良が「なぜご自分でそんなに武器を持つのですか」と訊くと、褚は答えた。

「君にはわかるまい。そのときになれば、自分も動かなくてはならんのだ」

褚玉璞は武器を下ろすと、部下の将校にアヘンを用意させた。

山西では、北から侵攻した張作相軍が、重要都市・大同《だいどう》を占領していた。

奉天軍右翼が懸命の前進を図っているとき、蔣介石は総攻撃を命じ、第一集団軍が山東に殺到した。

隣の第二集団軍も側面支援に回る。張宗昌軍は山のように崩れた。孫伝芳軍は、残存兵力で無謀な攻勢に出て孤立し、またも大打撃を受けた。山東の平原が、またたく間に革命軍の青天白日満地紅旗で埋まっていく。

四月十九日、田中義一内閣は、ふたたび山東に部隊を出すことを決めた。天津から三個中隊を済南《さいなん》に派遣するほか、熊本第六師団に出動を命じた。第二次山東出兵である。同師団は青島《チンタオ》から済南に鉄道で急行した。

張宗昌は、日本軍とともに、蔣介石軍を迎撃しようと考えた。だが、張作霖は、「勝敗など小さなことだ。オオカミを部屋に招き入れたら大変なことになる。戦わなくてもいいが、絶対に日本軍の力を借りてはいけない」との至急電を送ったという。

三十日夜十時、張宗昌は列車で済南を逃れた。孫伝芳もまた、北に向かった。

翌五月一日、蔣介石麾下の第一集団軍が済南を制圧した。当初は、蔣軍と日本軍は治安維持に関して協調を保った。ところが、三日、馮玉祥系の軍が入り、略奪を始めたのをきっかけに、北伐軍と日本軍が衝突した。日本軍は、北伐軍がそれまで相手にしてきた張宗昌軍などとは次元が違う。北伐軍は大損害を出して撤退、済南は日本軍の占領下に置かれた。蔣は屈辱を胸に、済南を迂回し、黄河を渡って北伐を続けた。日本軍が中国の戦乱に直接関与した、この武力衝突を済南事件と呼ぶ。

張作霖にはもはや、蔣介石軍の北上を止める手段がなかった。総兵力は、またたく間に四十万人にまで激減したとされる。北京の銀行では取りつけ騒ぎも起きはじめていた。

日本は、追い込まれた張作霖に、満蒙五鉄道に関する協約の正式締結を迫り、双方は五月十三日、まず二路線、十五日にまた二路線についての合意書に署名した。鉄道利権をほぼ手中にするや、田中内閣は十六日、満洲の治安に関して、以下のような覚書を張作霖、蔣介石に手交することを決めた。

そもそも満洲の治安維持は帝国の最も重視するところにして、いやしくも同地方の治安を乱し、もしくはこれを乱すの原因をなすがごとき事態の発生は、帝国政府の極力阻止せんとするところなるがゆえに、戦乱が京津地方に進展し、その禍乱満洲に及ばんとする場合には、帝国政府としては満洲治安維持のため、適当にしてかつ有効なる措置を採らざるを得ざることあるべし。

明白な警告である。

駐華公使の芳沢謙吉が張作霖に覚書を手交するため、中南海の大元帥府を訪れたのは、十七日夜十一時ごろだった。マージャンを打っていた作霖は、来客を告げられると、一緒に卓を囲んでいた梁士詒《りょうしい》らに、「芳沢だ。すぐに終わる」と言い残して出て行った。しかし、作霖は、いつまでたっても戻らない。客たちは、別室のやりとりに耳を澄まし、日本語ができるスタッフにも盗み聞きさせた。聞こえてきたのは、作霖の怒声だった。

「このおれはな、子孫に顔向けできないようなことはしない！」

のちに大元帥府の秘書長が明らかにしたところでは、芳沢は張作霖に、吉林と朝鮮・会寧《かいねい》を結ぶ吉会《きっかい》鉄道を日中合資で建設することを定めた合意文書に署名するように迫っていた。署名すれば、日本軍を動かして北伐軍を阻止するという。

どこまでも弱みにつけ込んでくる隣国に怒りを覚えた張作霖は、「家の中のことをお隣が心配しなくてよろしい」と言い放った。

「では、北伐軍と戦えるのか」と問う芳沢に、こう応じる。

「だめなら関外に出ればいい」

芳沢は「帰れると思うのか」と反問する。張作霖は、この不愉快な客に言い捨てた。

「関外は私の家だ。帰りたければ帰る」

張作霖がマージャンを中座して始まった会談は、日本側の記録でも、三、四時間に及んだとある。芳沢が田中義一に送った公電では、芳沢が作霖に満洲への撤退を勧告したとしている。戦乱が満洲に及びかねない段階での撤退になると、日本軍による武装解除もありうるとの日本政府の方針を伝えた。作霖は、馮玉祥が北京に入城する可能性にふれ、「そうなれば、長年奮闘した意味がなくなる」として、日本の撤退提案には絶対同意できないと話した。声が高く、身震いしていたと、外交文書は記す。

この夜の長い話し合いの内容の詳細はわからない。日中の資料が一致しているのは、張作霖が芳沢に対して激怒し、会談が決裂した、ということだ。

クロス鉄橋

張作霖を、日本の意のままにならぬ邪魔者と見なす勢力にとって、千載一遇のチャンスが到来した。関東軍司令官・村岡長太郎は、閣議決定された覚書の手交を受け、治安維持を名目にした「適当にしてかつ有効なる措置」をとる準備に入った。具体的には、満洲駐留の第十四師団、独立守備隊などを錦《きん》州《しゅう》、山海関方面に向かわせ、撤退してくる奉天軍が奉天に戻る前に、京奉《けいほう》線上で個別に武装解除しようというものだ。関東軍の兵力は、たかだか一万余にすぎない。約三十万もの大軍が奉天に入ってからでは遅い。事前に武装解除できれば、後の処理はいかようにもなる。張作霖にさまざまな要求をのませてもいいし、別に傀儡《かいらい》を立ててもいい。いずれにせよ、満洲の権益は思いどおりになるだろう。第一次、第二次満蒙独立事件のころから試みられてきた「満蒙問題の最終解決」は目前にある。

ただ、一つ重大な問題があった。日本が条約に基づいて軍を自由に動かせるのは、満鉄付属地と関東州だけだ。京奉線への出動は国外出兵に当たり、現地司令官が独断で行うことはできない。

東京の参謀総長・鈴木荘六は十九日午後、田中義一との話し合いを踏まえ、はやる関東軍に対し、陸海軍を統帥する天皇の意思を奉じた奉勅命令の伝宣があるまで、満鉄付属地から出動しないよう命じた。

関東軍は、司令部を大連から奉天に移し、奉勅命令を待った。

しかし、田中は動かなかった。外務省アジア局長・有田八郎、陸軍省軍務局長・阿部信行が、鎌倉・腰越の別荘まで、総理の意向を確認に来たが、すぐの出兵はないとの考えを伝えた。陸軍予備役大将の田中は、陸軍の代理人としてではなく、総理として、全局的に判断している。田中の腹は、張作霖の力を維持したまま満洲に撤退させ、作霖を通じて鉄道をはじめとする権益を拡大することにあった。作霖を無力化することで一気呵成の問題解決を図る勢力とは相いれない構想である。いずれにせよ、この時点では、「禍乱が満洲に及ばんとする」緊急事態とも言えない。

関東軍は失望した。もう時間がない。北伐軍は、すぐに北京に達するだろう。

ここで、張作霖暗殺が動き出す。基本的な発想は、作霖を殺し、治安が乱れたところで関東軍を出動させ、一気に満洲を制圧する、というものだった。関内での作霖暗殺計画が動き始めたと知った高級参謀・河本大作は、成算が乏しいとして、関外で、関東軍の手によって暗殺を実行するよう説得、自らその役割を引き受けた。

河本は戦後、こう口述している。

一人の張作霖が倒れれば、あとの奉天派諸将といわれるものは、バラバラになる。今日までは、張作霖一個によって、満洲に君臨させれば、治安が保たれると信じたのが間違いである。……巨頭を斃す。これ以外に満洲問題解決の鍵はないと観じた。一個の張作霖を抹殺すれば足るのである。

客観的なデータに基づく合理的判断ではない。独善的、短絡的な期待と見るほうが正しいだろう。

河本は、暗殺方法に列車爆破を選んだ。失敗した場合を考え、暗殺は自身の独走というかたちをとったが、無論、個人で遂行できるはずがない。刻々動く状況に関する精密な情報入手、十分な量の爆薬の確保と設置、奉天当局を欺ける警備と偽装、走行中の列車のある一点をねらった爆破など、広範囲にわたるきわめて複雑な任務を、迅速に、同時に、正確に遂行しなければならないのだ。

爆破地点は、奉天城の北西、皇姑屯《こうことん》のクロス鉄橋である。京奉線を通って西から東に奉天に入る張作霖が乗る列車は、そのとき、満鉄線の鉄橋をくぐる。二つの橋脚がある鉄橋の下には、鉄道、道路合わせて三つの通行口があったため、地元では三洞橋《さんどうきょう》と呼ばれていた。このクロス部分の警備は日本軍が担当しており、朝鮮軍から呼び寄せられた工兵隊が、橋脚上部に約二百キロの黄色爆薬を仕掛けた。

五月二十八日、北伐軍が総攻撃を開始した。三十日、奉天軍は保定《ほてい》を放棄、作霖は満洲に帰還することを決めた。

六月一日、張作霖は、大元帥府に外交使節団を招き、「大元帥府が北京から奉天に移る」と告げた。蔣介石に北京入城を命じられていた閻錫山と、張学良の代表が、平和的明け渡しについて協議を始め、安全に北京を去る条件はひとまず整った。

二日、張作霖は、全軍とともに関外へ去るとの声明を出した。午後七時、第五夫人や役人を乗せた七両編成の特別列車が、一足先に奉天に向かって出発した。

奉天の憲兵総司令・斉恩銘《せいおんめい》が「日本守備隊が三洞橋付近を通行止めにして工事をしている。異常な状況であり、迂回してほしい」との至急電を北京に送ってきていた。だが、ルートは変更されなかった。

中国の史書の多くは、この夜、またも芳沢謙吉が張作霖を訪ねたと記す。芳沢は、退却の手助けをしたいと持ちかけ、その条件として、吉会鉄道の建設、大連港に打撃を与えかねない胡蘆島《ころとう》港の建設中止、打通線のルート変更を挙げたという。

張作霖は、「日本人とは友人になれないな」と声を荒げた。「人が危ないときに、うまいところをさらおうとする。こんなのがいちばん嫌いだ。私は、子孫に売国奴と呼ばれたくない」とも言った。芳沢とは会わず、壁越しに怒声を浴びせたとする史書もある。作霖は、芳沢が用意した合意文書に、字を書き付けて返した。芳沢が文書を開くと、「閲」の字があるだけだった。

月の夜がふけ、三日の未明となった。

大元帥服をまとった張作霖は、鋼板の防弾仕様が施された黄色いフォードに乗って、大元帥府を後にした。厳戒下の北京の街を少し走り、前門の駅に着いたのは、午前一時十分ごろである。プラットホームは、人の波だ。要人、元老、著名人、商工界代表、外交使節団らで埋まっている。最前列には、張学良、楊宇霆ら奉天軍の将領たちがいる。作霖は、短刀を帯び、威儀を正して、そのまま列車に乗り込んだ。

特別列車は、二十両編成だった。機関車一、鉄甲車一、三等車三、二等車二、特等車七、二等車一、三等車二、一等車一、鉄甲車一、貨車一の順だ。鉄甲車とは、戦闘用の装甲車両で、機関銃などで武装している。張作霖が乗った十号車は、かつては西太后の専用車で、外部は青く塗装され、「藍鋼車《きんうんほう》」と呼ばれていた。接客ホール、寝室があり、マージャン卓も備えていた。同行者は、元総理の靳雲鵬、総理・潘復《はんふく》、総参謀長・于国翰《うこくかん》、日本の顧問・町野武馬、儀我誠也《ぎがせいや》、第六夫人・馬岳清《ばがくせい》、三男・張学曾《ちょうがくそ》らだった。

汽笛が鳴った。軍楽隊の演奏が始まった。夜の底で機関車が蒸気を噴き出し、車輪がゆっくり回りはじめる。張作霖は、窓を開け、挙手して人びとに別れを告げた。張学良は、直立したまま、父親を目で見送った。

午前六時半に天津着。ここで靳雲鵬や町野武馬らが下車した。

午後四時、山海関着。義和団事件後、天津付近の京奉線主要駅には外国警備兵が駐留しており、山海関には日本兵がいた。奉天軍は日本軍の動きを厳重に警戒していたが、日本の歩哨二人が見えるだけで、何ごともない。

張作霖の料理人・朴豊田《ぼくほうでん》と趙連璧《ちょうれんへき》は、腕によりをかけて夕食を作った。メニューは、肉とナスの煮込み、インゲンの煮物、ザーサイと肉の炒め物、少量の油で焼いたキグチ、ホウレンソウとエビの炒め物、鶏肉のトウガラシ炒め、それにハクサイのスープだった。作霖は、馬夫人と一緒に食べた。

「明日の朝食は家で食べられますわね」

福相でほほ笑む馬夫人に、張作霖は口をすすぎながら答えた。

「列車の上では、何を食ってもうまくないしな」

あと一晩で、懐かしい大帥府だ。夕食後、奉天から駆けつけてきた呉俊陞が、列車に乗り込んだ。山海関が危ないとの噂を聞き、ここまで出迎えに来たのだ。呉は、反対する家族や部下に、こう話したという。

「私と大帥は、生死をともにする兄弟だ。死ぬときは、大帥と一緒だ。小さいころ、私は換えのズボンもない馬飼いだった。今の自分があるのは、すべて大帥のおかげだ」

それは確かだった。張作霖のそばにいることが、呉俊陞の人生になっていた。

呉俊陞は、春節（旧正月）で張作霖の子供たちに一人五千元のお年玉を与え、作霖に怒られたことがある。呉は、「大帥、私のお金はね、全部あなたが下さったんです」と笑顔を返した。

張作霖の誕生日といえば、もっとも大事な祝いの日である。ある年の誕生日、大帥府の一室の壁に名人たちの書画が、ずらりと並べられた。寿、仙人、松と鶴など、どれも長寿がモチーフになっていた。

「好《ハオ》」と言いながら、上機嫌で見て回っていた作霖の足が止まった。

見事な掛け軸がある。象牙の軸、絹の表装、壁に固定しているのは、金の糸を通した玉石の輪だ。だが、そこに書かれているのは、「一」であった。粗雑な横棒が、一本しかない。

張作霖は同行していた秘書長に「誰が書いた」と訊いた。そのとき、「私が書きました」と名乗りを上げた者がいる。呉俊陞だった。

張作霖は思わず吹き出した。字をほとんど読めない呉俊陞が、これまた学のない自分の誕生祝いに書を贈ろうとしたことがおかしい。笑いながら、「どんな意味か」と問うた。呉俊陞は言う。

「ああ、大帥。これは、あなたの運が順調でありますようにってことですよ。どんどん偉くなって、将来、天下を統一してほしいってことですよ」

その場が、どっと沸いた。張作霖の胸が熱くなる。呉俊陞を指さし、「あなたみたいに学のない人間に、こんな芸当ができるとはな」と笑顔で言った後、周囲を見回した。

「よし、おれたち馬鹿者どもは、しっかりやって、天下を統一してやろうじゃないか」

六月の長い夕刻もやがて暮れ、列車は奉天に向けて走りつづける。張作霖と呉俊陞は、常蔭槐《じょういんかい》や莫徳恵らを呼んで、マージャンやカードに興じた。夜十一時、錦州着。ここで機関車は長時間停車、水を補給し、車両点検を行った。三年前、郭松齢がここを落としたとき、作霖は奉天から逃げようと思った。だが、そうした感慨に浸るでもなく、西太后の車両でのゲームは夜通し続いている。

四日払暁、列車は新民《しんみん》に着いた。保険隊という私的自衛団を率いていた張作霖は、この町で官軍として飛躍した。正妻の趙春桂《ちょうしゅんけい》は、この町で死んだ。

新民を出ると、次はもう、奉天城の入り口、皇姑屯だ。

大帥府の情報スタッフだった周大文《しゅうだいぶん》の回想によれば、張作霖らのカードは皇姑屯まで続いた。車窓からは、線路の両側に、十数歩に一人という密度で立つ歩哨の背中が見えた。

皇姑屯の駅では、張景恵、憲兵司令の斉恩銘らが出迎えた。また発車。列車はゆっくりと城内に向かう。

張作霖の車両には、三人だけが残った。作霖と呉俊陞、そして警護を担当する温守善《おんしゅぜん》の三人だった。作霖と呉は、窓の外の朝日と、周辺の畑を見ながら話していた。呉が「ちょっと寒いな。服をもう少し着ますか」と訊くと、作霖は「いい、すぐに着く」と答えた。

午前五時二十三分、皇姑屯の駅から千三百メートル余を走った特別列車が三洞橋、満鉄線の鉄橋下を時速十キロほどの低速でくぐっているとき、突然、温守善の視界が消えた。

気がつくと、温守善は、全身血まみれになっていた。立ち上がれる。煙と土が濛々と立ち込めていた。爆発だ。呉俊陞が倒れている。頭に大きな釘が入り、脳漿《のうしょう》が流れ出していた。

温守善は、大帥を探した。張作霖は、十メートルほど吹き飛ばされて横たわっていた。近寄ると、生きている。頸部の喉に穴が開き、出血している。温はハンカチで傷口をふさぎ、同乗していた作霖の息

張作霖爆殺現場

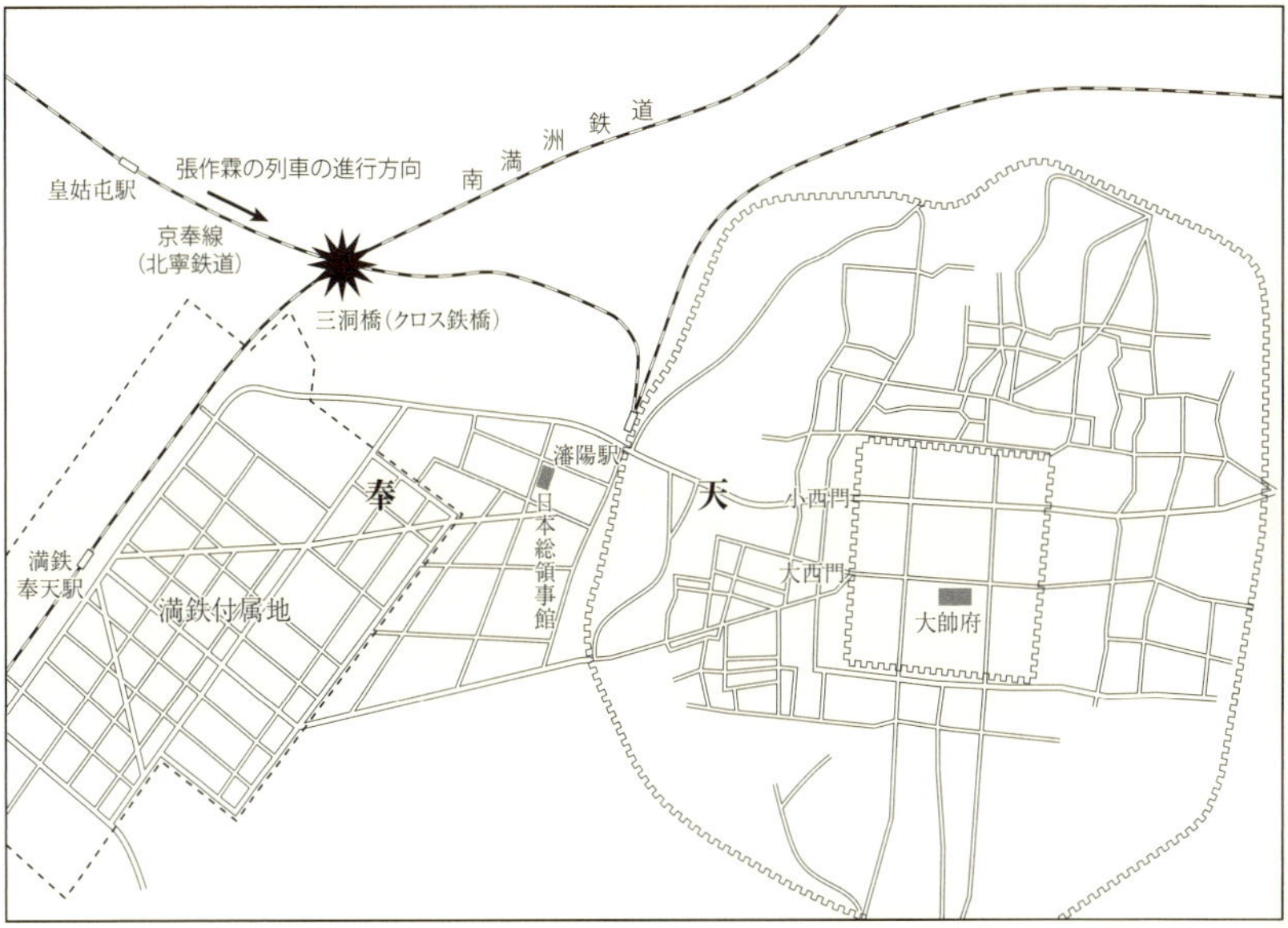

出典:『中国抗日戦争史地図集』など

子、張学曾とともに斉恩銘の車に乗せた。車は猛スピードで大帥府に向かった。

別車両にいた周大文は、すさまじい爆発音を二度聞いた。左の手のひらから出血したが、無事だった。下車してみて、驚いた。張作霖の乗っていた車両は原形をとどめていない。食堂車から煙が吹き出し、炎が上がりはじめていた。機関銃の連射音がしていた。呉俊陞の死体が数人に担ぎ上げられ、馬車に乗せられるのを見た。

河本大作は、その瞬間について、こう振り返る。

来た。何も知らぬ張作霖一行の乗った列車は、クロス点に差しかかった。轟然たる爆音とともに、黒煙は二百メートルも空に舞い上がった。張作霖の骨も、この空に舞い上がったと思えたが、この凄まじい黒煙と爆音には我ながら驚き、ヒヤヒヤした。薬が効きすぎるとはまったくこのことだ。

奉天で爆発音を聞いた日本人新聞記者らの多くが「ははあ、やったな」と思った。関東軍内で張作霖爆殺計画があるとの噂は広く流れていた。クロス鉄橋から三百メートルほど離れた監視所で起爆スイッチを入れたのは、独立守備隊大尉・東宮《とうみや》鉄男《かねお》だ。正確な仕事をした。

大帥府に向かう車中で、横になった張作霖は、まだ話せた。

「捕まえたか」と訊く。

温守善はとっさに、「捕まえました」と嘘を言った。

「どこのやつだ」

「今、調べています」

張作霖は出血によって意識が朦朧としている。

「家に帰って、小五《シャオウー》に会いたいな。それでおさらばだ」

張作霖は、最愛の第五夫人、寿懿《じゅい》の名を口にした。車は大帥府に走り込み、作霖は寿夫人が待つ洋館、小青楼《しょうせいろう》に担ぎ込まれた。一階のベッドに寝かされた作霖は、最後に、「小六子《シャオリュウズ》を早く戻せ」と話した。「小六子」、張学良は、まだ北京にいる。

後年、寿夫人の孫が、祖母から聞いた話として、「祖父はベッドに寝かされ、一言も話さず亡くなった。何の遺言もなかった」とも語っている。

喉からの出血が止まらない。アヘンも強心剤も、役に立たなかった。

爆破から約四時間後の午前九時半ごろ[7]、張作霖は、奉天の大帥府、最愛の夫人の部屋で、その生涯を

張作霖爆殺現場　　（写真：近現代 PL ／アフロ）

張作霖が死亡した大帥府小青楼の室内

終えた。満五十三歳だった。

列車爆破による死者は二十人、負傷者は五十三人に達した。大惨事だ。爆発の衝撃と火災によって、張作霖、呉俊陞が乗っていた十号車は破壊され、後部車輪が脱輪していた。十一両目の食堂車はもっとも激しく破壊され、十二両目とともに、火災に遭っていた。九両目も天井と窓は砕かれ、とくに後方は激しく破損していた。

爆破後、奉天で対外交渉を担当する交渉総署の日本課長・関庚沢《かんこうたく》と日本総領事館が合同調査を行った。奉天側は、日本による犯行と批判した。日本側は、南方の便衣隊が爆弾を投げつけたと、子供だましのような主張をした。日本軍はその日未明、現場近くで三人の中国人を殺そうとして二人を殺害、一人を見失った。注射痕から麻薬常用者であるとすぐにわかる二人は、日本式漢文が書かれた「国民党の書簡」を持っていた。三人は、日本軍に騙されて買収されたカムフラージュ用の浮浪者だった。逃げた一人はのちに張学良のもとに駆け込んで、幼稚な偽装工作について、洗いざらい話した。

奉天は静かだった。張作霖死亡の事実は伏せられ、「大帥負傷」と発表された。その後、市内の日本人居留民会などに爆発物が投げつけられるなど散発的な事件があったが、治安は維持されている。日本総領事館には、関東軍から「出兵の必要はないか、治安は大丈夫か」との電話がしきりにかかってきたという。無論、そんな状況ではない。

張作霖を抹殺すれば満洲問題は解決するという河本らの甘い期待は、しょせん妄想でしかなかった。

終章

黒煙の彼方

「満洲某重大事件」

大帥を殺したのは日本人であることは疑う余地もない。奉天当局はそう見ている。ただ、日本の意図がわからない。一歩間違えば、奉天はきわめて危険な状況に陥るだろう。奉天省長・劉尚清《りゅうしょうせい》、留守部隊を指揮していた臧式毅《ぞうしきき》は、危機の拡大防止を最優先させた。張作霖を殺害して何ごとかを起こそうとしている日本に大帥死亡を悟らせず、同時に、日本との衝突も防ぐ方針を徹底した。

大帥府は、動転することすら許されない緊張に包まれた。「負傷」と発表された張作霖の容体を必死に確認しようとする日本総領事館に、作霖の死を察知されてはならない。総領事・林久治郎からの日本人医師派遣の申し出は、鄭重に断った。日本人顧問の面会要求は謝絶した。総領事夫人が突然見舞いに来ると、第五夫人・寿懿《じゅい》は、化粧して着飾り、「お待たせしました」と笑顔で迎えた。壮絶な女の戦いだ。

四日、張学良は、自身の誕生日の小宴のさなかに父遭難の電報を受け取った。すぐに奉天に戻らなければならない。だが、今度は自分が襲撃される可能性もある。準備は極秘裏に進め、奉天に帰還する連隊の列車に、兵にまじって乗り込んだ。

列車は、機関車の給水のため、山海関で停まった。日本軍憲兵三人が、部隊指揮官の大隊長・崔成義《さいせいぎ》に、「張学良軍団長は乗っているか」と尋ねた。崔が「軍団長はいま灤州《らんしゅう》である」と答えると、日本憲兵は各車両の窓から車内をのぞき込みながら去っていった。

列車が父親の遭難現場に差しかかる。崔成義に声をかけられた張学良は、何も言わずに外を眺めつづけていたという。

張学良が奉天に戻ったのは、六月十七日の午前だった。二日後の十九日、学良は、奉天軍政長官に就任した。

二十一日午後、奉天省長公署はようやく、張作霖死去を公表した。全城に半旗が掲げられ、いっさいの歌舞は禁止された。張学良に地位を譲るという作霖の遺嘱が発表されたが、もちろん本人の言葉ではない。

張学良

この日、軍民連合会議が、吉林長官の張作相を、東三省の統括者たる保安総司令に推した。第一次直隷・奉天戦争に敗れた後のように、満洲を一個の自治地域とし、張作霖の義兄弟で、人望もある作相を、その首領に就けようとしたのだ。だが、作相は「老師が逝き、子は家業を継ぐ。これが理にかなっている。私は全力で補佐しよう」と固辞し、張学良を推した。

七月四日、張学良が保安総司令に就任し、張作霖に代わる東三省の最高指導者となった。

張作霖爆殺の報を聞いて、日本の総理・田中義一は、「わが事終われり」と嘆息したという。作霖を満洲に温存して権益の確保、拡大を図る田中の戦略は崩れた。作霖との間で満蒙五鉄道の合意をまとめた満鉄社長・山本条太郎も呆然とした。

七月十八日、外相を兼ねる田中は、奉天総領事の林久治郎に訓電を送った。張学良に対して、蔣介石の国民政府に迎合的な態度をとらず、「保境安民《バオジンアンミン》」を守るよう警告せよ、と命じる内容だ。そうすれば、日本は、学良の地位を固める方法を考え、南軍の東三省進入を看過することはないだろう、と強調した。

張作霖存命中と発想は同じで、作霖が学良に変わっただけのことだ。

同じ訓令には、次のような記述もある。


張学良らは……爆破事件等により、日本に対し恐怖心を抱きおるがゆえに、……南方と妥協せしむる危険あり……学良に対する我が方従来の態度があまりに好意的なるため、彼をして日本与《くみ》しやすしとの感を抱かしめたる感あり。


あまりに自己中心的で、幼い外交認識であると言えるだろう。大国・日本の態度次第で相手はどうにでもなると見ている。他国、他民族、他人の尊厳を重んじる意識が決定的に欠けている。軍も、官も、民も、傲慢な一等国気分に酔っていた。

加えて、昭和初期の日本では、まもなく「日本の生命線」と呼ばれるようになる満蒙の特殊権益を確保することは、国家存立の絶対的な前提と見なされていた。その前にあっては、張作霖であれ、張学良であれ、一個の駒にすぎない。駒は、たとえ親が殺されても、それを手にする日本の意のままに動かねばならなかった。

もちろん、張学良は、そうは思っていない。父親を殺した日本が、自分を傀儡《かいらい》にするべく圧力を加えれば加えるほど、蔣介石に接近した。田中が訓令を発した三日後の二十一日には、学良は蔣に対し、国民政府に従うとの電文を送っている。

八月五日、大帥府で張作霖の葬儀が行われた。日本側は、元駐華公使の林権助らが参列し、作霖の霊前で三礼した。作霖の遺体は、撫順《ぶじゅん》東郊に造成する大規模な墓園に埋葬することになっていた。

林はこの機会に、張学良に日本政府の意向をあらためて伝えたが、国民政府に合流する学良の決意は変わらない。

九月、張学良は、張宗昌《ちょうそうしょう》軍を瓦解させた。東三省の部隊は、北伐軍に北京を明け渡し、満洲に順次戻っていたが、規律が乱れた張宗昌軍は奉天入りを拒否され、直隷・灤州周辺にとどまっていた。奉天軍と、天津方面から進出してきた白崇禧《はくすうき》軍が挟撃するかたちで攻撃し、武装解除した。張作霖に拾われ、作霖だけには忠誠を誓いつづけた張宗昌は、学良に捨てられ、大連に逃れた。

十月八日、国民党中央常務委員会は、張学良を国民政府委員にすると決定した。

このころ、日本政府内でも、張作霖爆殺は、関東軍高級参謀・河本大作を中心とした軍内の陰謀であったとの結論がほぼ出ていた。だが、日本軍人の関与が確定的になるにつれ、内部で秘密裏に処理しようとする力が働く。張作霖爆殺は、公開の場では、「満洲某重大事件」という異様な名で呼ばれるようになった。

十二月二十四日、元老・西園寺公望の勧めを受けた田中義一は、昭和天皇に事件について上奏した。田中は、犯人が日本人らしいこと、犯人は軍法会議に付す方針であることを説明し、天皇は「軍紀はとくに厳粛にするように」と述べたという。しかし、陸軍を中心に、事件公表が前提となる軍法会議への反対論がわき起こる。

当時の海相・岡田啓介の回顧録は、次のように記している。

反対論の理由は、軍法会議を開けば、真相も公表されることになる。そうなれば、日本軍人がよその国の主権者を暗殺した事実を、政府がはっきり認めたことになり、中国人の日本に対する敵意が高まる。それればかりか、日本の駐在部隊の撤退を叫ぶようになるだろうし、アメリカはじめ世界の世論も日本を非難することになるだろう。国内でも政府の暴露的な態度に憤慨して、どんなことをしでかす者が出るかわからぬ、結局事件の全責任を田中首相自身が負わなければならぬことになってしまう、というんだ。与党である政友会も、極力、軍法会議の開催を思いとどまらせようとしていた。

情報公開が健全な国家の礎であることを知る現代人の眼で見ると、当時の日本がいかにゆがんでいたかがわかる。臭いものにふたをし、責任論を回避して組織を守ろうとする意見が主流だったということだろう。田中は「途方に暮れた」という。

田中の上奏から五日後の十二月二十九日、張学良は、日本の反対を振り切るように、易幟《えきし》の声明を発表した。

大元帥の遺志を仰ぎ承り、統一を図り、和平を貫徹し、三民主義を遵守し、国民政府に服従し、旗幟《きし》を改易することを宣言する。

東三省で掲げる国旗を、従来の五色旗[1]から、国民政府の青天白日満地紅旗に替えると宣言することで、蔣介石に帰順する意思を天下に示したのだった。奉天軍が巨大な北伐軍と戦うことは、もうない。張作霖が戦い抜いた軍閥混戦期は、クロス鉄橋に黒煙が上がった日に事実上幕を閉じ、易幟の声明によって正式に終結した。

東三省の官庁に、青天白日満地紅旗が掲げられたのを受け、大みそか、国民政府は張学良を東北辺防軍司令長官に任命した。

一九二九年元旦の未明、張学良は、六千枚もの青天白日満地紅旗を奉天市民に配った。日本に目に物見せてやったとの意識があったのだろう。二日前に被服工場に命じて密かに作らせたものだったと、学良は後年、愉快そうに回想している。

一月十日、張学良が陰惨な事件を起こした。東三省兵器工場督弁職にあった楊宇霆《ようう てい》と、黒龍江《こくりゅうこう》省長・常蔭槐《じょういんかい》を大帥府に呼び出し、虎の剝製が置かれた応接間で、衛兵に射殺させたのだ。楊、常ともに、父・張作霖の重臣だった。作霖死後、楊は学良との関係について、こう話していたという。

大帥が亡くなった後、皆、私が東北の指導者になろうとしているのではないか、と疑っている。私は、漢卿《かんけい》（張学良の字《あざな》）が育つのを見てきた。私は張家に忠を尽くしている。周公《しゅうこう》が成王《せいおう》を補佐した例(2)に倣いたい。将来は、周公と同じように権力を返すのだ。

張作霖の時代から、楊宇霆には驕慢で独断専行の傾向があった。作霖にはそれを丸め、才を用いる器量があった。だが、まだ三十歳にも満たず、直情径行の張学良は、楊の態度が許せなかった。しかも、楊は、学良が誰よりも慕い、信じていた郭松齢《かくしょうれい》を謀反人とさせ、無残な死を遂げさせた張本人だった。

常蔭槐は、列車にただ乗りしようとした張作霖夫人の料理人を厳しく罰し、作霖に取り立てられて以降、法務、鉄道畑を中心に出世の階段を駆け上がってきた。楊と関係がよく、学良ではなく、楊の許可を得て、日本から二万挺もの銃を購入した。

銃殺後に張学良らが出した声明では、中国統一の妨害、腐敗など楊宇霆と常蔭槐の罪状をあれこれ列挙している。だが、大事なのは、官僚の作文ではない。父の跡を継いだ学良が、奉天の柱となってきた二人を、自宅で、恣意的に、無慈悲に殺害したという事実だ。学良では、満洲を「一つの家」として保つことはできないことが明らかになった。満洲を「自分の家」と呼び、そこに皆の主人としてどっしり座った張作霖とは違う。

もともと国民政府への親近感を持ち、ファミリーの父にもなり得なかった張学良が、迷わずに易幟を選び、蔣介石の懐に入ったのは、必然的な流れだったのかもしれない。

陸相・白川義則は三月二十七日、張作霖爆殺に関する調査結果を昭和天皇に報告する。白川は、河本大作が単独で発意し、少数の人員を使って行った、と説明した。処分については、「事件の内容が外部に暴露されれば国家に不利なる影響を及ぼす虞《おそれ》があるため」として、内々に行いたいという陸軍の意向を伝えた。

天皇は、前年に総理・田中義一に自身の考えを示しており、白川報告は何ごともなく終わった。ところが、三カ月後の六月二十七日、田中が張作霖爆殺事件でふたたび奏上したとき、天皇の気色は一変した。天皇自身の言葉を側近がまとめた『昭和天皇独白録』は、こう記す。

　この事件の主謀者は河本大作大佐である。田中総理は最初私に対し、この事件ははなはだ遺憾なことで、たとえ、自称にせよ一地方の主権者を爆死せしめたのであるから、河本を処罰し、中国に(3)対しては遺憾の意を表する積である、と云うことであった。そして田中は牧野内大臣、西園寺元老、鈴木侍従長に対してはこの事件については、軍法会議を開いて責任者を徹底的に処罰する考だと云ったそうである。然るに田中がこの処罰問題を、閣議に附した処、主として鉄道大臣の小川平吉の主張だそうだが、日本の立場上、処罰は不得策だという議論が強く、ために閣議の結果はうやむやとなって終った。そこで田中は再び私の処にやってきて、この問題はうやむやの中に葬りたいと云う事であった。それでは前言とはなはだ相違した事になるから、私は田中に対し、それでは、前と話が違うではないか、辞表を出してはどうかと強い語気で云った。

天皇から総理への辞職勧告だ。異常事態である。
岡田啓介の回顧録は、天皇の表情にもふれている。

　陛下は、田中が読み上げる上奏文をお聞きになっているうちに、みるみるお顔の色がお変わりになり、読み終わるや否や、「この前の言葉とは矛盾するではないか」とおっしゃった。田中は恐れ入って「そのことについては、いろいろご説明申し上げます」と申し上げると、ご立腹の陛下は

「説明は聞く必要はない」と奥へお入りになったそうだ。

昭和天皇の公式記録をまとめた『昭和天皇実録』は、以下のように記述した。

午後一時三十五分、御学問所において内閣総理大臣田中義一に謁を賜い、張作霖爆殺事件に関し、犯人不明のまま責任者の行政処分のみを実施する旨の奏上をお聞きになる。今回の田中の奏上はこれまでの説明とは大きく相違することから、天皇は強き語気にてその齟齬を詰問され、さらに辞表提出の意を以て責任を明らかにすることを求められる。また田中が弁明に及ぼうとした際には、その必要はなしとして、これを斥けられる。同五十分、田中は退下す。……この日は午後二時よりゴルフの御予定のところ、御心労のため椅子にもたれたまま居眠りをされ、その機を逸せらる。

天皇の信任を失った田中内閣は、七月二日、総辞職した。田中は、失意のうちに九月二十九日に世を去る。

軍法会議は結局開かれず、関東軍司令官・村岡長太郎の予備役編入、河本大作の停職など、一部の行政処分によって、事件の責任追及は終わった。天皇に叱責された内閣総理大臣が、一人で泥をかぶったかたちである。現役軍人が軍組織の支援のもと、外国要人を列車ごと爆殺するという重大犯罪の責任は、実質的に見過ごされた。事実を隠蔽することによる暗い利益が、再発防止よりも優先された。日本という国家、国民を危地に追い込むような独善的謀略を可とする思想、組織的体質が、そのまま温存されたということだ。

日本の制御装置は、張作霖爆殺事件によって壊れたと言っていいだろう。

ふたたび、独白録を引こう。

……田中内閣は総辞職をした。聞く処によれば、もし軍法会議を開いて訊問すれば、河本は日本の謀略を全部暴露すると云ったので、軍法会議は取りやめと云うことになったと云うのである。

……この事件あって以来、私は内閣の上奏する所のものは、たとえ自分が反対の意見を持っていても裁可を与える事に決心した。

近年、張作霖爆殺は、ソ連、コミンテルンによる犯行との説が出ている。ただ、圧倒的な量の証拠、河本大作本人のものを含む膨大な証言を覆すだけの決定的な新事実が出てくる可能性は小さいだろう。中国でも、ソ連犯行説は注目された。インターネットや書籍などを通じて、広く紹介されている。共産党機関紙『人民日報』が運営するウェブサイト・人民網が掲載した文章に、こんな一節があった。

張作霖はソ連人の手にかかって死んだという人がいる。資料を解読してこれが証明されたという。だが、なぜ日本人が張作霖暗殺の陰謀を認めたのか、説明できた人はいない。唯一の解釈はこうだ——ソ連人もそのような（作霖暗殺の）考えを持っていたが、日本人が先に手を下した。

駅馬坊

張作霖爆殺事件後まもなく、奉天総領事館に領事として赴任した森島守人は、一九四六年（昭和二十一年）八月一日、東京・市ヶ谷の旧陸軍省内に設置された極東国際軍事裁判（東京裁判）法廷で、証言台に立った。

森島が提出した口述書には、爆殺事件から一九三一年九月の満洲事変に至る経緯も淡々とつづられている。一部を抜粋しよう。

……この爆発は、田中首相の張作霖との協調政策に不満を抱く関東軍の分子により計画され実行されたのである。この張作霖殺害事件が田中内閣に大なる危機をもたらし、ついに一九二九年の総辞職となった。田中内閣の倒れた日から一九三一年晩夏に至るまで、この関東軍分子の政府の政策に及ぼす勢力は累進的に強大となっていった。この期間において関東軍におけるこのグループの指導者として確認される人たちの中に、板垣征四郎大佐、石原莞爾中佐および花谷少佐がいた。この期間中、関東軍のこの将校一派は、日本の在満利益を保持し、保護するためには武力の行使が必要であるとの強硬意見を抱いていた。彼らは満洲を占領し、そこに中国本土から分離し、かつ日本に従属せんとする政府を樹立せんと欲していたようであった……。

前月の五日に証人として出廷した元陸軍省兵務局長・田中隆吉は、自ら読んだという「東京憲兵隊作成の事件報告書」をもとに、爆殺事件の詳細を証言した。張作霖殺害の理由について問われた田中は、「満洲を、当時北伐中でありました南京政府と分離して、そこに新しき王道楽土を作るのが目的でありました」と述べた。殺害の前段階となる武装解除計画についても、「後に出来た満洲国のように、日本がコントロールする平和な地帯を作る目的であったのであります」と、似たような説明をしている。

田中証言のもとになる報告書は、裁判の時点ですでに紛失していた。記憶に基づく証言であり、厳密な検証はできない。

戦犯裁判自体にも、「勝者による裁き」という影がつきまとう。東京裁判の訴因を構成するのは、一九二八年一月一日から四五年九月二日までの事象である。済南事件や張作霖爆殺事件が起こった年の初めから、降伏文書調印の日までだ。連合国は、その期間に進行する一種のストーリーを事前に想定してもいただろう。

ともあれ、事実として間違いないのは、森島、田中とも、張作霖爆殺と、満洲事変を連続した一連の事案として捉える証言をしたということだ。彼らは、張作霖爆殺という大事件を清算できなかった失敗が敷いた歴史の軌道について語ったとも言える。「満洲某重大事件」とは何だったのか、それが、焦土と化した日本の現実とどんな関係があるのかを、当時の日本国民に伝える役割も果たした。

一九三一年九月十八日夜、奉天北郊の柳条湖《りゅうじょうこ》を通る南満洲鉄道の線路で小さな爆発があった。関東軍と独立守備隊は、中国軍の仕業として直ちに出動、またたく間に奉天を占領した。朝鮮駐留軍も独断出兵し、日本軍は満洲全域を一気に制圧した。

満洲事変である。関東軍の板垣征四郎、石原莞爾らが仕組んだ謀略だった。列車爆破から関東軍出動という、張作霖爆殺の陰謀で想定されたのと同じような手順を踏んで、三年前には実現しなかった満洲制圧をやってのけた。国外出兵のための奉勅命令や、治安情勢悪化などという、面倒で流動的な前提条件を省き、いきなり現地の奉天軍との戦闘に持ち込んだことが、〝改良点〟だった。

翌年、日本は満洲を独立させて「満洲国」を建国、その後、第二次直隷・奉天戦争以来、日本が保護してきた宣統帝溥儀を皇帝に据え、帝政を敷いた。

満蒙独立運動のころから、満洲を分離して傀儡政権を置き、満蒙問題を「最終解決」しようとする試みは繰り返されてきた。日本は、積年の望みを侵略戦争によって実現し、亡国のレールに乗った。

満洲の実権を握った張学良は、蔣介石を支える有力な将となっていた。柳条湖事件当時は、北平《ほくへい》（北京）滞在中だった。蔣の不抵抗方針に従い、大軍を率いて満洲奪還に乗り出すことはなかった。

張学良の力を借りながら、李宗仁《りそうじん》や馮玉祥《ひょうぎょくしょう》、閻錫山《えんしゃくざん》といった国民党内の強敵を倒してきた蔣介石は、満洲事変後も国内の掌握を優先し、各地でウイルスのように増殖していた共産党の殲滅に全力を挙げる。勝利は目前にあった。毛沢東率いる共産党軍は、「長征」という名の南方からの大逃避行の末、陝西省北部の黄土高原地帯に位置する延安に追い詰められていた。

ところが、ここで張学良が、世界を驚かせる行動に出る。西安《せいあん》事件だ。一九三六年十二月、学良は、同省西安に督戦に来た蔣介石を監禁し、内戦をやめて国民党と共産党が一致して日本に抵抗するよう求めた。蔣はこの兵諫《へいかん》を容れ、両党の協力、「国共合作」がふたたび動き出す。学良は逆に捕らえられて監禁された。蔣の執拗な罰は、百歳まで生きた学良の晩年まで続く。張家の軍という意味での奉天軍、東北軍は消滅した。

張学良は、西安事件によって、歴史に大きな名を残すことになった。共産党が政権を握る中華人民共和国で、学良は、「愛国」の英雄として遇されている。ただ、学良が救ったこの党は、第二次大戦後の内戦で蔣介石を破った後、中国大陸に過酷な独裁体制を敷いた。毛沢東の極左路線は、数千万人を餓死に追いやった。かつての旱魃とは違い、民には逃げる場所さえなかった。政治的迫害や煽動によって、数えきれぬほどの生身の人間が、暴行され、殺され、尊厳を踏みにじられた[4]。二十一世紀の今でも、共産党は一党独裁に固執し、自由や人権を抑圧、異論を持つ人びとへの弾圧を続けている。

張作霖は、満洲を守りつづけ、その一環として、ソ連や共産党と戦いつづけた。生き残りの策であったとはいえ、蔣介石と反共連合を結ぼうともした。

張学良は違う。満洲を守れず、共産党に手を差し伸べた。それは中国の民にとって正しい判断だったのか。父親とは異なる道を歩んだ「愛国者」・学良の歴史的評価が、中国において本当に定まるのは、遠い将来のことになるだろう。

史書『激蕩《ジーダン》十七年（激動十七年）』にこんな記述がある。

> 満洲事変での不抵抗は、衝撃的な決定だった。張作霖なら、絶対にありえなかった。彼であれば、忍耐と智慧で日本人を相手に渡り合えたであろう。それまでの二十余年、飼い慣らされもせず、傀儡にもならなかったように。張学良にはできないことだった。

この見方は正しい。だからこそ、張作霖は殺された。

撫順郊外で造成が進んでいた張作霖の墓は一九三一年にほぼ完成し、同年十一月二十四日に棺を安置することが決まっていた。葬送ルートの準備もできていた。

そこで、満洲事変が発生した。柳条湖で満鉄の線路が爆破された翌日の九月十九日、墓の工事は止まった。大帥府も日本軍の手に落ち、安置されていた張作霖の棺は、奉天小東門外の珠林寺《しゅりんじ》に移された。

張作霖が埋葬されたのは、一九三七年のことだ。当時の状況について、史書『走進大帥府《ゾウジンダーシュアイフー》 走近《ゾウジン》張作霖《ジャンズオリン》』などが詳しく伝えている。

奉天に、彭賢《ほうけん》という男がいた。五十すぎの年格好である。

まだ清朝の世だった一九〇三年の冬、新民《しんみん》近郊を巡回中の張作霖が、ロシア軍部隊に追われ、酒蔵の主にかくまわれて助かったことがある。そのとき、主は、十数歳の長男を作霖に預けた。それが彭賢だった。賢い彭は、作霖の信用を得て、張家の財務や東三省官銀号《グアンインハオ》の総裁まで務めた。作霖に大きな恩義を感じている彭は、珠林寺に放置された棺を早く葬ってやりたいと思った。

奉天軍の旧将領たちと接触し、キーパーソンにも連絡をとった。

満洲国総理大臣・張景恵《ちょうけいけい》だ。景恵も、彭賢と同じ思いだった。八角台《はっかくだい》で保険隊の首領の座を張作霖に譲って以来、この平凡な武人は、常人では考えられぬ人生を歩んできた。第一次直隷・奉天戦争の惨敗の後、作霖の笑顔に涙した日も忘れられない。

張景恵は動き出した。ただ、満洲国では、日本の同意がないと何ごとも進まない。景恵は、関東軍司令官兼駐満洲国大使の植田謙吉に埋葬を提案し、植田はそれを許可した。

しかし、日本側が思いもしなかった事態が起こった。旧奉天軍の部下たちが続々と名乗りを上げて、撫順の墓に埋葬するよう願い出た。張作霖の故郷・海城《かいじょう》の郷紳たちは、海城への埋葬を求める連名の請願書を出した。

新聞には、満洲国当局に盛大な葬儀実施を求める文章が掲載された。

満洲は、張作霖を忘れていなかったのだ。作霖の埋葬が許可されるやいなや、人びとが波のように動きはじめた。

日本にすれば、不穏な事態である。張作霖を殺し、満洲事変を起こし、傀儡国家を樹立した過去は、日本にとって蒸し返されるべきではなかった。埋葬は、満洲国の治安を乱さない場所で、粛々と行われなければならない。日本側は、皇帝陵を思わせるような撫順の墓園、奉天に近い海城はいずれも、埋葬地として不適と見なした。

張景恵は、「駅馬坊《えきばぼう》」という、もう一つの候補地を提案した。遼西・錦州の山あいにある、静かな村だ。ゆるやかな丘の向こうに、水墨画に描かれるような岩山がそびえている。人目を引くこともなく、風水もよい。そこは、張作霖の母・王氏と、正妻の趙春桂《ちょうしゅんけい》が眠る土地だった。

日本側は、張景恵の案に同意した。

張景恵が指揮するとはいえ、満洲国総理として葬送、埋葬を執り行うわけにはいかず、官制国民組織の協和会を名目上の主催者として仕切ることになった。

張景恵は、葬列で幟旗《のぼりばた》を持つ者がいないことに頭を悩ませた。故人の息子が持つ風習だったが、満洲事変後、張作霖の息子たちは皆、満洲を去っている。

大帥の葬列に、幟旗を持つ者さえいないのか。張景恵は焦った。どうしても大帥を立派に送ってあげたかった。窮余の策として、張作霖の血縁の女を探し出し、その息子に幟旗を持たせることにした。

一九三七年六月三日、棺が置かれていた奉天の珠林寺で慰霊祭が営まれ、その後、棺は専用列車で錦州・石山《せきさん》駅まで運ばれた。張景恵ら関係者のほか、僧、ラマ、道士らも同行した。護衛と監視の任務があるのだろう、二、三十人ほどの日本兵もいる。石山駅では、錦州から来た人びとが合流した。旧部下をはじめ、ゆかりの者たちも続々と集まり、駅馬坊に向かう葬列の長さは一里にもなったという。鼓楽が鳴り響いていた。花輪や幟旗を揺らしながら、棺はゆっくりと、丘に続く坂道を上った。

墓地の埋葬場所には、妻・趙春桂の墓が前に、母・王氏の墓が後ろに配置されている。ともに、円形ドーム状の構造をしており、内部に棺が納めてある。張作霖の棺は、妻の墓の壁を壊して開けた穴から中に入れられ、合葬された。作業が終わると、穴はコンクリートでふさがれた。

六月三日といえば、九年前、張作霖が北京の大元帥府を離れ、奉天に戻る特別列車に乗り込んだ日だ。翌日朝、非業の死を遂げた。長いときを経て、作霖は、ようやく満洲の土に帰ることができた。

張景恵をはじめ、張作霖に思いを寄せる人びとは感無量であっただろう。しかし、すぐにそうした感傷を吹き飛ばすような大事件が起こる。

駅馬坊に張作霖が葬られた翌月、一九三七年七月七日、北京で盧溝橋《ろこうきょう》事件が勃発、日本と中国は、全面戦争に突入した。

共産党が歴史を支配する現代中国において、張作霖の評価は複雑に揺れている。共産党を敵視し、弾圧した事実からすれば、張作霖は反動軍閥であり、打倒されるべき敵だった。日本と結び、日本の力を利用して成長した経緯に目を向ければ、「売国行為で成長した軍閥」となる。満洲での権益拡大を図る日本に激しく抵抗した姿に焦点を当てれば、「愛国軍閥」だ。共産主義イデオロギーの権威が失墜し、党が愛国主義、ナショナリズムを政治的求心力として利用するようになった近年は、「愛国者」の側面が強調されているように思う。

張作霖は生前、こう話していたという。

馬賊になる、土匪《どひ》になるなど、大したことではない。事が成れば王となり、敗れれば賊になるだけのことだ。何とでも言える。だが、何があっても漢奸《かんかん》（民族の裏切り者）になってはならない。死んだ後もののしられることになってしまう。

日本にも、ソ連にも頑強に抵抗した張作霖が、民族の大義というべき伝統的な価値観に忠実であったのは、間違いない。だが、それは、数千年にわたる厳しい対外戦争を経験してきた漢民族の掟を守ったと言うべきであろう。プロパガンダを弄する後世の独裁政権が、自らの都合で「愛国者」であるかどうかを判定しても、何の意味もない。

同時代人である曹汝霖《そうじょりん》の簡潔な評に、むしろ惹かれる。民国初期、交通相などの要職を歴任し、日本

錦州石山鎮にある張作霖の墓

との協調政策をとったため、五四運動で「売国奴」と攻撃された人物だ。

張氏は、東三省に鎮座し、軍隊を適切に整え、財政運営はうまく、境を守って民を安んじ、人民は褒めたたえた。とりわけ日本人への対応では、内と外、柔と剛をともに用い、関東軍は技を仕掛ける術がなかった。少壮派の恨みは骨髄に達し、これを取り除かねばならぬということになり、ついに非常手段によってその命を奪った。張氏もまた、一世の雄たるに恥じない。

追悼の思いがあったのか、最初の一文には、実態にそぐわない称賛もある。ただ、結論は的確だろう。草莽から身を起こして東北王となり、軍閥と革命の時代を戦い抜き、日本と組み合った末に悲劇的な最期を遂げた張作霖は、確かに「一世の雄」であった。

駅馬坊村は、現在の行政区分で言えば、遼寧《りょうねい》省錦州の凌海《りょうかい》市石山鎮にある。

夏の夕刻、張作霖の墓園を訪ねた。錦州の文化財として、小さな歴史公園のように美しく整備され、地元当局に委託されたという墓守もいる。円形の低い壁に囲まれた真っ白な墓が、縦に二つ並んでいた。後ろの墓碑には「張母王太夫人之墓」とある。

正面の墓の碑には、一対の夫婦の名が刻まれている。

「張作霖　趙氏夫人　之墓」

ほかに人影はない。線香が供えられている。園内には果樹が植えられ、丘を吹く風の音が聞こえる。

あとがき

二〇一二年、中華民国の軍閥混戦期の全体状況を描いた『覇王と革命』という歴史書を出した。資料集めに着手してから書き終えるまでに、九年近くかかった。地道な作業を延々と続けていた当時から、「張作霖伝を書きたい」と思いつづけていた。三国志的な群雄の時代にあって、その存在感は際立っていた。日本人として、日本人に爆殺された作霖をもっと知りたいとの思いもあった。

それからまた、四年ほど費やした。張作霖のまわりには、くめども尽きぬ物語の泉があった。いま、都合十数年間に及んだ作霖との長い対話が、ようやくひと区切りし、少しほっとしている。

歴史家の目から見れば、基本的な事実関係を含めて、誤りが多々あると思う。ご指導を仰ぎたい。

たくさんの人に感謝している。

腕に擦り傷を作りながらトウモロコシの茎と葉をかき分け、張作霖の生家跡まで案内してくれた中年の農民は、名乗りもせず、「中国と日本が仲良くなるといいね」と、にっこりほほ笑んだ。若き作霖がいじめられた高坎《こうかん》近くの村では、おかみさんたちが、「誰が『大帥』なんて呼ぶもんか。『張作霖《ジャンズオリン》』さ！」と笑った。そういったひとときがなければ、作霖の物語は書けなかったような気がする。厳冬期、凍った路面に難儀しながら郭松齢事件の戦跡を回ってくれた運転手氏には、たいへんな面倒をかけた。

北京では、某事務所敷地内にある張作霖ゆかりの場所にそっと案内してもらったこともある。尊敬する知識人たちは、「なぜ君が張作霖を?」と笑いつつ、中国近現代史を見るうえで不可欠な複眼的思考を授けてくれた。

引用、参照させていただいた書籍や論文、記事に感動した経験は、数知れない。調べる、ということは、大いなる喜びでもあった。「はじめに」に書いたように、本書はすべて、先人のすばらしい業績に依拠している。

私的な作業であるにもかかわらず、先輩や同僚諸氏からは、温かいエールをいただいた。家族は、プライベートの時間をほとんど張作霖と過ごすぐうたらを放任してくれた。

そして、白水社の阿部唯史氏に、心から感謝の意を表したい。誠実に原稿に向き合い、言うべきはきっぱりと言う阿部氏は、迷える自分にとって、進むべき方向を指し示してくれる頼もしい存在であった。

二〇一六年十二月　北京にて

杉山祐之

注

第一章　満洲の大地で

（1）本書では、中国の資料に合わせ、人物の年齢は数え年で表記することが多い。

（2）清朝は一八七〇年、中国北部の三開港地である牛荘（のちに営口）、天津、登州の通商事務を担当する北洋通商大臣を設置した。北洋大臣は略称。初代大臣に任命されたのは、直隷総督の李鴻章。直接外国と交渉することを嫌った朝廷に代わり、事実上の外交窓口ともなった。

（3）張永貴が作霖の祖父だったとする史書もある。

（4）「馮」は、日本語では「ひょう」「ふう」の二種類の読みがある。馮姓の著名な日本専門家によれば、いずれも正しい。本書では、より平易な「ひょう」を基本とする。

（5）華北の直隷と満洲の境界に位置する関。漢族世界と北方民族地域の接点にあたる戦略的要衝。

（6）十七世紀前半、清朝（当時の国号は後金）は現在の瀋陽に都を置き、盛京と名づけた。朝廷が北京に移った後、奉天府が置かれ、都市も奉天と称された。

（7）水中にすみ、雲や雨に乗って龍になるとされる想像上の生物。時運に巡り会う前の英雄の比喩として用いられる。「こうりゅう」とも。

第二章　馬上の戦い

（1）辛丑条約第七条は、各国が北京の公使館防衛のための兵を常置することを認めた。第八～九条は、首都と海浜間の自由交通を維持するため、大沽砲台などの砲台撤去を定めるとともに、列国には、廊坊、楊村、天津、灤州、秦皇島、山海関など要所を軍事的に占領する権利があるとした。

（2）海沙子との戦いについて、張学良は、父・張作霖と海沙子が西部劇の決闘のように、一対一で向き合って戦ったと話している。学良が若いころの父を語るとき、劇的すぎるエピソードが多い。作霖がそう話して聞かせたのだろう。

（3）満洲でロシアが有していた権益は露清間の合意に基づいていたため、ポーツマス条約では、権益の移転譲渡については「清国政府の承諾」を前提とした。日清条約は、日本外相・小村寿太郎、清国北洋大臣・袁世凱らが調印した。

（4）一九一六～七〇。満洲事変後、共産党に入党。延安の革命根拠地に入る。中華人民共和国成立後、台湾解放をにらんで海軍に異動、のちに参謀長。少将。六七年に「特務」として逮捕監禁された。肺結核にかかり、満足な治療、食事も与えられないまま死亡した。

（5）現在の遼寧省に相当する奉天省は、この当時、今の内蒙古自治区に属するモンゴル族居住地なども含んでいる。

（6）日本語表記はさまざまある。ここでは、当時の資料にあり、漢語読みに近い「バイインタライ」を用いる。

（7）旅順、大連など、日本が租借する遼東半島先端部は「関東州」と総称された。関東都督府はその統治機関である。「関東軍」の名も、ここに由来する。

（8）百年後の二〇〇八年、光緒帝の遺髪などを科学的に調査したところ、ヒ素が検出された。

第三章　辛亥革命

（1）中国では、清朝打倒をめざす革命勢力を総称して「革命党」と呼ぶことが多い。日本語でそのまま用いると誤解を招きかねず、本書では革命派と表記する。代表的組織は、一九〇五年に東京で結成され、孫文を総理とする中国同盟会。一二年、離合集散を繰り返していた革命派の諸勢力が結集する形で、国民党が成立する。孫文が理事長だったものの、実質的な中核は、華興会出身で理事長代理の宋教仁だった。

（2）複数の省の統治者を「大帥」と称することが多い。

（3）武昌蜂起後、独立を宣言した十七省の代表が「中華民国」の臨時政府樹立を決定した。中華民国が国家としての実体を備えていくのは、清朝滅亡後、袁世凱が臨時大総統になってからだ。

（4）中華民国初期の都督は、各省の行政、軍事を所管するとされた。地方の軍政長官は、以後、将軍、督軍などと呼称される。

（5）約法は、憲政に移行するまでの過渡期における基本法となる。

（6）五月二十五日、北京で、計九条からなる「南満洲及び東部内モンゴルに関する条約」が調印された。第一条は「旅順大連の租借期限ならびに南満洲鉄道及び安奉鉄道に関する期限を、いずれも九十九箇年に延長すべきことを約す」。第二条は「日本国臣民は南満洲において各種商工業上の建物を建設するため、または農業を経営するため必要なる土地を商租することを得」。第三条は「日本国臣民は南満洲において自由に居住往来し、各種の商工業その他の業務に従事することを得」。

第四章　奉天を手中に

（1）一八七五年、内モンゴルの農家に生まれ、地方の警察隊長となる。その後、漢族移住に反対する民衆指導者となった。辛亥革命時に独立した外モンゴルに一時合流した後、内モンゴルに戻る。名前の日本語表記は「バボージャブ」など、さまざまある。

（2）一八七三年、京都出身。綿製品貿易などを手がけた実業家。寺内正毅の側近となり、寺内内閣時代、総理の私的代表して段祺瑞内閣と接触、「西原借款」と呼ばれる一億四千五百万円の借款契約をまとめた。

（3）仮名遣いは現代語に改め、読みやすいように句読点を適宜加えている。本書では、公文書などにある「支那」「支」の表現を、「中国」「中」に改めている場合がある。「支那」が、現代中国において侮蔑用語と見なされていることによる。

（4）湯玉麟がおんぶしたのは、張作霖の妻だったとする史書が多い。

（5）袁世凱の配下でとくに優秀だった三人は「北洋の三傑」と呼ばれた。「虎」の段祺瑞、「狗」の馮国璋に加え、陸相などを歴任した王士珍（一八六一～一九三〇）が「北洋の龍」と称された。

（6）約法の規定では、大総統が、大元帥として陸海軍を統帥する。国会議員による大総統選挙を行うには、衆参両院議員計八百数十人のうち、三分の二以上の出席が必要だった。

第五章　大軍、華北に出現す

（1）多くの史書は、兵器強奪によって六個混成旅団を拡充したと記している。「混成旅団」は、歩兵、騎兵、砲兵など各兵種からなり、独立した作戦能力を持つ部隊単位。通常、四千人程度の兵力とされる。

（2）中華文明発祥の地・河南省をはじめ、河北、山東などに広がる華北平原一帯を指す。天下争奪の舞台となってきたことから、「中原に鹿を逐う」の言葉もある。

（3）一九一七年三月、戦争で窮乏した労働者らが首都ペテルブルクでストライキ、暴動などを起こし、ロマノフ朝を倒した。ロシア暦をもとに「二月革命」と呼ばれる。同年十一月、レーニンが指導するボリシェビキが臨時政府を倒し（ロシア暦では「十月革命」）、社会主義化を一気に進める。

（4）中国語の「路」には、方面の意味がある。

（5）一九一二年の辛亥革命で中国が混乱する中、モンゴル王公、僧らは独立を宣言し、ボグド・ハーンを元首とした。一三年十一月、帝政ロシアと中国が、外モンゴル地域の地位に関して、中華民国宗主権下での自治であることを確認したが、実質的に中国の支配から離れた。ロシアは通商面での特権を確保した。内モンゴル地域では、パプチャップらの独立運動が続いた。現在、外モンゴルは独立国のモンゴル、内モンゴルは中華人民共和国の「自治区」となっている。

（6）中国語では一般的に「直皖（皖は安徽を指す）戦争」と言う。日本では「安直戦争」と、安徽が先に呼ばれることが多い。日本にとって安徽派との関係が近かったためだろう。この後の「直隷・奉天戦争（中国語で直奉戦争）」も、日本では「奉直戦争」の用例が多い。中国史を主とする本書では、中国式の呼称を用いる。

第六章　中原の宿敵

（1）日韓併合に反対する宗教指導者らが、前国王の葬儀に合わせ、朝鮮の独立宣言を発表、続く学生、民衆のデモが全国に拡大し、大規模な独立運動に発展した。「独立万歳」が叫ばれたことから「万歳事件」とも呼ばれる。

（2）現在の内モンゴル自治区東部を中心とした地域には、西から綏遠、チャハル、熱河の三特別行政区が置かれた。省よりも下位にあり、軍政長官は「都統」と呼ばれた。

（3）ワシントン会議ではこのほか、太平洋方面の権益の相互尊重などについて取り決めた日米英仏の四カ国条約、日米英仏伊の主力艦保有数を制限する海軍軍縮条約も結ばれた。「ワシントン体制」に組み込まれた日本は、それまでの外交安保の基軸だった日英同盟を破棄する。

（4）第一次世界大戦後、米大統領ウィルソンが提唱した十四カ条によって、世界に民族自決の風潮が広まり、軍閥割拠の中国では、省レベルの地方自治運動が高揚した。アメリカ合衆国のように、各省が省憲法を制定して自治を実施、各省代表による連邦国家をめざすというものだ。中心になったのは湖南で、陳炯明の広東も同調していた。

（5）孫文は、民族主義、民権主義、民生主義を国家建設の根本とするよう唱えていた。「三民主義」と呼ばれ、辛亥革命に加わった革命家や軍人に大きな影響を与えた。ソ連接近後は、反欧米列強、階級闘争、貧富平等などの色彩が濃くなっていく。

第七章　天下、夢のごとし

（1）「覇王別姫」は、秦朝滅亡後の覇権争いで劉邦に敗れた項羽が、虞姫と最後の別れを惜しむ場面を描く。京劇でもっとも人気のある演目の一つ。漢祖となった劉邦を敬愛する張作霖も愛する劇だったのだろう。

（2）義和団事件後、清朝が各国と締結した辛丑条約（北京議定書）に基づき、日本は、公館や居留民の保護を目的とした軍隊を中国に駐留させていた。司令部は天津にあった。

（3）樹立されたのは、約法に基づかない臨時政府だった。臨時執政は、軍民の政務を総攬し、軍を統率し、対外的には中華民国を代表する、と定められた。執政という言葉は、古代ローマの執政官からきているという。

（4）日露戦争後の一九〇五年十二月、日清両国は満洲に関する条約を締結し、ロシアが満洲に持っていた利権を日本が引き継ぐことを確認した。その附属取極第三項に「清国政府は、南満洲鉄道の利益を保護する目的をもって、該鉄道を未だ回収せざる以前においては、該鉄道付近にこれと併行する幹線または該鉄道の利益を害すべき枝線を敷設せざることを承諾す」とある。

（5）遼河の古名。張作霖軍と郭松齢軍の激突は、「巨流河の決戦」などと呼ばれているため、ここでは巨流河の名称を用いる。現在も、新民郊外に「巨流河」という名の村がある。

第八章　運命の日

（1）後漢末期、曹操（一五五年～二二〇年）は、中原の帰趨を決める決戦となった官渡の戦いで大敵・袁紹を破った。通説では、袁陣営で自軍将領らから届いた密書を発見した曹操は、部下を追及することなく、それを焼き捨てたとされる。

（2）軍事的劣勢にあった馮玉祥は、機雷で天津港を封鎖し、日本艦に発砲した。北京外交団は三月十六日、水雷の完全撤去、戦闘の即時中止を求めて最後通牒を発した。デモは、この最後通牒に反対するもので、ソ連の指導下にある国民党左派、共産党が仕掛けた反列強運動の一環という色彩が濃い。

（3）「コミュニスト・インターナショナル」の略称で、一九一九年にモスクワで発足した。世界での共産革命推進を図り、中国を含む各国共産党を指導した。

（4）南京を占領した軍の政治主任は､ソ連人顧問ボロディンから、列国との摩擦を起こすよう指示されていたと言われる。李宗仁や幣原喜重郎は、北伐軍の略奪暴行について、総司令である蔣介石を窮地に陥れるための共産党の策謀と見ていた。この事件で、日本艦は艦砲射撃に加わらず、幣原らの対応は「軟弱外交」として強く非難された。

（5）「第一次山東出兵」と呼ばれる。当時の北方各地の在留邦人数は、北京千五百八十六人、天津約六千七百四十六人に対し、青島一万三千六百二十一人、済南二千二百三十三人である。山東は中国における日本の産業拠点となっていた。

（6）ここでの「関外」は、満洲の外という意味。

（7）午前九時死亡とする史書も多い。

終章　黒煙の彼方

（1）一九一二年に成立した中華民国政府は、赤、黄、青、白、黒の五色で横のストライプを描いた旗を国旗に定めた。各色は、漢族、満洲族、モンゴル族、回族、チベット族を示し、全体で「五族共和」の理想を表している。青天白日満地紅旗は、赤地の旗の左肩に、国民党のシンボルである青天白日のデザインを置いている。台湾では現在も使用されている。

（2）周公は周代の政治家。殷を滅ぼした兄の武王を助け、武王が死んだ後は、摂政として幼帝・成王を支えたと伝えられる。儒教では理想的な人物と位置づけられる。

（3）原文では「支那」。

（4）毛沢東が一九五八年に発動した極左運動「大躍進」では、三千万から四千万人が餓死したとされる。六六年からの文化大革命の被害者は一億人に達したと言われる。八九年の天安門事件では、人民解放軍が学生らの民主化運動を武力弾圧し、多数の犠牲者が出た。

参考・引用文献

※出典の詳細は、白水社のホームページ（www.hakusuisha.co.jp）を参照。

中国書籍、史料集など（基本的にピンイン順）

『白崇禧口述自伝』白崇禧（中国大百科全書出版社、二〇〇九年三月）
『百年家族　段祺瑞』周俊旗（河北教育出版社、二〇〇六年一月）
『百年家族　馮玉祥』鍾海涛（河北教育出版社、二〇〇六年十二月）
『百年家族　張学良』李翠蓮（河北教育出版社、二〇〇一年十二月）
『北伐戦争史』劉永利（遼寧大学出版社、二〇〇三年三月）
『北洋大時代』陳欽（長江文芸出版社、二〇一三年四月）
『北洋将軍軼事』楊潜編（山東画報出版社、二〇一一年一月）
『北洋軍閥史（上、下）』来新夏（南開大学出版社、二〇〇〇年十二月）
『北洋軍閥史話（二、三、四）』丁中江（商務印書館、二〇一二年十二月）
『北洋乱』韓晶・総撰稿（文匯出版社、二〇〇九年八月）
『北洋述聞』張国淦（上海書店出版社、一九九八年三月）
『北洋梟雄　張作霖』文斐編（中国文史出版社、二〇一二年八月）
※『我所知道的張作霖』（中国文史出版社）のリニューアル版
『北洋政府簡史（上、下）』郭剣林主編（天津古籍出版社、二〇〇〇年十月）
『兵家必争之地』胡阿祥ほか（海南出版社、二〇〇七年八月）
『曹汝霖一生之回憶』曹汝霖（中国大百科全書出版社、二〇〇九年四月）
『大国的迷失』葉曙明（陝西師範大学出版社、二〇〇七年二月）
『大民小国』余世存（江蘇文芸出版社、二〇一二年十月）

『東北覇王　張作霖全伝』張正忠（黒龍江人民出版社、二〇〇五年九月）
『東北王　張作霖』孫其明（上海人民出版社、二〇一〇年七月）
『東北王　張作霖画伝』徐徹（団結出版社、二〇〇七年一月）
『奉天軍閥大事記』胡玉海、里蓉主編（遼寧民族出版社、二〇〇五年二月）
『奉系軍閥档案史料匯編（二〜七）』遼寧省档案館編（江蘇古籍出版社、一九九〇年八月）
『広東民国史（上）』広東民国史研究会編（広東人民出版社、二〇〇四年四月）
『桂系軍閥』羅平漢、王続添編著（中共党史出版社、二〇〇一年一月）
『瑰異総統　袁世凱』郭剣林、紀能文（吉林文史出版社、一九九五年三月）
『国民軍史綱』劉敬忠、田伯伏（人民出版社、二〇〇四年十一月）
『翰林総統　徐世昌』郭剣林、郭暉（団結出版社、二〇一〇年一月）
『洪憲帝制』張華騰（中華書局、二〇〇七年十月）
『荒誕史景　北洋官場迷信実録』劉秉栄（当代中国出版社、二〇〇六年十二月）
『激蕩十七年　従袁世凱到張作霖』夏双刃（中国工人出版社、二〇一一年十一月）
『記者生活三十年』陶菊隠（中華書局、二〇〇五年九月）
『蒋介石大伝（上）』劉紅（団結出版社、二〇〇一年二月）
『蒋介石全伝』張憲文、方慶秋主編（河南人民出版社、一九九六年五月）
『猖介与風流』陶菊隠（山西人民出版社、二〇〇七年十一月）
『軍紳政権』陳志譲（広西師範大学出版社、二〇〇八年八月）
『歴有争議的陳炯明』段雲章、瀋暁敏、倪俊明編著（中山大学出版社、二〇〇六年十月）
『李宗仁回憶録（上、下）』唐徳剛（華東師範大学出版社、一九九五年十二月）
『乱世梟雄　張作霖』杜尚侠（中国社会出版社、二〇〇八年三月）
『民初北洋三大内戦紀実』郭剣林主編（南開大学出版社、二〇〇三年九月）
『民国北京政府時期選挙制度研究』葉利軍（湖南人民出版社、二〇〇七年七月）

『民国軍閥第一府宅――大帥府』曲香昆（万巻出版公司、二〇一二年三月）
『民国群雄採訪録』エドナ・リー・ブッカー著、楊植峰ほか訳（団結出版社、二〇一五年五月）
『民国十大軍閥』朱暁艶（台海出版社、二〇一三年五月）
『民国史紀事本末1　北洋政府時期（上、下）』魏宏遠主編（遼寧人民出版社、二〇〇〇年一月）
『民国時期戦争大参考』張明金編著（京華出版社、二〇〇六年一月）
『民国時期中蘇関係史（1917-1949）上』薛銜天（中共党史出版社、二〇〇九年十月）
『民国史談（上、下）』楊天石主編（中共中央党校出版社、二〇〇八年十月）
『民国議会制度研究（1911-1924）』薛恒（中国社会科学出版社、二〇〇八年十二月）
『親歴者口述実録　民国軍閥』劉鳳翰主編（中国大百科全書出版社、二〇一〇年二月）
『青年蒋介石』崔暁忠編著（華文出版社、二〇〇七年八月）
『孫中山年譜長編（上、下）』陳錫祺編（中華書局、一九九一年八月）
『晩清民国人物另類档案』蘇文編著（中華書局、二〇〇六年六月）
『温故〈二六〉　日本人為什麼要殺害張作霖』康狄（広西師範大学出版社、二〇一三年七月）
『文化南京叢書　総統府史話』劉暁寧（南京出版社、二〇〇三年七月）
『文武北洋』李潔（広西師範大学出版社、二〇〇六年六月）
『威震東北　張作霖』元坤編著（中国広播電視出版社、二〇一一年六月）
『我所知道的北洋三傑』文斐編（中国文史出版社、二〇〇四年一月）
『我所知道的呉佩孚』文斐編（中国文史出版社、二〇〇四年一月）
『我所知道的袁世凱』文斐編（中国文史出版社、二〇〇四年一月）
『我所知道的張作霖』文斐編（中国文史出版社、二〇〇四年一月）
『武夫当国　北洋軍閥統治時期史話（壱、弐、参、肆、伍）』陶菊隠（海南出版社、二〇〇六年十月）
『武夫当権』張鳴（陝西人民出版社、二〇〇八年五月）
『呉佩孚伝（上、下）』郭剣林（北京図書館出版社、二〇〇六年三月）

『細説北洋　曹錕』田建群編著（内蒙古人民出版社、二〇〇九年八月）
『細説北洋　段祺瑞』蘇飛編著（内蒙古人民出版社、二〇〇九年八月）
『細説北洋　馮国璋』田建群編著（内蒙古人民出版社、二〇〇九年八月）
『細説北洋　孫伝芳』蘇飛編著（内蒙古人民出版社、二〇〇九年八月）
『細説北洋　呉佩孚』田建群編著（内蒙古人民出版社、二〇〇九年八月）
『細説北洋　張作霖』蘇飛編著（内蒙古人民出版社、二〇〇九年八月）
『閻錫山伝』景占魁（中国社会出版社、二〇〇八年一月）
『袁世凱評伝（上、下）』劉憶江（経済日報出版社、二〇〇四年六月）
『袁世凱与近代名流』張華騰（新華出版社、二〇〇三年九月）
『袁世凱真相』陶菊隠（線装書局、二〇〇八年一月）
『張学良大伝（上）』張永濱（団結出版社、二〇〇一年十一月）
『張学良的政治生涯』傅虹霖著、王海晨訳（浙江大学出版社、二〇一三年四月）
『張学良口述歴史』唐徳剛撰写（中国档案出版社、二〇〇七年七月）
『張学良年譜』張友坤ほか編著（社会科学文献出版社、二〇〇九年二月）
『張学良全伝』張学継、劉紅（経済日報出版社、二〇〇六年一月）
『張学良世紀伝奇』王書君、口述取材は唐徳剛（山東友誼出版社、二〇〇二年四月）
『張学良図伝』徐徹、徐忱（団結出版社、二〇一四年一月）
『張学良遺稿』竇応泰編著（作家出版社、二〇〇五年十一月）
『張宗昌全伝』蘇全有（経済日報出版社、二〇〇七年四月）
『図文典蔵版　張作霖』徐徹、徐悦（中国文史出版社、二〇一二年一月）
『張作霖伝』徐徹、徐悦（百花文芸出版社、二〇〇四年八月）
『張作霖伝』徐徹、徐悦（国際文化出版公司、二〇一〇年九月）
『張作霖和王永江』ロナルド・スレスキー著、徐有威ほか訳（中央編訳出版社、二〇一二年四月）

『張作霖幕府』張学継（岳麓書社、二〇〇一年九月）
『張作霖全伝』池昕鴻主編（延辺人民出版社、二〇〇三年十一月）
『張作霖　一代梟雄』徐徹、徐悦（広西師範大学出版社、二〇〇七年三月）
『真実的袁世凱』馬東玉（団結出版社、二〇〇九年十月）
『直奉大戦』斉慶昌、孫志昇（社会科学文献出版社、一九九三年一月）
『中国近代官制詞典』邱遠猷主編（北京図書館出版社、一九九一年二月）
『中国近代軍系叢書　奉軍』劉立勤、李濤（山西人民出版社、一九九九年十月）
『中国近代軍系叢書　皖軍』田玄（山西人民出版社、一九九九年十月）
『中国近代軍系叢書　直軍』宮玉振（山西人民出版社、一九九九年十月）
『中国近代土匪史』邵雍ほか（合肥工業大学出版社、二〇〇二年四月）
『中国歴代官称辞典』汪興明、趙徳義主編（団結出版社、一九九九年十一月）
『中国1927』張福興（中共党史出版社、二〇〇七年七月）
『中華民国歴史上的20大派系軍閥』張明金、劉立勤主編（解放軍出版社、二〇〇八年三月）
『中華民国史（一、二）』張憲文ほか（南京大学出版社、二〇〇五年十二月）
『中華民国史大辞典』張憲文、方慶秋、黄美真主編（江蘇古籍出版社、二〇〇二年八月）
『中華民国史人物伝（一～八）』中国社会科学院近代史研究所中華民国史研究室編（中華書局、二〇一一年七月）
『走進大帥府　走近張学良』張氏帥府博物館編（遼寧教育出版社、二〇一〇年二月）
『走進大帥府　走近張作霖』張氏帥府博物館編（遼寧教育出版社、二〇〇九年九月）
『最後的北洋三雄』康狄（世界知識出版社、二〇一二年一月）

中国新聞雑誌など（インターネットサイト掲載記事を含む）

半島晨報　北方新報　長春晩報　鳳凰衛視　華商晨報
遼瀋晩報　南方人物週刊　南方週末　人民政協報　瀋陽日報

瀋陽晩報　時代商報　炎黄春秋　燕趙晩報　中国新聞週刊

インターネットサイト

百度万年暦　北国網　北鎮市人民政府網　東北新聞網
鳳凰網　黒龍江新聞網　遼寧法治網　内蒙古区情網
前郭爾羅斯網　人民網　盛京文化網　双遼市人民政府網
松原文化網　新華網　新民文化網　営口春秋網
張氏師府博物館網站　正北方網　中国網　中国経済網
中国論文網　中国新聞網

日本外交文書など（基本的に五十音順、以下同じ）

『外務省の百年　上』外務省百年史編纂委員会編（原書房、一九六九年七月）
『日本外交年表竝主要文書　上、下』外務省編（原書房、一九六五年十一月）
『日本外交文書　大正四年第二冊』外務省編（外務省、一九六六年八月）
『日本外交文書　大正四年第三冊上巻』外務省編（外務省、一九六八年三月）
『日本外交文書　大正五年第二冊』外務省編（外務省、一九六七年三月）
『日本外交文書　大正六年第二冊』外務省編（外務省、一九六八年三月）
『日本外交文書　大正六年第三冊』外務省編（外務省、一九六八年八月）
『日本外交文書　大正七年第一冊』外務省編（外務省、一九六八年十二月）
『日本外交文書　大正七年第二冊上巻』外務省編（外務省、一九六九年三月）
『日本外交文書　大正七年第二冊下巻』外務省編（外務省、一九六九年七月）
『日本外交文書　大正八年第二冊下巻』外務省編（外務省、一九七〇年九月）
『日本外交文書　大正九年第二冊上巻』外務省編（外務省、一九七二年十二月）

『日本外交文書　大正九年第二冊下巻』外務省編（外務省、一九七三年三月）
『日本外交文書　大正十年第二冊』外務省編（外務省、一九七五年二月）
『日本外交文書　大正十一年第二冊』外務省編（外務省、一九七六年七月）
『日本外交文書　大正十二年第二冊』外務省編（外務省、一九七九年一月）
『日本外交文書　大正十三年第二冊』外務省編（外務省、一九八一年三月）
『日本外交文書　大正十四年第二冊上巻』外務省編（外務省、一九八三年三月）
『日本外交文書　大正十四年第二冊下巻』外務省編（外務省、一九八四年三月）
『日本外交文書　大正十五年第二冊上巻』外務省編（外務省、一九八五年十二月）
『日本外交文書　大正十五年第二冊下巻』外務省編（外務省、一九八七年三月）
『日本外交文書　昭和期Ⅰ第一部第一巻』外務省編（外務省、一九八九年三月）
『日本外交文書　昭和期Ⅰ第一部第二巻』外務省編（外務省、一九九〇年十二月）

日本語同時代人書籍・論文など（復刻版含む、以下同じ）

『会津士魂風雲録』会津士魂風雲録刊行会（会津士魂風雲録刊行会、一九六一年三月）
『陰謀・暗殺・軍刀』森島守人（岩波書店、一九五〇年六月）
『宇垣一成日記　Ⅰ』宇垣一成（みすず書房、一九六八年三月）
『岡田啓介回顧録』岡田啓介述（毎日新聞社、一九五〇年十二月）
『外交官の一生』石射猪太郎（中央公論社、一九八六年十月）
『外交五十年』幣原喜重郎（原書房、一九七四年八月）
『外交六十年』芳澤謙吉（中央公論社、一九九〇年十一月）
『回想十年　４』吉田茂（中央公論社、一九九八年十二月）
『極東国際軍事裁判速記録　第一巻』極東国際軍事裁判所編（雄松堂書店、一九六八年一月）
『昭和天皇実録　第五』宮内庁（東京書籍、二〇一六年三月）

『昭和天皇独白録』寺崎英成、マリコ・テラサキ・ミラー（文藝春秋、一九九一年三月）
『続対支回顧録　下巻』東亜同文会編（原書房、一九七三年八月）
『対支回顧録　上巻』東亜同文会編（原書房、一九六八年六月）
『張作霖』（序文、巻頭論文、凡例）「序文にかえて」＝菊池武夫、「外交と財政の手腕」＝外交隠士、凡例＝白雲荘主人（中央公論社、一九九〇年七月）
『張作霖爆死事件　松本記録』（アジア歴史資料センター、B02031915000）
「張作霖爆死の前後」町野武馬（『中央公論』一九四九年九月号）
『馬鹿八と人はいう』有田八郎（光和堂、一九五九年十二月）
『原敬日記　第五巻　首相時代』原奎一郎編（福村出版、二〇〇〇年六月）
『明治・大正・昭和政界秘史』若槻禮次郎（講談社、一九八三年十月）
「私が張作霖を殺した」河本大作（『「文藝春秋」にみる昭和史　第一巻』文藝春秋、一九八八年一月）

日本語戦前資料など

『快傑張作霖』園田一亀（中華堂、一九二二年四月）※奥付にある書名は『怪傑張作霖』になっている。
『近世露満蒙関係史』ウェ・ペー・サヴィン著、川田秀雄訳（福田書房、一九三五年四月）
『商租権に就て』満洲国民政部土地局（一九三五年十一月）
『東亜先覚志士記伝　下巻』葛生能久（黒龍会出版部、一九三六年十月）
『日本の戦史　日清戦争』旧参謀本部編纂（徳間書店、一九九五年八月）
『奉天三十年　上、下』クリスティー著、矢内原忠雄訳（岩波書店、一九三八年十一月）
『満洲事情』南満洲中等教育研究会編纂（三省堂、一九三四年六月）
『満洲地方誌　草稿　巻四』関東都督府陸軍経理部（一九〇七～九調査）＝国立国会図書館蔵
『満鉄外史』菊池寛（原書房、一九七九年十一月）
『蒙古地誌』柏原孝久、浜田純一（冨山房、一九二〇年一月）

『列強対満工作史』ヴェ・アヴァリン著、ロシア問題研究所訳（原書房、一九七三年二月）

日本語一般書籍

『餓鬼　上』ジャスパー・ベッカー著、川勝貴美訳（中央公論新社、二〇一二年一月）
『関東軍　在満陸軍の独走』島田俊彦（講談社、二〇〇五年六月）
『近代国家への模索　１８９４－１９２５』川島真（岩波書店、二〇一〇年十二月）
『近代日本外交史叢書　第七巻　日本と中国──大正時代──』臼井勝美（原書房、一九七二年九月）
『幣原喜重郎とその時代』岡崎久彦（ＰＨＰ研究所、二〇〇三年七月）
『昭和外交史』戸川猪佐武（雪華社、一九六二年十二月）
『昭和史 1926-1945』半藤一利（平凡社、二〇〇四年二月）
『清朝と近代世界』吉澤誠一郎（岩波書店、二〇一〇年六月）
『西太后』加藤徹（中央公論新社、二〇〇五年九月）
『対満蒙政策史の一面』栗原健（原書房、一九六六年六月）
『張作霖爆殺』大江志乃夫（中央公論社、一九八九年十月）
『東北軍閥政権の研究』水野明（国書刊行会、一九九四年八月）
『日本外交史　第三巻』鹿島守之助（鹿島研究所出版界、一九七〇年五月）
『馬賊』渡辺龍策（中央公論社、一九六四年四月）
『馬賊で見る「満洲」』澁谷由里（講談社、二〇〇四年十二月）
『ハルビン駅へ』ディビッド・ウルフ著、半谷史郎訳（講談社、二〇一四年十月）
『評伝吉田茂　一、二』猪木正道（筑摩書房、一九九五年一月）
『満州近現代史』王魁喜ほか（現代企画室、一九八八年十一月）
『満州事変から日中戦争へ』加藤陽子（岩波書店、二〇〇七年六月）
『「満蒙問題」の歴史的構図』中見立夫（東京大学出版会、二〇一三年三月）

論文など

「張作霖爆殺事件――河本大作関東軍高級参謀の真意」白石博司（『戦史研究年報』、二〇〇三年三月）
「張作霖爆殺事件の再考察」秦郁彦（『政経研究』、二〇〇七年五月）
「日本の大陸拡張政策と中国国民革命運動」服部龍二（日中共同歴史研究報告書、二〇一〇年一月）
「文書史料にみえるトクトホの〝実像〟」中見立夫（『アジア・アフリカ言語文化研究』、一九九五年）
「町野武馬と張作霖　日本陸軍諜報武官の一面」山根幸夫（『社會科學討究』、一九八九年十二月）

新聞、データベースなど

朝日新聞　報知新聞　読売新聞
外務省ホームページ
神戸大学附属図書館デジタルアーカイブ
国立公文書館アジア歴史資料センター資料
データベース「世界と日本」（東京大学東洋文化研究所　田中明彦研究室）

主要登場人物

※以下のデータは、巻末に掲げた「参考、引用文献」から抜粋している。生没年ほか、基本的な事実関係でも諸説あるケースが多い。参考情報として記す。

袁金鎧《えんきんがい》【一八七〇～一九四七】
奉天遼陽人。清末以降、張作霖のブレーンとして、奉天における権力掌握を支えた。王永江を作霖に推薦。満洲国では尚書府大臣を務めた。

袁世凱《えんせいがい》【一八五九～一九一六】
河南人。新建陸軍を建設、直隷総督兼北洋大臣。西太后死去後、失脚。辛亥革命で復活、革命軍と連携して清朝を倒す。中華民国大総統。洪憲皇帝に就位するが、帝政は破綻した。

王永江《おうえいこう》【一八七二～一九二七】
奉天金州人。奉天省の警察行政、財政を立て直し、張作霖の力の基盤を築く。省長代理。関内への進出に反対し、郭松齢事件後、辞任。

郭松齢《かくしょうれい》【一八八三～一九二五】
奉天人。陸軍大学卒。同盟会員。東三省陸軍講武堂教官時代、学生の張学良と緊密な師弟関係を築き、奉天軍近代化の中核となった。張作霖への反乱が失敗し、処刑。

呉俊陞《ごしゅんしょう》【一八六三～一九二八】
奉天人。五歳の時、鄭家屯に移住。清軍騎兵。巡防営統領時、張作霖と出会う。以後、常に作霖の側にあった。第二十九師団長、黒龍江軍政長官。作霖爆殺事件で死亡。

呉佩孚《ごはいふ》【一八七四～一九三九】
山東人。第三師団長。曹錕率いる直隷派の実戦部隊を指揮し、南方軍、安徽軍、湖南軍などと戦い、勝利を重ねる。第二次直隷・奉天戦争で敗れる前は、「常勝将軍」の異名があった。

徐樹錚《じょじゅそう》【一八八〇～一九二五】
江蘇人。段祺瑞の軍師。安徽派が権力を握った期間は、実質的に国政を動かす。奉天軍副司令となるが、すぐに解任される。直隷系の呉佩孚との決戦に敗れた。段、北洋勢力の再起を図る中で、馮玉祥に殺害される。

徐世昌《じょせいしょう》【一八五五～一九三九】
直隷天津人。袁世凱の盟友。清末、重職を歴任。東三省総督の時期、張作霖の上司となる。民国成立後、袁政権下で国務卿。馮国璋退任後、大総統に就任。

蔣介石《しょうかいせき》【一八八七～一九七五】
浙江人。黄埔軍官学校校長。国民革命軍総司令。ソ連、共産党の影響力を排して北伐を完遂、国民政府主席に就任。日中戦争後の国共内戦に敗れ、台湾に脱出。

曹錕《そうこん》【一八六二～一九三八】
直隷天津人。直隷軍政長官。大総統・馮国璋の死後、直隷派の首領となる。呉佩孚を擁して安徽派、奉天派を連破し、大総統に就任。馮玉祥の裏切りで辞任。

孫伝芳《そんでんほう》【一八八五～一九三五】
山東人。湖北駐屯の師団長。福建、浙江を占領。五省連合軍総司令として長江から奉天軍を駆逐し、大軍閥となる。蔣介石の北伐軍に敗れ、張作霖の指揮下に入る。

孫文《そんぶん》【一八六六～一九二五】
広東人。革命団体・同盟会などの指導者。「民族、民権、民生」の三民主義を唱える。中華民国臨時大総統。袁世凱奪権後は、広州などを拠点に再び武力革命を目指す。「革命いまだ成功せず」の言葉を残し、北京で死去。

孫烈臣《そんれつしん》【一八七二～一九二四】
奉天黒山人。清軍将校。匪賊討伐のため洮南に駐留した張作霖の指揮下に入り、モンゴル兵追撃戦で戦功を上げる。奉天の副将格として作霖を支える。吉林軍政長官。

段祺瑞《だんきずい》【一八六五～一九三六】
安徽人。袁世凱麾下の北洋軍で、「北洋の虎」と呼ばれる。安徽系軍閥首領。陸相、総理大臣などを歴任、中国一の実力者に。日本から多額の借款を受ける。直隷・奉天軍に敗れたが、臨時執政として復権。

張学良《ちょうがくりょう》【一九〇一～二〇〇一】
奉天人。張作霖の長男。郭松齢とともに奉天軍主力を率いる。作霖爆殺の後、奉天軍政長官。易幟を実行、軍閥混戦の時代にピリオドを打つ。西安事件で蔣介石を監禁し、懲罰として晩年まで幽閉された。

張景恵《ちょうけいけい》【一八七一～一九五九】
奉天台安人。八角台の保険隊統領の座を張作霖に譲る。第二十七師団長、奉天軍副司令。満洲国の総理となり、一九四五年、満洲に侵攻したソ連に逮捕される。帰国後、戦犯管理所で死亡。

張《ちょう》作相《さくそう》【一八八一?〜一九四九】
奉天義県人。保険隊時代に張作霖に合流。清廉で義を重んじ、奉天軍内外で高い徳望があった。作霖や張学良の信頼が厚く、「輔帥」と呼ばれる。吉林軍政長官。

張《ちょう》作霖《さくりん》【一八七五〜一九二八】
奉天海城人。保険隊長から官軍に。第二十七師団長、奉天軍政長官、東三省巡閲使。陸海軍大元帥。一時中国最強の軍閥になったが、北伐軍に押されて奉天に戻る途中、日本軍人に爆殺される。

張《ちょう》宗昌《そうしょう》【一八八一?〜一九三二】
山東人。青年時代、満洲、極東ロシアで働く。馮国璋配下にあったが、戦闘で敗れ、奉天に。張作霖に拾われ、大軍閥に成長。直魯連合軍を指揮する。山東軍政長官。

趙《ちょう》爾巽《じそん》【一八四四〜一九二七】
奉天鉄嶺人。進士。翰林院編修。山西巡撫、湖南巡撫など歴任した後、盛京将軍、東三省総督。辛亥革命前後の張作霖の飛躍で、決定的な役割を果たす。

湯《とう》玉麟《ぎょくりん》【一八七一〜一九三七】
奉天阜新人。外祖母はモンゴル族。保険隊時代に張作霖と合流。勇猛果敢で、匪賊やモンゴル兵との戦闘での貢献度大。王永江と衝突、作霖から離反。後に許され、熱河長官に。

馮《ひょう(ふう)》玉祥《ぎょくしょう》【一八八二〜一九四八】
直隷人。「裏切り将軍」の異名を持つ。第二次直隷・奉天戦争では、呉佩孚を裏切る政変を発動。ソ連の支援で国民軍を創設するが、北伐では反共の蒋介石についた。外国人には「クリスチャン将軍」とも呼ばれた。

馮《ひょう(ふう)》徳麟《とくりん》（馮麟閣《りんかく》）【一八六七?〜一九二六】
奉天海城人。緑林の大頭目。日露戦争で日本軍に協力。第二十八師団長。奉天の権力をめぐり、第二十七師団長の張作霖と激しく闘争。張勲の復辟に参画して失敗した。

楊《よう》宇《う》霆《てい》【一八八五〜一九二九】
奉天法庫人。日本の陸軍士官学校。奉天軍近代化を目指す張作霖の総参謀長。江蘇軍政長官になるが、孫伝芳に追われる。作霖死後、張学良に銃殺された。

張作霖関連略年表

※巻末に掲げた参考・引用文献をもとに作成。年齢は、張作霖の誕生日時点の満年齢。中国式の数え年表記を多用した本文とは異なる場合もある。

1875年（光緒元年、明治8年） **0歳**
3月 張作霖、奉天海城で生まれる。

1887年（光緒、明治20） **12歳**
三カ月間、私塾に通う（88年説も）。

1888年（光緒、明治21） **13歳**
父の張有財が殺害される。母の王氏の親戚家に（89年説も）。

1890年（光緒、明治23） **15歳**
張作霖、高坎に？

1894年（光緒、明治27） **19歳**
7月 日清戦争勃発。戦争期間中、張作霖は毅軍に入隊、哨長に昇進。

1895年（光緒、明治28） **20歳**
4月 下関条約調印。三国干渉。張作霖は戦後帰郷し、趙春桂と結婚。
12月 袁世凱、新建陸軍（のちの北洋軍）の創設に着手。

1897年（光緒、明治30） **22歳**
春 張作霖、二カ月ほど匪賊組織に加わる（96、98年説も）。
8月 ロシア、東清鉄道建設を開始。

1898年（光緒、明治31） **23歳**
6月 光緒帝、変法維新の詔勅。新政は失敗、西太后は帝を幽閉。

1900年（光緒、明治33） **25歳**
6月 義和団事件で八カ国連合軍出兵。露軍、満洲侵入。張作霖、保険隊頭目に。
秋 盧寿萱を第二夫人とする。

1901年（光緒、明治34） **26歳**
2月 旧暦新年の夜、襲撃される。逃避先の八角台で、張景恵の保険隊と合流。
6月 長男・学良が誕生。
9月 辛丑条約調印。

1902年（光緒、明治35）27歳
11月 張作霖の部隊が「新民府巡警前営馬隊」に。官軍となる。

1904年（光緒、明治37）29歳
2月 日露戦争開戦。戦時下、張作霖が日本軍に拘束される？

1905年（光緒、明治38）30歳
9月 ポーツマス条約調印、日露戦争終結。
12月 満洲に関する日清条約調印。南満洲のロシア権益を日本が継承。

1906年（光緒、明治39）31歳
9月 張作霖、第三、第四夫人を迎える。
11月 南満洲鉄道株式会社（満鉄）設立。

1907年（光緒、明治40）32歳
4月 清朝、徐世昌を東三省総督に任命。
6月 張作霖、遼西の匪賊・杜立三を殺害。

1908年（光緒、明治41）33歳
春 張作霖、モンゴル兵討伐のため洮南に。
11月 光緒帝、西太后が相次いで死去。
12月 清朝最後の皇帝・宣統帝溥儀の即位式典。

1910年（宣統、明治43）35歳
4月 トクトホ、ロシアに脱出。
10月 張作霖ら八人が義兄弟の誓い。

1911年（宣統、明治44）36歳
10月 武昌で武装蜂起、辛亥革命が始まる。張作霖、奉天へ急行。

1912年（民国元年、明治45・大正元年）37歳
1月 張作霖、革命派の指導者・張榕を暗殺。
2月 宣統帝が退位、清朝滅亡。袁世凱、臨時大総統に。
6月 第一次満蒙独立運動、失敗。
7月 明治天皇崩御、日本の年号「大正」になる。
9月 袁世凱、張作霖を第二十七師団長に任命。

1913年（民国2、大正2）38歳
3月 袁世凱、張作霖と会見。
7月 国民党勢力が反袁世凱で蜂起し、失敗（第二革命）。

1914年（民国3、大正3）39歳
8月 第一次世界大戦勃発。

1915年（民国4、大正4）40歳
1月 日本が中国に二十一カ条要求。
12月 皇帝即位を決めた袁世凱、張作霖を二等子爵に封ず。護国戦争開始。

1916年（洪憲元・民国5、大正5）41歳
3月 袁世凱、帝政廃止を表明。
4月 奉天長官の段芝貴を追放。張作霖が長官に。馮徳麟との対立激化。
5月 日本人による張作霖暗殺未遂事件。
6月 袁世凱死去。
8月 鄭家屯事件。
10月 モンゴル騎兵部隊首領パプチャップが戦死。第二次満蒙独立運動が失敗。
11月 王永江、奉天警務処長に就任。

1917年（民国6、大正6）42歳
3月 王永江を巡る対立で、張作霖が湯玉麟を罷免。
7月 張勲の復辟が失敗、馮徳麟失脚。張作霖に近い鮑貴卿が黒龍江長官に就任。
9月 湖南で南北両軍が衝突。安徽派・段祺瑞と直隷派・馮国璋の対立も激化。

1918年（民国7、大正7）43歳
2月 徐樹錚の策により、張景恵らが日本兵器強奪。奉天軍関内へ。
6月 直隷派の前線指揮官・呉佩孚、湖南で南軍と停戦。
9月 張作霖、東三省巡閲使となる。作霖、奉天軍副司令・徐樹錚を解任。
10月 馮国璋に代わり、徐世昌が大総統に就任。
11月 第一次世界大戦終結。

1919年（民国8、大正8）44歳
5月 五四運動始まる。張作霖は反日行動を厳禁。
7月 寛城子事件。吉林長官・孟恩遠解任、張作霖が東三省を完全掌握。

1920年（民国9、大正9）45歳
5月 呉佩孚、湖南から撤収。
7月 直隷・安徽戦争で安徽軍大敗。曹錕、張作霖が二大実力者となる。
10月 琿春の日本領事館襲撃され焼失。張学良、郭松齢が吉林で匪賊討伐。

1921年（民国10、大正10）46歳
5月 徐世昌、張作霖を蒙疆経略使に任命。
7月 湖北支援戦争始まる。呉佩孚が湖南軍、四川軍を撃破。
12月 張作霖が推す梁士詒が国務総理に就任。

1922年（民国11、大正11）47歳
1月 呉佩孚の圧力により、総理・梁士詒が辞任。
4月 第一次直隷・奉天戦争。奉天軍、総退却。
6月 高士儐の蜂起、張宗昌に敗れて失敗。山海関の戦い、直奉停戦。
7月 張作霖、東三省陸軍整理処設立。東三省保安総司令に就任。

1923年（民国12、大正12）48歳
10月 曹錕、賄賂選挙で大総統に当選。

1924年（民国13、大正13）49歳
9月 江蘇・浙江の戦争から、第二次直隷・奉天戦争始まる。
10月 直隷軍の馮玉祥が裏切り、政変発動。直隷軍が壊滅。
11月 呉佩孚、天津から脱出。段祺瑞、臨時執政就任。溥儀、日本公使館に避難。
12月 張作霖、天津で孫文と会談。

1925年（民国14、大正14）50歳
5月 五・三〇事件。
10月 孫伝芳の五省連合軍が攻勢。楊宇霆が江蘇、姜登選が安徽を脱出。
11月 郭松齢、挙兵。
12月 巨流河の決戦で張作霖勝利、郭松齢は処刑さる。馮玉祥が徐樹錚を殺害。

1926年（民国15、大正15・昭和元）51歳
2月 王永江、辞職。
4月 段祺瑞の執政府崩壊。南口の戦い始まる。
7月 国民革命軍総司令・蔣介石が北伐を開始、湖南・長沙を占領。
8月 南口の国民軍が総退却。北伐軍が湖北で呉佩孚軍主力を撃破。
11月 北伐軍、江西で孫伝芳軍主力を撃破。孫は張作霖の配下に入る。
12月 張作霖、安国軍総司令に就任。

1927年（民国16、昭和2）52歳
4月 張作霖、ソ連大使館を捜索。蔣介石が南京で独自政府樹立、国民政府が分裂。

6月　張作霖、陸海軍大元帥に就任、軍政府樹立。
7月　日本外相・田中義一が開いた東方会議で、対支政策綱領決定。
8月　蔣介石下野。竜潭の戦い、孫伝芳軍の攻勢失敗。
9月　国民政府の合流決定。
10月　張作霖と満鉄社長・山本条太郎が満蒙五鉄道建設で合意。

1928年（民国17、昭和3）**53歳**
2月　蔣介石、国民革命軍総司令に復帰。
5月　山東・済南で日本軍と北伐軍が衝突（済南事件）。
6月　張作霖、北京を脱出、奉天で爆殺される。
12月　張学良が易幟。

1929年（民国18、昭和4）
6月　昭和天皇、張作霖爆殺事件で田中義一を叱責。翌月、田中内閣は総辞職。

1931年（民国20、昭和6）
9月　柳条湖事件発生、満洲事変。

1932年（民国21、昭和7）
3月　満洲国建国、溥儀が執政に（のちに皇帝となる）。

1937年（民国26、昭和12）
6月　張作霖を駅馬坊に埋葬。
7月　盧溝橋事件。日中全面戦争へ。

1941年（民国30、昭和16）
12月　真珠湾攻撃、太平洋戦争始まる。

1945年（民国34、昭和20）
8月　日本、ポツダム宣言を受諾し、無条件降伏。

1946年（民国35、昭和21）
5月　極東国際軍事裁判（東京裁判）開廷。

著者略歴
杉山祐之（すぎやま・ひろゆき）
1962 年鹿児島県出身。東京外国語大学中国語学科卒業後、読売新聞社入社。新潟支局、ハノイ支局勤務ののち、計十数年にわたり北京特派員。中国総局長、論説委員などを経て、現在、中国駐在編集委員。
著書に『覇王と革命――中国軍閥史一九一五－二八』（白水社）、訳書に馬立誠『〈反日〉からの脱却』、同『反日』、共著に『膨張中国』（以上、中央公論新社）など。

張作霖《ちょうさくりん》
――爆殺《ばくさつ》への軌跡《きせき》一八七五－一九二八

二〇一七年一月二〇日 印刷
二〇一七年二月一〇日 発行

著 者 © 杉山祐之
発行者 及川直志
発行所 株式会社白水社
〒一〇一－〇〇五二
東京都千代田区神田小川町三－二四
電話 〇三－三二九一－七八一一（営業部）
〇三－三二九一－七八二一（編集部）
振替 〇〇一九〇－五－三三二二八
http://www.hakusuisha.co.jp
乱丁・落丁本は、送料小社負担にてお取り替えいたします。

装 幀 小林剛（UNA）
DTP 閏月社
印刷所 株式会社三陽社
製本所 誠製本株式会社
Printed in Japan
ISBN978-4-560-09534-8

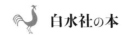

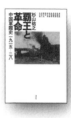

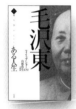

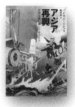

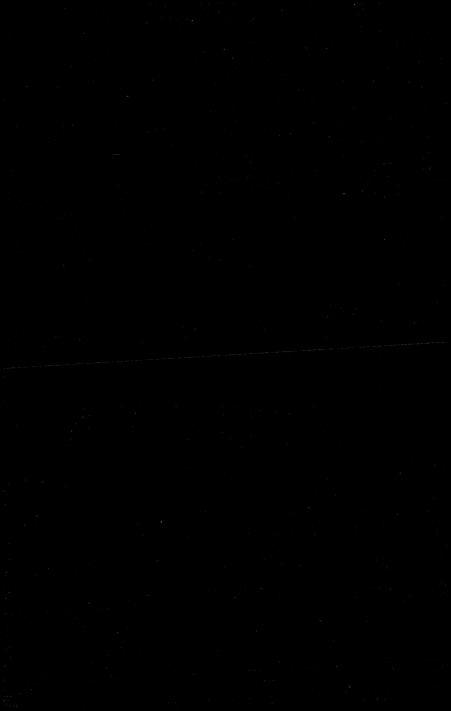